我
思

敢於運用你的理智

唯识学丛书

楊廷福 著

长江出版传媒 | 崇文书局

圖書在版編目（CIP）數據

玄奘年譜 / 楊廷福著.—武漢：崇文書局，2022.03
（唯識學叢書）
ISBN 978-7-5403-6506-6

Ⅰ．①玄… Ⅱ．①楊… Ⅲ．①玄奘（602-664）—年譜
Ⅳ．① B949.92

中國版本圖書館 CIP 數據核字（2021）第 209162 號

2015 年湖北省學術著作出版專項資金資助項目

我
思 〉
敢於運用你的理智

玄奘年譜

出 版 人　韓　敏
封面題簽　韓　敏
出　　品　崇文書局人文學術編輯部·我思
策 劃 人　梅文輝（mwh902@163.com）
責任編輯　梅文輝
封面設計　甘淑媛
出版發行　長江出版傳媒　崇文書局
地　　址　武漢市雄楚大街 268 號出版城 C 座 11 層
電　　話　027-87677133　郵　編　430070
印　　刷　武漢市金港彩印有限公司
開　　本　880mm×1230mm　1/32
印　　張　11.25
字　　數　210 千
版　　次　2022 年 3 月第 1 版
印　　次　2022 年 3 月第 1 次印刷
定　　價　128.00 元
（讀者服務電話：027-87679738）

前　言

　　玄奘是我國唐代傑出的翻譯家、旅行家和佛教理論家。他謹嚴地介紹中亞、印巴次大陸的風土遺聞，傳譯其宗教典籍，在中外文化交流史、交通史以至宗教史上均有重要地位。千餘年來"唐僧取經"成爲我國家喻戶曉的故事，這不是偶然的。

　　玄奘生平，已有道宣的《玄奘傳》（《續高僧傳》卷四，下省稱《續傳》）和慧立撰、彥悰箋的《大慈恩寺三藏法師傳》（下省稱《慈恩傳》）、冥詳的《大唐故三藏玄奘法師行狀》（下省稱《行狀》）以及劉軻的《三藏大遍覺法師塔銘》（見王昶《金石萃編》卷一二三，下省稱《塔銘》）作了較詳的記載。其他如《舊唐書》（下省稱《舊書》）卷一九一《方伎·僧玄奘》、道宣《大唐内典錄》（下省稱《内典錄》）卷五、靖邁《譯經圖記》（下省稱《圖記》）卷四、道世《法苑珠林》（下省稱《珠林》）、智昇《開元釋教錄》（下省稱《開元錄》）、圓照《貞元釋教錄》（下省稱《貞元錄》）、明佺等《武周刊定衆經目錄》、志磐《佛祖統記》（下省稱《統記》）卷三九、志常《佛祖歷代通載》（下省稱《通載》）、覺岸《釋氏稽古略》（下省稱《稽古略》）卷三、明成祖《神僧傳》卷六以及唐宋人的筆記雜著中均有零星的記載。玄奘所主持翻譯的一千三百三十五卷梵文典籍，當代經錄均已著錄，並保存于宋、元、明、清南北藏經以及日本《大正藏》、朝鮮《高麗藏》中，金陵刻經處彙刻成《玄奘譯撰專集》四百冊單行發行（一九五七年重行印刷）。這些典籍在印度絕大多數已亡佚，中文譯本就成了研究古代印度宗教、歷史、文學和自然科學的重要文獻。近百年來，《大唐西域記》和《慈恩傳》在英、法、日本等國先後出版了譯注本，國內外有不少學者從不同角度覃研考索，並且以它爲圭臬，展開了对中亞、南亞古代歷史地理的探討。玄奘回國後致力于翻譯工作，他的宗教理論大都是向門徒說教時發揮的，沒有系統的記錄，散見于各家所錄的零星"口義"中，這在圓測一系新羅佛教徒的著作裏保存較多。其著作，今存《大唐西域記》十二卷，《表啓》一卷（散見于《慈恩傳》《全唐文》《廣弘明集》。羅振玉輯錄一卷，見于《吉石盦叢書》。日本知恩院藏有公元七六五年以前的古抄本十三篇，小泉策太郎藏有古寫本《□□寺沙門上表記》，比知恩院所藏多出十三篇，收入日本《續藏經》），此外，見于窺基《成唯識論掌中樞要》卷二有《三類境》一頌，《因明入正理論疏》卷五有《真唯識量》一頌（明智旭著有《真唯識量略解》），道世《珠林》卷一六有《讚彌勒四禮文》，周敦義《翻譯名義集序》引有《論五種不翻》（並見于景霄《四分律鈔簡正記》和智周《涅槃玄義發源機要》卷二所引），以及後人所傳的《八識規矩頌》（明普泰有《補注》一卷，明真可有《證義》《發明》各一卷，近人諦閑有《八識規矩頌講義》，范古農有《八識規矩頌貫珠解》，但呂秋逸（澂）先生認爲係偽作，猶待考定）。至于用梵文寫的《會宗論》（《圖記》作《會中論》）三千頌、《制惡見論》（一作《破惡見論》）一千六百頌、《三身論》三百頌，均已失傳。《成唯識論》（一名《淨唯識論》）是玄奘糅合印度"十大論師"的著作，以發揮法相唯識宗自己觀點的作品。他還把我國哲學名著《老子》譯成梵文，送往印度，擴大了中外文化交流；同時又把印度失傳的《大乘起信論》回譯成梵文，使它傳播于故土。作爲歷史人物的玄奘，正如列寧所指出的："判斷歷史的功績，不是根據歷史活動家有沒有提供現代所要求的東西，而是根據比他們的前輩提供新的東西。"（《列寧全集》第二卷 150 頁）玄奘"乘危遠邁，策杖孤征"，登危岩、歷絕壁、渡沙漠、涉洪流，出生入死不肯向困難低頭，和到處訪師求友，虛心請益的刻苦學習精神，以及後半生盡瘁于翻譯事業，在中西交通史、文化史上的功績，的確是"比他們的前輩提供新的東西"。

彪炳世界文化史的玄奘，一千多年來除佛教徒爲他作了較翔實的傳記和近代中外學者對他的生平與著述作了考釋外，還未見到有比較全面的年譜和傳記。六十多年前，梁啓超曾有志于《玄奘年譜》及其專傳，惜未成稿，僅留下簡單的提綱和發凡起例（見《佛學研究十八篇》附錄三《支那內學院精校本玄奘傳書後》和《中國歷史研究法補編》中《玄奘傳的做法》）。稍後，劉汝霖著《唐玄奘法師年譜》（下省稱《劉譜》，載《女師大學術季刊》第一卷第三期、第二卷第一期），比較簡略，同時曾了若又撰《玄奘法師年譜》（下省稱《曾譜》，載《中山大學文史研究所月刊》第三卷第一期），大都本之《劉譜》，頗有外漏；陳思復作《唐玄奘法師年譜》（《東北叢鐫》第十七、十八期），只是摘録舊文，稍作排比，且未完稿（止于玄奘四十四歲）。他們雖付出相當的辛勤勞動，但從今天的要求看來，似尚可繼續深入。本書之作，主要是對前人成果的增補訂譌，談不上學術研究，更非分析、批判、評價、總結；作爲資料的排比，至多爲學術界剖析玄奘生平、批判其思想學説提供一些線索和藉以節省些翻檢、考訂之勞而已。

這部年譜屬筆于一九五九年，筆者在極其艱苦的條件下完成于一九六五年。十年浩劫，倖存天壤，今得以問世，感慨繫之。由于筆者的水平低，必有疏漏和錯誤，深企教正。

這部年譜編次中承陳援庵（垣）前輩先生，不憚高年，殷勤指點，披導備至，深爲銘感。

一九八〇年八月
楊廷福于北京史家胡同

凡　例

　　一、年譜之作，並不是孤立地按年代順序表録式地記録譜主的生平；我認爲最好能從以事繫年月中，顯示出譜主理論活動和實際活動的發展線索，從而了解他周圍的一些人物與當時社會乃至國際形勢。所以，年譜也是一種"論世知人"的工作，本年譜的編撰，就是本着這個要求而進行的。

　　一、本年譜爲眉目清楚起見，採用標題，前列"譜主事略"，次揭當年"有關人物與大事"。

　　一、紀年之下，兼注甲子。凡譜主生平互有歧異之處，均加考定，如譜主年壽、西行年月等問題，歷來未有定論，故詳爲考訂；凡中外學者的研究成果，酌予採用，指明出處；有可商榷的，提具管見，謹供選擇。

　　一、譜主無事可繫之年，亦記其甲子、年歲與當年有關人物及大事。

　　一、前人年譜，有的旁行斜上，有的屬聯成文，兹採用綱目體，大字提綱，小字分注。分注或作案語，略抒淺見，或爲詮釋，或指明出處，或摘引資料，視其需要，詳略不等。

　　一、年譜在于瞭解譜主生平及其時代，務在求實而言必有據，均一一注明出處；爲求核實譜主的活動，進行了一些考證，但不是爲考證而考證。

一、凡引用文獻，第一次出現時著錄編著者、書名、卷數或頁次，以後只列書名、卷數或頁次；卷數的"卷"字，均省去，如《新唐書》卷十六，省作《新書》十六；常見的，概以省稱，如《舊唐書》《新唐書》省爲《舊書》《新書》，《續高僧傳》《大慈恩寺三藏法師傳》概作《續傳》《慈恩傳》。凡此种种，以避繁冗而節篇幅。

一、玄奘生平的記載，唐人著作爲其第一手資料。自宋《佛祖統記》以迄明《神僧傳》等，皆本之唐人而輾轉沿襲，惟詳略取捨不同而已。故本年譜引録以唐人爲主，而唐人則以《慈恩傳》最爲詳盡，餘較略。

一、按年所繫的有關人物，盡可能考定他們的年歲，凡無確切年歲可資考信的則從略；凡列入的有關人物，視其主次而概括其生平的主要業績，並舉出供參考的主要文獻，以便核閱。

一、在玄奘出生的一年譜中，附録中國佛教史上各方面有關人物，便于尋流溯源而鳥瞰玄奘當代和前代的佛教歷史，以見他們的相互關係。【本次出版，此凡例中提到的幾個"附録"都放到了書後。——編者注】

一、玄奘的思想學說有其産生的理論前提，爲了如實地了解其淵源與流變，附録均一一標明他的師承關係和先行者，並列表以明之。

一、佛教在中國的傳播與發展，固有其社會基礎和歷史原因，而"宗教本身是無内容的，它不是靠天國，而是靠人間生活"（一八四二年九月十三日馬克思致格魯的信），故"不依國主，則法事難舉"（見《高僧傳·道安傳》和《世說新語·賞譽篇》注引車頻《秦書》）。玄奘開始雖是犯禁冒死出國的，而在載譽返國後，得到李世民、李治、武則天的扶植才能譯經。同時，玄奘在佛、道爭衡的宗教衝突中，爲了擴大影響和求得帝王的庇護，頻頻出入宮掖道賀祈福，請求帝王撰經序，派員"監閱詳緝"。因此，對于譜主在這方面的有關人物也酌予列入，以見佛教和統治階級的關係。

一、佛教傳入中國後，因譯經並結合當時的社會歷史條件，展開了所謂"求法"運動；因譯經、求法與當時統治階級的政治需要和封建意識形態相結合而發展了宗教理論，形成各種學派、教派的爭論，這都和玄奘的求法、譯經有關。故附錄玄奘求法和譯經的前驅以及魏晉南北朝以來佛教史上的重要人物，凡有年代可考釋的擇尤列入，以明其活動的淵源所自。

一、譜主傳譯瑜伽行宗的經論而開創法相宗，爲明瞭這一學派的原委和發展，印度自無著至戒賢及新羅圓測、日本道昭等，凡有年代可考的，擇要附錄。

一、譜主經行中亞、南亞古今地名的考釋，中外學者，衆說紛紜，凡見于中華書局出版的《大唐西域記校注》的，此不重複，只指出今地。

一、譜主翻譯的經論按年載入，注明初譯、重譯，所屬學派，原著者，並作簡要説明；譜主翻譯的特色亦略予敍及，以見在這方面的貢獻。

目　录

一歲　公元六〇〇年
隋文帝開皇二十元年（庚申）

譜主事略

玄奘生，一歲。

關于玄奘的年齡，唐代人所寫的《傳》《狀》《碑銘》《經録》、雜著等互有歧異，即使在同一篇的前後記載裏，也自相牴牾。案《慈恩傳》一記載貞觀三年"時年二十六也"，則玄奘歿時應是六十一歲，又載武德五年受具年滿二十，則享年應爲六十三，卷十顯慶五年"謂諸僧曰，玄奘今年六十有五"，則去世時當是六十九歲；《行狀》作玄奘卒年六十三，而于貞觀三年云二十九歲，則世壽似爲六十四；《續傳》謂玄奘卒年六十五，而于武德五年云二十有一，則享年當爲六十三，于貞觀三年作時年二十九也，則逝世時應是六十四歲。此後《統記》《通載》《稽古略》以迄《神僧傳》等都沿襲唐人著録，訛誤相承，未作探索。以故學者衆説紛紜，迄未論定，這是玄奘年譜首先必須解決的問題。玄奘出生年月，唐人均未著録，但卒于唐高宗李治麟德元年（664）則各本記載一致。因此，逆推玄奘的誕生年代與享年，就有多種不同的説法：

一、六十三歲說。《行狀》："今麟德元年，吾行年六十有三，必卒於玉花（華）。"1930 年新疆出土的回鶻文古寫本《菩薩大唐三藏法師傳》也有"余玄奘六十三歲矣，必當于此（今）年捨身于此伽藍"句。馮家昇：《回鶻文寫本〈菩薩大唐三藏法師傳〉研究報告》（中國科學院考古研究所考古學專刊，1953 年丙種第一號，頁 21）。陳援庵（垣）先生《釋氏疑年錄》四，陳氏勵耘書屋刊本，1964 年中華書局排印本，頁 99。及其《書內學院新校慈恩傳後》從之，論證謂："蓋綜合諸家記載，惟武德五年滿二十歲即二十一歲，及麟德元年寂之說，唯能統一。校者即據此說，推算爲六十三，而又與《行狀》合也。"《東方雜誌》，第二十一卷，第十九期，頁 81。《劉譜》演繹陳先生的論據謂："貞觀元年二十六歲與六十三說相應。十三歲出家，受度使人鄭善果。按《隋書》考之，大業十年，善果方在東都，與六十三歲合。在高昌上啓有云：'負笈從師，年將二紀'，'負笈從師'當指出遊之前而爲時最近者，即北上從惠休、道深學事也，若依六十三說推之，則此時正在二十二、三歲與'年將二紀'之言相合。"《女師大學術季刊》，第一卷，第三期，頁 3。《曾譜》從同。

二、六十五歲說。《續傳》五："麟德元年告翻經僧及門人曰：'行年六十五矣，必卒玉華。'"《陳譜》從之。近馮家昇《回鶻文寫本〈菩薩大唐三藏法師傳〉研究報告》根據《沙門玄奘上表記·重請入山表》中的"自奉詔翻譯，一十五年……行年六十"句，考定此《表》上于顯慶四年（659），以行年六十推算與麟德元年享壽六十五歲説合；又據《慈恩傳》九顯慶二年（657）《請入少林寺表》"六十之年颯焉已至"句，認爲玄奘還不到六十歲故云。

三、六十九歲説。《塔銘》："麟德元年二月五日夜……春秋六十有九矣。"梁啟超《支那内學院精校本玄奘傳書後》從之，謂："《塔銘》雖晚出，而所記最得其真，在本書中可得切證。……顯慶二年……師上表云'歲月如流，六十之年，颯焉已至'，以六十九歲推算，是年爲六十二歲，若僅五十六歲，案指六十三歲説之非。無緣用'已至'二字。顯慶五年……是年爲初翻《大般若經》之年，本書于本年條下記其事云：'法師翻此經時，汲汲然恒慮無常，謂諸僧曰，玄奘今年六十有五，必當卒命于此伽藍，經部甚大，每懼不終，人人努力加勤，勿辭勞苦。'依《塔銘》六十九歲推算，是年正六十五歲。"原見《東方雜誌》，第二十一卷，第七期，頁81。後收入中華書局版《佛學研究十八篇》下冊，附錄三。

除以上三説爲學者所通用外，其餘摭拾《傳》《狀》《碑》《錄》有關玄奘年歲的片言隻詞，尚有下列諸説：

1. 五十六歲説。《舊書》本傳："顯慶六年卒，時年五十六。"案兩《唐書》及《通鑑》二百,《唐紀》十六。高宗于661年二月乙未晦改元龍朔,故顯慶只有五年,且玄奘卒于麟德元年,其錯誤自不待言,也可能是年六十五的倒誤。

2. 六十歲説。宗典《唐釋懷素(藏真)非玄奘(三藏)門人説》:"據垂拱四年(668)釋彥悰撰的《大慈恩寺三藏法師傳》是六十歲,以此推之,生于隋大業元年(605)。"1961年11月8日《文匯報》。但細讀《慈恩傳》並無玄奘卒年六十歲之文,又無其他旁證,不知何所依據? 如以玄奘享年六十計,則與所有的文獻著録均牴牾。同時各本《慈恩傳》的結銜均作唐沙門慧立本,釋彥悰箋;在彥悰的《序》裏明言"傳本五卷,魏國西寺前沙門慧立所述"。贊寧《宋高僧傳》下簡稱《宋僧傳》。四《彥悰傳》敘《慈恩傳》的撰、箋經過也作彥悰箋述;即如日本昭和七年十月東方文化學院京都研究所校刊本《大唐大慈恩寺三藏法師傳·校刊發凡》與朱東潤先生所説,亦不過"《慈恩傳》前後分屬慧立、彥悰二人","卷一至卷五慧立作……卷六至卷十彥悰作"《大慈恩寺三藏法師傳述論》。而已,則宗典所謂釋彥悰撰的《大慈恩寺三藏法師傳》云云,也是不正確的。是故,此説實無以成立。

3. 六十一歲説。《慈恩傳》一于武德五年(622)有

"法師年滿二十"受具句,于貞觀三年首途有"時年二十六"句,梁啓超據以推算又提出此説。但如以玄奘卒年六十一計,當生于隋仁壽四年(604),武德五年年僅十九;貞觀三年西行經考證當爲元年之訛,詳後貞觀元年譜。則爲二十四歲,都與前説不相侔,故此説也難以成立。

4. 六十四歲説。據《續傳》與《行狀》,貞觀三年玄奘孤征時爲二十九歲,則算至麟德元年祇有六十四歲。且此説,一無史實佐證,二或係由卒年六十五的逆推致誤。《劉譜》:"《續高僧傳》又謂法師出遊時年二十九……彼以法師卒年爲六十五歲矣,於是貞觀十九年爲四十六歲,又自四十六歲減去十七歲則爲二十九歲矣。"(《女師大學術季刊》第一卷第一期,頁13)

以上四説,錯誤明顯,可置而不論。綜合前列三説,參證文獻,以六十五歲説爲確切,其論據如下:

一、玄奘卒年六十五歲,始于道宣《續傳》。道宣與玄奘年輩相若,《宋僧傳》十四《道宣傳》卒于乾封二年(667)年七十二,則生于隋開皇十六年(596),長于玄奘四歲。貞觀十九年玄奘開始在弘福寺譯經,道宣受召掌綴文,"筆受潤文,推之爲最"。顯慶三年秋七月敕玄奘徙居西明寺翻譯,道宣則"及西明寺初就,詔宣充上座,三藏師至,詔與翻譯",一直到玄奘逝世,除間往長安附近的終南山外，始終在京師。玄奘爲慈恩寺上座時"猶與諸德説西方聖賢立義，諸部異端，及少年在此周遊講肆之事，高論劇談，竟無疲怠"《慈恩傳》七。"因知慧立、道宣所記，往往有本諸玄奘口授者。"《大慈恩寺三藏法師傳述論》。故道宣著《釋迦方志》多取材于《西域記》，間或採取玄奘口授；又道宣以大乘圓義來會通四分比丘律，倡心爲戒體之説，顯受法相唯識學説的影響，是可知他與玄奘過從之密。以常情而論，同一時代的人，同堂共事，親聞親見，似乎不致大有出入，道宣寫玄奘傳載明他卒年六十五，必有所據。

二、道宣生平除弘通戒律外，研究佛教歷史，著作宏富，態度較爲謹審，不僅成爲研究中國佛教史所必不可少的資料，並且還可以佐證南北朝、隋、初唐的歷史。其所著《續高僧傳》的史料價值已有定評。《續傳·自序》："或博諮先達，或取訊行人，或即目舒之，或討讎集傳；南北國史，附見徵音，郊郭碑碣，旌其懿德，皆撮其志行，舉其器略……"寫作態度是比較嚴肅的。《續傳》四十卷（高麗本作三十卷，宋、元本作三十一卷，明、清藏本作四十卷），正傳四八五人，附見二一九人（自序"正傳三百三十一人，附見一百六十人"，因成書以後，續有纂入之故）。作者力求查出所傳者的生卒年月和年壽，凡不可考見的，均付之闕疑；尤其在正傳中以《玄奘傳》用力最勤，篇幅也最長，共佔一卷，分作兩次寫定。道宣既是一位注重佛教史實的學者，對于"一代大師"玄奘的年壽，似不致率爾搞錯。並且《續傳》的最後完稿，陳援庵先生考定"是書實止于麟德二年，即宣公之卒前二年"，《中國佛教史籍概論》卷二，頁 29。即玄奘死後一年。玄奘逝世，高宗爲之"罷朝"，"京城道俗奔赴哭泣日數百千"，《慈恩傳》十。這時道宣正在長安，翌年即寫成《玄奘傳》，對于他的年壽豈有不知之理？《慈恩傳》十敘及總章二年（669）有敕徒葬事，可知完稿當在總章後，至于彥悰作箋在垂拱四年（688）則成書更在其後，何況原稿又經錯亂，"累載搜購乃獲"，參見彥悰自序及《宋僧傳·彥悰傳》。故就史料價值而言，《續傳》是研究玄奘生平最原始的文獻。

三、《慈恩傳》和《塔銘》載玄奘十三歲在東都蒙大理卿鄭善果的"器識"，始得引度出家，以六十五歲説推算，是年爲大業八年（612）。考鄭善果在大業四年間任魯郡太守，大業六年後遷大理卿，至十一年始拜右光禄大夫，故大業八年適在大理卿的任上。岑仲勉《隋書求是·隋書州郡牧守編年表》："景州刺史鄭善果爲魯郡太守，後徵授光禄卿，據《舊唐書》六二，善果任魯郡，與武威太守樊子蓋同時，子蓋以七年（案《隋書》本傳係六年，此或岑氏誤記）五月入爲民尚，則善果之任，應在此以前。"（1958 年，中華書局版，頁 75）案《隋書》四一《蘇威傳》："高熲、賀若弼等之誅也，威坐與相連，免官，歲餘，拜魯郡太守，俄召還。"《舊書》六二《鄭善果傳》："大業中，累轉魯郡太守……及朝京師，煬帝以其居官儉約，蒞政嚴明，與武威太守樊子蓋考爲天下第一，各賞物千段，黃金百兩，再遷大理卿。"《隋書》六十三《樊子蓋傳》："大業五年又下詔曰，'而金紫光禄大夫樊子蓋……'賜縑千匹，粟麥二千斛。……六年，還除民部尚書。"是可知鄭善果拜魯郡太守係接蘇威之任，當在大業四年間，再遷大理卿在大業六年後。又案《隋書》四《煬帝紀》下與《通鑑》一八二《隋紀》六載十一年八月，煬帝北巡，突厥始畢可汗圍鴈門，九月始解圍去。徵之《鄭善果傳》："突厥圍煬帝于鴈門，以守禦功，拜右光禄大夫。"參見《隋書》六七《裴矩傳》、八四《突厥傳》等均同。可知鄭善果拜光禄大夫在大業十一年九月之後。故《慈恩傳》與《塔銘》稱他的當時職守。據《鄭善果傳》他就任大理卿後爲推勘獄訟，曾多次往返于長安、洛陽間；同時隋代統治者因政治上的需求而大力提倡佛教，據《珠林》一百的統計，隋朝新造的寺院凡三千九百八十五所，新度的僧尼共二十三萬六千二百人。大業八年鄭善果奉勅至東都"恒度"，《續傳》。而玄奘適在東都淨土寺爲少年行者，故能與他會晤，旁證史實與傳文記載吻合。

四《慈恩傳》九載顯慶二年九月二十日玄奘的《請入少林寺表》有"歲月如流，六十之年，颯焉已至"句。以玄奘年壽六十五計，是年爲五十八歲，六十將屆，故有"颯焉已至"之嘆。梁啓超認爲這年是六十二歲，故云"已至"，實無視"颯焉"的含義和"已至"的訓釋。案玄奘"歲月如流"句襲用孔融《論盛孝章書》的"歲月不居，時節如流，五十之年，忽焉已至，公爲始滿，融又過二"。《文選》卷四一，《書》上。"颯"，風聲，《文選》

宋玉《風賦》"有風颯然而至"，玄奘用以形容六十之年倏然將至。"已"，王引之《經傳釋詞》一："吕，或作以，或作已，鄭注《禮記·檀弓》曰：'以與已字古本同。'""已"古與"以"通。《全唐文》多"已""以"通用，玄奘《西域記》及其譯著凡"已"大都作"以"解，其例不勝枚舉。"颯焉已至"的"已"略同《經傳釋詞》的"猶而也""猶及也"，作者舉其成數，説明六十之年倏忽將至，正是五十八歲人的口吻。

五、《□□寺沙門玄奘上表記·重請入山表》："自奉詔翻譯，一十五年，夙夜匪遑，思力疲盡。行年六十……"內學院校刊本《慈恩傳》附錄《玄奘表啓補遺》。馮家昇先生已考定此《表》上于顯慶四年，時年正六十，至爲確當。又《表》云："自奉詔翻譯，一十有五年。"案玄奘在貞觀十九年（645）正月，返抵長安，二月謁太宗于洛陽，三月回到長安在弘福寺開始譯經，到顯慶四年（659）如以卒年六十五歲推算，則生于隋開皇二十年（600—659），到這一年正爲六十歲，譯經恰爲十五年（645—659）。此《表》見于日本小泉策太郎所藏的古寫本《□□寺沙門玄奘上表記》，信爲玄奘的手筆，也是解決他一生行事的原始資料。從玄奘自述"行年"的文字推得，正與六十五歲説相符。

六、反之，證以六十三歲説。陳援庵先生據《續傳》

和《行狀》的武德五年年二十一以及《慈恩傳》一"年滿二十受具"句而推定。案據陳援庵先生《校勘學釋例》的"形近而誤","五"每易誤爲"三"。武德五年係三年之訛,業經《慈恩傳》內學院校刊本,一九五四年十二月原校者重勘刊誤更正。呂秋逸(澂)先生廣據各本精校,並獲見日本所藏古寫本,著筆精審,當有所據。如以玄奘武德三年"二十有一"或"年滿二十",正與六十五歲説相符。

縱退一步,即以六十三歲説來推算,《續傳》《行狀》謂貞觀三年二十九,則是年係二十八歲,也自相齟齬;即以《慈恩傳》一所謂貞觀三年首途時年二十六來推算,則卒年應爲六十一歲,與六十三歲説也不能符合。至于《行狀》所叙"麟德元年,吾年六十有三"云云,因玄奘自六十以後,疾病侵尋,顧影汲汲,時有人壽倏忽的嘆息,詳見《慈恩傳》九、十。惟恐六百卷《大般若經》翻譯不了,而有"假我數年以學《易》",自勵而勉人的話。故《慈恩傳》繫此語于龍朔三年(663)前,以六十五歲説計,是年正是六十三歲。《續傳》廉得其實,故指是告大衆的語録,以説明自己的年壽有限。《開元録》八指出是翻《大般若經》了時所語,也作六十五。案《大般若經》於龍朔三年(663)冬十月二十三日譯訖,《續傳》作十月末,《行狀》與《開元録》作十月二十日。翌年春玄奘就病逝。《開元録》所載情狀基本與《續傳》《慈恩傳》相符。冥詳《行狀》較後出，係據《續傳》與《慈恩傳》而成，作者或許誤會這句話的意思，或因輾轉傳聞以誤，就以爲玄奘卒年六十三歲了。這在梁啓超與馮家昇的論著中均已闡明。

七、《劉譜》據玄奘《謝高昌王啓》"負笈從師，年將二紀"句，謂："'負笈從師'當指出遊之前而爲時最近者，即北上從惠休、道深學事也。若依六十三説推之，則此時正在二十二、三歲，與'年將二紀'之言相合。"案《謝啓》原文爲"玄奘宿因有慶，早預緇門，負笈從師，年將二紀。名賢勝友，備悉諮詢，大小乘宗，略得披覽。"係敍述他從小過着寺院生活以來，將近"二紀"了。《劉譜》顯誤。查玄奘自幼跟隨兄長在未剃度前已誦讀佛經爲少年行者（童行）。《續傳》："兄素出家，……以奘少罹窮酷，攜以將之，日授精理，旁兼巧論。年十一，誦《維摩》《法華》。"《慈恩傳》一："察法師堪傳法教，因將詣道場，教誦習經。"貞觀元年秋八月，玄奘二十八歲從長安啓程西行，約于翌年春離開高昌，作《啓》謝王。《續傳》載玄奘十一歲已讀《維摩》《法華》諸經，可見他開始寺院生活更在其前，到作《啓》時（二十九歲）已歷二十年左右。作者在《謝啓》中因申明"禀承正法，歸還翻譯"的志願而回顧童年"早預緇門"的情景。初唐文風，沿襲六朝駢儷積習，爲求行文整飭，故泛云"負笈從師，年將二紀"，這正與六十五歲說相侔。如果是六十三歲，則上《啓》時爲二十七歲，他"早預緇門"到當時祇隔十七、八年，"二紀"的成數，還用不上；如果是六十九歲，則上《啓》時爲三十三歲，距"早預緇門"已二十四、五年了，就不能用"年將二紀"。

八、反之，證以六十九歲說。案《塔銘》作于文宗李昂開成四年（839），在唐人著録中最爲晚出，並且劉軻言明本之《慈恩傳》，僅據其卷十顯慶五年（660）初翻《大般若經》時"玄奘今年六十有五"句而推得春秋六十有九。《續傳》已指出這是玄奘譯訖《大般若經》在麟德元年告門徒之語。因爲《大般若經》梵本總有二十萬頌，玄奘既不願删節，又審慎地下筆，"每懼不終"，乃"勿辭勞苦""努力加勤"，到龍朔三年冬初才大功告成。但玄奘于歡喜之餘，自覺體力衰竭，無常將至，當麟德元年歲始時對門人說："吾來玉華，本緣《般若》，今經事既終，吾生涯亦盡。"《慈恩傳》十。故有"行年六十有五矣，必卒于玉華"的話。其實，細讀《慈恩傳》這段原文的前後語氣，只是說從顯慶五年春正月一日，玄奘起首翻譯《大般若經》，其餘各事，概括在這幾年内，似不能單純地以爲顯慶五年就是六十五歲，《塔銘》作者不審，遂誤據以推定玄奘卒年六十九。

縱退一步即以六十九歲來對勘《傳》《狀》《碑》《錄》《表》中的年歲記載，就沒有一處相合。即以梁啓超所認爲"《塔銘》雖晚出而所記最得真"提出的"六十之年，颯焉已至"的例證來說，這明顯是將屆六十歲的語氣。詳見前。如從梁說，則是年爲六十二歲，《表》文似應謂"年逾六十"，"颯焉已至"適足以反證六十五歲說。此外，玄奘十三歲出家，如以六十九歲說則在大業四年（608），鄭善果正在魯郡太守任上，尚未入朝爲大理卿，各本如何能稱之爲大理卿？玄奘也無從在東都蒙他的引度。武德三年爲二十五歲，《傳》《狀》怎麼能說年二十一或年滿二十？貞觀元年西遊爲三十二歲，《傳》《狀》怎麼能說時年二十九？凡此種種，《塔銘》的錯誤已不待言了。

綜上論證諸家之說，以六十五歲說信而有徵，則逆推玄奘應生于隋開皇二十年。

玄奘俗姓陳，名褘，原籍河南陳留，《慈恩傳》一："陳留人也。"《塔銘》同。《續傳》："漢太丘仲弓後也，子孫徙於河南，故今爲洛州緱氏人焉。"《行狀》："本居潁川，後徙河南。"《開元錄》八："陳留人也……又爲緱氏人也。"《內典錄》五"奘本潁川"，《舊書》本傳、《唐新語》《五色線》均作偃師人。畢沅《關中金石記》："《舊唐書》本傳云師洛州偃師人也，此（案指《塔銘》）云緱氏，未知孰是？"案陳留郡漢置（《漢書·地理志》），後周屬洛州總管府，隋開皇二年廢。《隋書·地理志》："河南郡舊置洛州，大業元年移都，改日豫州……三年改爲郡。"李吉甫《元和郡縣志》五："大業十四年，復置洛州。"統轄偃師、緱氏等十八縣，唐屬河南道河南府，武德四年置洛州總管府，領洛、鄭、熊等九州，洛州領偃師、緱氏等九縣（《舊書·地理志》）；潁川郡秦置，漢治陽翟，東魏改鄭州，後周改許州，隋唐因之。據《行狀》《續傳》《開元錄》等所載，可知《慈恩傳》等作"陳留人"，係指玄奘的陳氏古代郡望而言。玄奘祖上本居潁川，從他的祖父陳康起始遷居河南洛州緱氏縣，故于志寧《西域記·序》："其先潁川人也。"廉得其實。《舊書·本傳》《通載》等作偃師人，因開皇十六年廢緱氏置偃師，故一云偃師。據《元和郡縣志》五河南府："緱氏縣西北至府六十三里，本古滑國也。《左傳》曰，秦師滅滑。其後屬晉，至秦漢爲縣，因山爲名。緱氏山在縣東南二十九里。"**生于洛州緱氏縣東南的遊仙鄉控鶴里鳳凰谷陳村。**（一名陳堡谷，《續傳》："緱氏故縣東北遊仙鄉控鶴里鳳凰谷，即玄奘之生地。"《行狀》作縣南。《慈恩傳》九："緱氏縣之東南鳳凰谷陳村亦名陳堡谷，即法師所生地也。"）**故居在今河南省偃師縣的陳河村。**尤今《唐玄奘遺跡》："今天，住在陳河村的是唐玄奘哥哥的後裔，共有二十多户人家。……距離陳河村八里許，有一座唐僧寺。解放後，人民政府也對它進行了修繕，并建立了唐僧寺小學。"（1964年6月30日《新民晚報》）**官宦地主家庭。**據《續傳》《慈恩傳》《行狀》等，玄奘的高祖陳湛北魏清河太守，曾祖陳欽北魏上黨太守，征東將軍封爵南陽郡開國公，祖父陳康以學優出仕北齊，歷任國子博士、國子司業，又轉禮部侍郎，食邑河南，以後就定居于緱氏。

父陳慧，早通經術，曾舉孝廉，歷任陳留、江陵等縣令，鑒於隋末政治敗壞，掛冠返里，隱居以終。

母宋氏，《行狀》："親廣平宋氏，隋洛州長史欽之女。"生有三子一女，次子名素，出家爲僧，法名長捷。玄奘最小。一女適瀛州 今河北省饒陽縣。張氏。

有關人物與大事

與玄奘師徒展開辯論的呂才生。生平詳見《舊書》七九、《新書》一〇七，侯外廬《中國思想通史》第四冊第二章《呂才的唯物主義和無神論思想》。

禪宗的金陵牛頭派二世智巖生。生平詳見《六學僧傳》《景德傳燈錄》（下簡稱《傳燈錄》）四、《續傳》廿一等。日本學者鈴木大拙的《禪宗思想史研究》、宇井伯壽《第二禪宗研究》以及山崎定英的《牛頭法融及其傳統》（《日華佛教研究會年報》二）于牛頭禪均有較詳的考述。案智巖的生卒年歲，各家記載不一，茲據《釋氏疑年錄》三的考定，作 600 年生。

吉藏 詳後附錄。入京弘法。

隋代著名翻譯家闍那崛多卒，年七十八。《續傳》二、《通載》十。

十月乙丑廢太子勇與其諸子爲庶人。十一月戊子以晉王廣爲皇太子。《隋書》二《高祖紀》；《通鑑》一七九、《隋紀》三。

十二月辛巳詔："毀壞偷盜佛及天尊像嶽鎮海瀆神形者，以不道論。沙門毀佛像，道士毀天尊像者，以惡逆論。"同上。又見費長房《歷代三寶記》（下簡稱《房錄》）、《稽古略》二。

敕禁斷三階教的經典，不聽傳行。參見《續傳》十六《信行傳》、《房錄》十二、《內典錄》五。三階教僧信行所著《對根起行雜錄》三十六卷、《三階位別錄集》四卷，敕令禁絕。

以九部樂護送玄奘入慈恩寺的李道宗生。案《新書》七八本傳："高宗永徽初，房遺愛以反叛誅，長孫無忌、褚遂良與道宗有宿怨，誣與遺愛善，流象州，道病薨，年五十四。"《通鑑》一九九、《唐紀》十五，事在永徽四年（653），是可知生于是年。

政治上利用佛教而支持玄奘譯經的唐太宗李世民三歲。案李世民年壽，兩《唐書·本紀》互異，吳縝《新舊唐書糾繆》四又謂庚申（600）生，葉酉《考證》、錢大昕《考異》、趙紹祖《新舊唐書互證》均有論列，茲據岑仲勉《唐集質疑·太宗十八舉義兵》條的考證，當從《舊書》卒年五十二之說，則生于隋開皇十八年（598）。

爲玄奘書《大唐三藏聖教序》和《記》的褚遂良五歲。據《舊書》八十，《新書》一〇五本傳推定。

爲玄奘潤色所譯經文的許敬宗九歲。據《舊書》八二、《新書》二二三，咸亨三年（671）卒，年八十一推定。

積極支持玄奘並護送歸國的印度普西亞布蒂王朝，羯若鞠闍國戒日王約十一歲。

爲玄奘《西域記》作序並潤色譯文，稱菩薩戒弟子的于志寧十三歲。據《舊書》七八、《新書》一〇四及《于志寧碑》（《金石萃編》五六、羅振玉《唐三家碑銘》）、《唐于志寧神道碑》（《寶刻叢編》十），麟德二年（665）卒，年七十八推定。案明刻本《西域記序》和《全唐文》二二五作"尚書左僕射燕國公張說製"是錯誤的，瓦塔斯、伯希和均已指出，向達（覺明）先生已有考定，見《現代佛學》1964 年第 6 期，《試論〈大唐西域記〉的校勘問題》）。

嚴禁玄奘越境的李大亮十五歲。據《舊書》六二、《新書》九九本傳，貞觀十八年（644）卒，年五十九推定。

引度玄奘出家的鄭善果約二十一歲。鄭善果的生卒年歲史無明文，《隋書求是‧隋書州郡牧守編年表》六五《沂州》條據《隋書‧本傳》："'母年二十而寡。……善果以父死王事，年數歲，拜使持節大將軍。'按尉迥之亂，在大象二年，善果母時年二十，則其出嫁在建德二年，善果之生，最早不得過建德三年，最遲不得過大象二年，傳文有善果年數歲之言，今折中假定爲建德六年，則至開皇十年，善果年已十四。"案岑氏假定鄭善果生於建德六年（577），至開皇二十年（600）應爲二十四歲。考《隋書‧本傳》明言其母"年十三，出適鄭誠，生善果，而誠討尉迥，力戰死于陣，母年二十而寡"，故善果之生明明在討尉迥之年，則固當生於大象二年（580）。至于傳文云"年數歲"係指拜使持節大將軍之年，證之《大唐新語》三《清廉》六《鄭善果》條："母曰'汝先君清恪，以身殉國……汝自童子承襲茅土……'"可知並不是善果生已數歲，而父死于陣，岑氏的假定似可商，約以生於大象二年較爲得當，則在開皇二十年應是二十一歲。

奉敕照料玄奘譯經事業的房玄齡二十三歲。據《新書》九六本傳，貞觀二十二年（648）卒，年七十一（《舊書》本傳作年七十）推定。

奏請玄奘入住莊嚴寺的蕭瑀二十六歲。據《舊書》六三、《新書》一〇一，貞觀二十二年卒，年七十四推定。

激烈反對佛教的傅奕四十六歲。據《舊書》七九、《新書》一〇七本傳，貞觀十三年卒，年八十五推定。

二歲　公元六〇一年
隋文帝仁壽元年（辛酉）

譜主事略

玄奘二歲。

有關人物與大事

達摩笈多在大興善寺編譯《添品妙法蓮華經》八卷。據《添品妙法蓮華經序》、《開元錄》七、《貞元錄》十、《統記》三九、《通載》十一，惟《內典錄》與明佺等撰《武周刊定衆經目錄》二作仁壽二年。

真諦系統《攝論》學派的僧榮及其弟子惠璡，被召至禪定寺"講揚《攝論》，時以其寄大乘而宏行範也"。《續傳》二八《惠璡傳》。

灌頂著《天台智者大師別傳》。據《天台智者大師別傳》。

三月，法琳至長安。《法琳別傳》一。

高昌王麴堅死，子伯雅立。《隋書》八三《高昌傳》。兹據羅振玉《高昌麴氏年表》，堅死于仁壽元年。伯雅即爲玄奘在高昌結拜兄弟麴文泰之父。

隋文帝利用宗教的符命迷信，見《續傳》二六《道密傳》。于其誕辰（六月十三日）詔天下三十州倣照印度阿育王（Aśoka）故制《續傳》十八《曇遷傳》。建舍利塔，以答謝佛法；派遣"諳解法相，兼堪宣導者"名僧曇遷、童真、寶積、道密、智嶷等三十人分送舍利安置。詳見《廣弘明集》十七《立舍利塔詔》、王劭《舍利感應記》、安德王雄等《舍利感應表》并詔答和諸州奏表的摘録以及《續傳》各分送舍利僧侶的傳記與《統記》二九、《通載》十、《稽古略》二等。

案仁壽元年建塔地區所在之寺，據《廣弘明集》十九爲雍州等三十州，今可考見的繆荃蓀《藝風堂金石文字目》二有岐州、青州、同州三舍利塔目録，而《金石文字記》收有《同州塔下銘》，陸耀遹《金石續編》三收有《岐州舍利塔下銘》，《金石萃編》四十載有《同州》《青州塔下銘》。據陸增祥《八瓊室金石補正》二六《京兆舍利塔下銘》、葉昌熾《語石》四謂係青龍寺，爲仁壽元年所建的舍利塔，可知當時在大興城（長安）另建有舍利塔，尚不在三十州之列，實際共爲三十一州。

隋文帝在頒舍利於諸州的同一天，下詔廢京師和郡縣的大小學校，京師僅存國子學不久改稱太學。一所，學生名額七十名，劉炫上書切諫，不聽。

三歲　公元六〇二年
隋文帝仁壽二年（壬戌）

譜主事略

玄奘三歲。

有關人物與大事

華嚴宗第二祖智儼生。生平詳見《續傳》二六、《宋僧傳》
五、《華嚴經傳記》三、《法界宗五祖略記》等。案智儼生卒年歲，《續
傳》失載，各家所記亦稍異，茲據《華嚴經傳記》三作公元 602 年生。

禪宗第五祖弘忍生。生平詳見《舊書》一九一、《宋僧傳》
八、《傳燈録》三、《寶林傳》《傳法正宗記》《天聖録》、玄頤《楞伽
人物志》等。案弘忍生卒年歲各本不一，茲從《釋氏疑年録》四據
《宋僧傳》的推定，作高宗上元二年乙亥（675）卒，年七十四，據
以逆推當生於公元 602 年。

天台宗灌頂應煬帝之召，攜《法華經》入長安，繕
寫校勘，在宮廷宣揚“法旨”。《國清百録》作大業元年，茲
從《續傳》十九。

彥琮等沙門學士撰《衆經目録》。案今《藏經》中題

《隋眾經目錄》的有兩部，一即《法經錄》，一爲五卷本，但不題撰人姓名，考《續傳》謂“乃分爲五例”，可能其一例爲一卷，又據《開元錄》《貞元錄》所載，可知出於彥琮之手。又令將《舍利瑞圖經》和《國家祥瑞錄》翻譯爲梵文。《續傳·本傳》。又撰《大隋西域傳》。一名《大隋西國傳》，凡十篇，“一方物、二時候、三居處、四國政、五學教、六禮儀、七飲食、八服章、九寶貨、十盛列山河國邑人物，斯即五天之良史，乃三聖之宏圖”（參見《續傳》本傳及《達磨笈多傳》）。

　　正月二十三日以上年所餘的舍利分布於全國五十州建塔，四月初八日傳說是釋迦牟尼的誕辰。由智教、明芬、道瑞、曇遂等分送舍利。案隋文帝《答安德王雄慶舍利感應表詔》作五十州，《廣弘明集》作五十一州，《法苑珠林》五三引《慶舍感應表》作五十三州，似當爲五十三州，《稽古略》記載爲五十三州，是。《金石萃編》四十載《鄧州舍利塔記》，武億、趙希璜《安陽縣金石錄》二載有《慈明塔記》，今可考的除《廣弘明集》所列舉恒州等四十三州外，繆荃蓀《藝風堂金石文目》二有《信州舍利塔下銘》一通，以知共有四十四州。

　　七月十五日長安延興寺鑄丈六金銅佛像。《稽古略》。

四歲　公元六○三年
隋文帝仁壽三年（癸亥）

譜主事略

玄奘四歲。

有關人物與大事

法純卒，年八十五。詳見《續傳》十八。

五歲　公元六〇四年
隋文帝仁壽四年（甲子）

譜主事略

　　玄奘五歲，母宋氏亡故。《圖記》："鳩車之齡落綵。"案杜氏《幽求子》："兒五歲有鳩車之樂。"《曲禮》："為人子者，父母存衣冠不純素，孤子當室冠衣不落綵。"《續傳》《開元錄》均謂"奘少罹窮酷"，可知其早喪父母，但《慈恩傳》一，有八歲父口授《孝經》的記載，以知《圖記》所云係指其母，《陳譜》於玄奘五歲云"母宋氏亡故"，是。

有關人物與大事

　　吉藏奉命撰《維摩經義疏》。《廣疏》。

　　禪宗三祖僧璨與同門寶月、神定南遊羅浮，傳法於道信。道信至廬山雙峯樹立"東山法門"。《傳燈錄》，並參見房琯碑文及《房錄》《寶林傳》等。

　　四月初八敕在三十州增設舍利塔，派遣法顯、靜琳等分送舍利。《續傳》二一《洪遵傳》、《稽古略》。案據《續傳》各有關傳記，是年奉敕送舍利的僧侶事蹟、州名及舍利塔所在的寺院名稱，可考見的有復州等十九州。《金石萃編》四十，載有《梓州塔下銘》。

　　秋七月丁未隋文帝卒於大寶殿，年六十四，晉王廣自立爲皇帝，殺兄勇等。《隋書》二《高祖記》下；《通鑑》一八〇《隋紀》四。

　　煬帝下令營建洛陽。《隋書》三《煬帝紀》。

六歲 公元六〇五年
隋煬帝大業元年（乙丑）

譜主事略

玄奘六歲。父陳慧自江陵縣令解職歸里，從此杜門不仕，隱居以終。案《續傳》："拜江陵令，解纓而返，即大業年，識者以為尪終隱淪之候故也。"《開元録》《貞元録》從同，固明指在大業解纓而退，《劉譜》系於仁壽四年，似非。

有關人物與大事

正月，楊廣即皇位，改元大業。《隋書》三《煬帝紀》上、《通鑑》一八〇《隋紀》四。

辯相請净願至慧日寺講治《攝論》。《續傳》十二本傳。

隋煬帝御賜天台山國清寺匾額。《國清百録》四、《統記》三九。

靈裕卒於演空寺，年八十八。《續傳》九。

慧藏俗姓郝，趙國平棘（今河北趙縣）人，北朝名僧，《華嚴經》學者，為隋初六大德之一。卒於空觀寺，年八十四。《續傳》九。

靈辯開講《仁王》《十地》《地持》《攝大乘》等經論。《華嚴經傳記》二本傳。

命劉方爲驩州道即義安郡，今廣東潮州市。行軍總管，從海道至林邑國越南中南部一帶地方。獲得佛經五百六十四莢，一千五百餘部，並崑崙文書占文。以還，據云能譯成隋言二千二百餘卷。參見《隋書》卷五三《劉方傳》《續傳》二《彥琮傳》、《通鑑》一八〇。法國馬司帛洛《占婆史》（馮承鈞譯，商務版）有較詳的考釋。煬帝敕於東都洛陽上林園內設立翻經館，翻經道場。羅致譯人，四事供承。《續傳》二："煬帝定鼎東都，乃下敕於洛水南濱上林園內置翻經館，徵笈多並諸學士，並預集焉。"《御覽》九六〇引杜寶《大業拾遺錄》："洛陽翊津橋，通翻經道場東街。其道場有婆羅門僧及身毒僧十餘人新翻諸經。其所翻經本從外國來，用貝多樹葉書，書即今胡書體。貝多葉長一尺五六寸，闊五寸許，葉形似琵琶而厚大，橫作行書，隨經多少縫綴其一邊。"達摩笈多、高天如、高仁和同傳梵語，與當時名僧僧休、法粲、慧藏、洪遵、慧遠、法纂、僧暉、明穆、曇遵等監掌翻譯；明彥、彥琮等重對梵本，再審覆勘，整理文義，共同從事翻譯工作。參見《續傳·達摩笈多傳》以及各有關本傳。

七歲　公元六○六年
隋煬帝大業二年（丙寅）

譜主事略

　　玄奘七歲，聰穎異常，《慈恩傳》一："幼而珪璋特達，聰悟不羣。"據說已通"玄旨"。《圖記》："竹馬之齡通玄。"案《幽求子》"七歲有竹馬之歡"，是可證。

有關人物與大事

　　禪宗的北宗開創者神秀生。神秀生平詳見《宋僧傳》八、《傳燈錄》四以及《舊書》一九一、《張說之集》十九《大通禪師碑》、《請益錄》等。案神秀生卒年歲各本不一，茲據《大通禪師碑》折中約定。

　　四月，煬帝在東京設無遮大會，度士女百二十人爲僧尼。《稽古略》。

　　裴矩奉敕撰《隋西域圖》。《新書·藝文志》作《西域圖記》三卷。參見《玉海》十六、《隋書》六七《裴矩傳》。

　　令彥琮在翻經館披閱從新林、平邑所獲的佛經，編撰目録，依次翻譯，又令與裴矩同修《天竺記》。《續傳》二。

　　禪宗第三祖僧璨卒。案禪宗初期的事蹟比較隱晦，各本禪史均未載僧璨籍貫、姓名和生平，僅散見於《續傳》與房琯碑文以及《房録》《寶林傳》《楞伽師資記》《傳燈録》《僧璨皖公山塔甎》（端方《匋齋藏石記》十五）等。茲據《傳燈録》《統記》《通載》推定。

　　慧覺卒於泗州，年五十三。《續傳》十二。

　　慧海卒年五十七。《續傳》十一。

　　明舜卒於長安，年六十。《續傳》十一。

　　辯義卒，年六十七。《續傳》十一。

　　智矩卒，年七十二。《六學僧傳》《續傳》十一。

　　印度戒日王即位。V. A. Smith《印度古代史》，《西域記》五。

八歲 公元六〇七年
隋煬帝大業三年（丁卯）

譜主事略

玄奘八歲，父陳慧授以《孝經》。自後居家攻讀經史。《慈恩傳》一。

有關人物與大事

静琳在明輪、妙象等寺講揚《攝論》。《續傳》二十。

法護在慧日道場講《攝論》，並撰《攝論指歸》二十餘篇。《續傳》十三。

道信納七歲童子弘忍爲弟子。

曇遷卒，年六十六。《續傳》十八，詳前年譜附錄三。

智脱卒，年六十七。《續傳》九，詳前年譜附錄五。

九月，達摩笈多譯《緣生論》一卷、《緣生初勝分法本經》二卷。據譯序。《開元錄》九《貞元錄》十作大業十三年。

正月二十八日，煬帝發敕度千僧，親製願文，自稱菩薩戒弟子。《統記》三九、《廣弘明集》三五《行度道人敕》。

下詔沙門、道士致敬王者，以僧明瞻抗疏而止。《廣弘明集》二五。《通載》："冬煬帝有事於南郊，詔僧道並同俗拜。"案僧尼道士應否致敬君親，在中國佛教史上爭議不已。其實是佛教神學理論與儒家名教的衝突，也是王權與教權矛盾的反映。它在東晉時已作爲一大社會問題提出，庾冰、桓玄先後以執政之威持之甚力，名僧慧遠堅持反對，朝野上下相率辯論，但宗教終究是爲王權服務的，"卒從眾議"，不拜君親。（詳見《弘明集》）隋煬帝雖大力弘揚佛教作爲其統治的支柱，而佛教漫無止境的發展，出家日眾，教權膨脹，也影響王權，故又重提僧道致敬王者的舊事，以崇王權，但未有結果，至唐初又掀起大波（詳後），玄奘以佛教立場爲教權張目，反對致敬王者。

九歲 公元六〇八年
隋煬帝大業四年（戊辰）

譜主事略

玄奘九歲。

有關人物與大事

吉藏在長安宣講佛教神學。_{吉藏《百論疏》。}

净業_{俗姓史，漢東隨人。}召至鴻臚館教授外國僧侶。《續傳》十二。

志念卒，年七十四。_{《續傳》十一，詳年譜附錄三。}

洪遵卒，年七十九。_{《續傳》二一，詳年譜附錄五。}

四月，隋使裴世清與小野妹子偕來，日本高向玄理等八人入唐留學求法。_{《書紀》二二、《元亨釋書》二十、《扶桑略記》四、《聖德太子傳曆》二等。}

四月，煬帝募能通絕域者，屯田主事常駿等請使赤土_{《隋書》赤土，扶南之別種，在南海中。}致羅剎。_{據《隋書》十二《食貨志》、《北史》十二、《隋書·本紀》作羅閻，似以羅剎為}

當。十月赤土遣使至隋。《通鑑》一八一《隋紀》五。常駿著有《赤土國記》二卷，《舊書·經籍志》著録，今佚。

一〇歲　公元六〇九年
隋煬帝大業五年（己巳）

譜主事略

玄奘十歲，父卒，仲兄長捷攜往東都（洛陽）净土寺。净土寺建於後魏，原在洛陽東城毓材坊。大業四年因建羅郭城遷於建陽門内（羅郭城東面中門）。

案《慈恩傳》九載顯慶二年玄奘上表云："玄奘不天，凤種荼蓼，兼復時逢隋亂，殯掩倉卒，日月不居，已經四十餘載。"《續傳》與《開元錄》均謂"兄素出家，住東都净土寺，以奘少罹窮酷，攜以將之，日授精理，旁兼巧論"。據《慈恩傳》一玄奘八歲時，父親還爲他講授《孝經》，而《續傳》與《開元錄》又載"年十一誦《維摩》《法華》，東都恒度，便預其次"，可知玄奘父死後，仲兄始攜往東都净土寺，則父卒當在他八歲之後，十一歲以前。《劉譜》《孫譜》均繫於十歲，今從之。《曾譜》僅據玄奘顯慶二年上表的"兼復時逢隋亂，殯掩倉卒"句，定於十五歲。案玄奘出家必在父卒之後。考玄奘十一歲爲童行（少年行者），十三歲剃度出家，史有明徵。《劉譜》似非。

有關人物與大事

玄奘之師道基召入慧日道場"對揚玄論"。《續傳》十四《道基傳》。

達摩笈多在東都上林園翻經館譯出《攝大乘論世親釋》十卷，又《菩提資糧論》六卷。《大周刊定眾經目錄》六："隋大業五年笈多于東都上林園中譯。"

僧粲在長安與吉藏論難。《續傳》九《僧粲傳》。

道綽四十八歲至石壁玄中寺觀曇鸞碑，遂放棄涅槃而歸信净土，從此常面西坐，口誦阿彌陀佛，日以七萬爲限，並講説《無量壽經》，倡導掐珠念佛簡便易行的修持方法在并州一帶傳教，對當時和後代社會發生了一定的影響。《續傳》本傳。

慧海卒，年六十九。《續傳》十二。

安息國遣使至隋。《隋書》八三。

遣裴矩應接西域諸國使臣，多有至者，惟天竺（印度）不通。參見《舊書》一九八、《通典》一九三。

命御史韋節、司隸從事杜行滿出使罽賓、今克什米爾。王舍城、案此非印度摩揭陀國的王舍城，係縛曷國都城小王舍城，即古代大夏都城 Bactria，今阿富汗 Balkh 地方。史國，得瑪瑙杯、佛經、儛女、師子皮、火鼠毛而返。《隋書》八三。韋節撰有《西蕃記》，今佚。案韋節、杜行滿出使年月，史傳失

~34~

載，木宮泰彥謂在朱寬出使前後，而朱寬出使流求據《通鑑》一八○在大業三年，《北史》九四《流求傳》則事在元年，似誤，似應在常駿使赤土之後，茲約定於本年。

六月壬子，高昌王麴伯雅攜子文泰來隋，饋聖明樂曲。麴氏父子居隋數載，篤信佛教。至八年（613）朝廷妻麴伯雅以宗室女華容公主（宇文氏之女）。參見《隋書》三《煬帝紀》、八三《西域傳》、十五《音樂志》、四一《蘇夔傳》、六三《樊子蓋傳》、六八《閻毗傳》以及《舊書》一九八、《新書》二二一等。日後玄奘道經高昌，麴文泰竭誠優禮，並結為兄弟，於此不無淵源。

一一歲　公元六一〇年
隋煬帝大業六年（庚午）

譜主事略

　　玄奘十一歲，在洛陽净土寺爲少年行者（童行），無著道忠《禪林象器箋·職位門·童行》："童行投佛寺求僧，未得度者，即少年行者也。"《釋氏要覽》上"師資"同。《寄歸傳》三："凡諸白衣，詣苾芻所，若專誦佛典，情希落髮，號爲童子。"開始學習佛教經典，《慈恩傳》一："察法師堪傳法教，因將詣道場，教誦習經業。"《續傳》："年十一，誦《維摩》《法華》。"當指玄奘尚未剃度，請得法名，爲童行時。先讀《維摩經》案即《維摩詰所説經》的略稱。和《法華經》。案即《妙法蓮華經》的略稱，相傳它是釋迦牟尼逝世前最後五年傳道時所説的教法（見吉藏《法華義疏》七、窺基《法華玄贊》九）；一説是最後八年所説的教法（見菩提流支《法性界論》，今佚）。它以蓮花比喻佛所説教法的"微妙"，有三種漢語譯本：一晉竺法護《正法華經》十卷、二鳩摩羅什譯七卷、三隋闍那崛多、達摩笈多共譯的《添品法蓮經》八卷，以羅什譯本流通最廣；吉藏、智顗、湛然等均有所闡述發揮。

有關人物與大事

　　道宣十五歲，從長安名僧慧頵《宋高僧傳·道宣傳》作智頵。律師受業。《續傳》十四《慧頵傳》、《宋高僧傳》十四《道宣傳》。

　　以慧乘爲四方館大講主，爲高昌王講佛法。《續傳》二四。

　　普明被召入大禪定道場講"法"。《續傳》二一。

　　彥琮卒於翻經館，年五十四。《續傳》二。

　　·智鍇卒，年七十八。《續傳》十七。

　　正月，有數十人素冠練衣，焚香持花，自稱彌勒佛，入建國門圖起事，皆被殺，連坐者千餘家。《隋書》二三《五行志》。

一二歲　公元六一一年
隋煬帝大業七年（辛未）

譜主事略

玄奘十二歲，依兄長捷居洛陽淨土寺誦讀佛教經典。

有關人物與大事

玄奘的譯經助手、三論學派學者義褒生。其生年據《續傳》十五推定。

彭淵卒，年六十八。《續傳》十一，詳年譜附錄三。

二月壬午又下詔討高麗，"於時遼東戰士及餽運者填咽於道，晝夜不絕，苦役者始爲盜"。《隋書》三《煬帝紀》、《通鑑》一八一《隋紀》五。

一三歲　公元六一二年
隋煬帝大業八年（壬申）

譜主事略

　　玄奘十三歲，隋煬帝敕在東都度僧，《行狀》：“大業之際，詔度僧尼。”使人大理寺卿鄭善果不次録取，始得出家於净土寺，法名玄奘。《慈恩傳》一：“俄而有敕於洛陽度二七僧，時業優者數百，法師以幼少不預取限，立於公門之側。時使人大理卿鄭善果有知士之鑒，見而奇之，問曰：‘子爲誰家？’答以氏族。又問曰：‘求度耶？’答曰：‘然。但以習近業微，不蒙比預。’又問：‘出家意何所爲？’答曰：‘意欲遠紹如來，近光遺法。’果深嘉其志，又賢其器貌，故特而取之。……時年十三也。”《塔銘》：“年十三，依兄捷出家於洛。”案古代出家爲僧，其户籍另列“僧籍”，由政府認可給予度牒，詳《魏書》卷一一四《釋老志》《隋天台智者大師别傳》，《唐六典》卷四《尚書禮部》規定：“凡道士、女道士、僧尼之籍，亦三年一造。其籍一本送祠部，一本送鴻臚，一本留於州府。”《新書》卷四八《百官志·崇玄署》同。《宋會要輯稿》册二〇〇《道釋》二之一“開壇傳戒”云：“凡童行得度爲沙彌者，每歲遇誕聖節開壇受戒。壇上設十座，釋律僧首十闍黎説三百六十戒。授記，祠部給牒賜之。”由此可知《舊書》本傳作“大業末出家”，誤。《續傳》："年十一誦《維摩》《法華》，東都恒度，便預其次。"《開元録》同。《續傳》所謂年十一，係指玄奘到净土寺爲少年行者誦讀《維摩》《法華》之年，至十三歲方"東都恒度，便預其次"，經鄭善果録取，法名玄奘，才正式出家爲僧。

從景法師聽受《湼槃經》，《慈恩傳》一："時寺有景法師講《湼槃經》，執卷伏膺，遂忘寢食。"案《湼槃經》爲佛經湼槃部的主要經典，相傳是釋迦牟尼將要逝世時暢演所謂"法身常住，扶律談常"之旨所説的教法。湼槃是佛教徒所追求的"歸真返本"的最高境界。"湼槃"有大小乘不同的説法，《湼槃經》也有大小乘二部：小乘《湼槃經》如西晉白法祖譯《佛般若泥洹經》二卷、東晉法顯譯《大般湼槃經》三卷和東晉失譯的《般若泥洹經》三卷，都是同本異譯，出於《長阿含》中，譯爲《遊意經》。它係闡述所謂八相成道化身的釋迦牟尼在拘尸那城入湼槃（逝世）前的情狀；大乘《湼槃經》全經爲北涼曇無讖所譯的《大般湼槃經》十三品、四十卷，稱爲北本《湼槃》。南朝劉宋時慧觀與謝靈運等再治前經爲三十六卷，稱爲南本《湼槃》。佛教各教派一般通用北本，南本惟天台宗的章安爲之作疏。《湼槃經》的疏解甚多，其著者如梁寶亮等《大般湼槃經集解》七十一卷，隋吉藏《大般湼槃經遊意》一卷，隋慧遠《大般湼槃經義記》、隋灌頂《大般若經疏》三十三卷、《玄義》二卷、新羅元曉《般若宗要》一卷，唐憬興《大般湼槃經疏（述贊）》十四卷等。佛教徒在所謂"湼槃""佛身""佛性"等問題上繁瑣地糾纏不休，各教派有它的現實要求，提出不同的説法和主張，成爲佛教神學爭論的焦點之一。玄奘矢志西遊的動機之一就是爲了解決"湼槃""佛性"問題。**又從嚴法師學習《攝大乘論》**。《慈恩傳》一："又學嚴法師《攝大乘論》，愛好愈劇。一聞將盡，再覽之後，無復所遺。"案《攝大乘論》爲阿毗達磨大乘經十萬頌中的攝大乘品釋，無著撰。全論先總標綱要，下分十章詳説其義。其體例比較嚴密，義理較爲繁富，是大乘佛教瑜伽學派神學理論的提綱挈領的著作，爲玄奘、窺基法相宗所依據的"六經""十論"之一。漢語有三種譯本：一後魏佛陀扇多譯二卷本；一眞諦譯三卷本；一玄奘譯三卷本。其疏解著名的有道基《攝大乘論章》十五卷，慧愷《攝大乘論疏》二十五卷，窺基《攝大乘論鈔》十卷，神泰《攝大乘論疏》十卷，玄範《攝大乘論疏》七卷，法常《攝大乘論疏》十六卷。

有關人物與大事

道宣十七歲，出家於長安日嚴寺。一作十六歲。

靈幹卒，年七十八。《續傳》十二，詳年譜附錄三。

一四歲　公元六一三年
隋煬帝大業九年（癸酉）

譜主事略

玄奘十四歲，居洛陽净土寺研讀佛教經典。

有關人物與大事

玄奘弟子、翻譯的助手、法相宗所謂異流的新羅圓測生。圓測生平詳見日本佐伯定胤編《玄奘三藏師資傳叢書》（《續藏經》二編乙第一册）、宋復《大周西明寺故大德圓測法師佛舍利塔并序》、《宋僧傳》四、《六學僧傳》二二等。茲據《塔銘》周萬歲通天元年（696）卒，年八十四推定。

净土宗的集大成者善導生。據黑谷上人《語燈録》九引《新修往生傳》，唐永隆二年（681）卒，年六十九推定。

唐代翻譯家地婆訶羅生。詳見《宋僧傳》二、《華嚴經傳記》一。茲據《華嚴經傳記》一推定。

智琳卒，年七十。《續傳》十。

童真卒，年七十一。《續傳》本傳。

詔寺院改稱道場。《統記》三九。

一五歲　公元六一四年
隋煬帝大業十年（甲戌）

譜主事略

　　玄奘十五歲，在洛陽淨土寺研讀佛教經典，並到處聽講，能獨立思考，《續傳》："時東都慧日，盛弘法席，《涅槃》《攝論》，輪馳相係，每恒聽受，昏明思擇。僧徒異其欣奉，美其風素，愛敬之至；師友參榮，大眾重其學功，弘開役務。時年十五，與兄住淨土寺。"由是"專門受業，聲望逾遠"。《續傳》。

有關人物與大事

　　灌頂著《涅槃經玄義》二卷，《疏》二十卷。《統記》七。

　　神迥被召入鴻臚寺為三韓方士講經論；《續傳》十三。靈潤被召入鴻臚寺教授三韓弟子，並在大興善寺翻譯新經。《續傳·本傳》。

　　靖嵩卒，年七十八。《續傳》十，詳年譜附錄三。

　　智凝卒，年四十八。《續傳》十。

　　智閏卒，年七十五。《續傳》十。

　　秋七月乙卯，曹國遣使至隋。

一六歲　公元六一五年
隋煬帝大業十一年（乙亥）

譜主事略

玄奘十六歲，在净土寺學習佛教經典。

有關人物與大事

玄奘弟子、《大慈恩寺三藏法師傳》的作者慧立生。
生平詳見《宋僧傳》十七、《六學僧傳》十六。

智儼十四歲在終南山從法順出家。

道宣二十歲在弘福寺從智首受具足戒。《宋僧傳》十
四，參見《續傳》二二《智首傳》。

道判卒，年八十四。《續傳》十二。

本濟卒於慈門寺，年五十四。《續傳》十八，如據《本
傳》"開皇元年時登年十八"，則卒年應爲五十二。

八月，煬帝北巡，突厥始畢可汗圍之於鴈門，九月
解圍去。《隋書》四《煬帝紀》、《通鑑》一八二，參見《隋書》五
一《長孫晟傳》、四一《蘇威傳》、六一《宇文述傳》、六七《裴矩傳》等。

一七歲　公元六一六年
隋煬帝大業十二年（丙子）

譜主事略

玄奘十七歲，在洛陽繼續攻讀、探索佛教哲學。

有關人物與大事

靜琬開始在幽州白帶山河北房山縣西南二十五公里處，又名涿鹿山、芯題山，當地人稱之爲“小西天”。鐫刻石經。據《珠林》十八。

十二月，達摩笈多譯《藥師如來本願經》一卷。據《經序》及《開元錄》七、《貞元錄》十作大業十一年。

羅雲卒，年七十五。《續傳》九。

淨業卒，年五十三。《續傳》十二。

智越卒，年七十四。《續傳》十七。

十二月，詔以右驍衛將軍唐公李淵爲太原留守。《通鑑》一八三《隋紀》七。岑仲勉《突厥集史》上册頁104，作十三年爲太原留守備突厥。

一八歲　公元六一七年
隋煬帝大業十三年（丁酉）

譜主事略

玄奘十八歲，在東都洛陽翫習佛教經典。案玄奘自"少罹窮酷"，仲兄長捷"攜以將之"，出家後六年間，一直未離開過洛陽。據翌年玄奘欲西向長安"乃啓兄曰：'此雖父母之邑，而喪亂若茲，豈可守而死也！'"（《慈恩傳》一）一語推知。

有關人物與大事

禪宗大師道信率徒眾抵吉州。《傳燈錄》三。

敬脫卒，年六十三。《續傳》十二，詳年譜附錄五。

五月，李世民與晉陽令劉文靜、晉陽宮副監裴寂勸李淵起事，遣劉文靜卑辭連和於突厥，即起兵於太原。溫大雅《創業起居注》一，參見《舊書》五七《劉文靜傳》、王溥《唐會要》九四。

李淵入長安，約法十二條，以代王楊侑爲皇帝，改元義寧元年，李淵自爲大丞相，進封唐王。《通鑑》一八三《隋紀》七。

一九歲　公元六一八年

隋煬帝大業十四年，唐高祖武德元年（戊寅）

譜主事略

　　玄奘十九歲。時因瓦崗農民起義軍攻陷洛陽東北的興洛倉，河南鞏縣。與隋軍展開了爭奪洛陽的大戰。參見《通鑑》一八三《隋紀》七、《隋書》七〇、《舊書》五三、《新書》八四《李密傳》《隋書》八五《舊書》五四《新書》八五《王世充傳》。玄奘向仲兄長捷建議投奔長安，約於夏初抵長安，寓莊嚴寺。《續傳》一、《開元錄》。宋敏求《長安志》十："永陽坊半以東大莊嚴寺，隋初置。仁壽三年，文帝爲獻后立爲禪定寺。武德元年改爲莊嚴寺，天下伽藍之盛，莫與于此。"案《慈恩傳》一"即共俱來，時武德元年矣"，而《塔銘》與《續傳》則謂大業之末，考"煬帝大業應至十四年，前人已有所論，茲從之；唐人溯其受命，不得不推出義寧，非書法之正軌也"（岑仲勉《突厥集史》上册，頁115），是可知玄奘抵長安時甫改元武德。史載李淵受禪在本年五月，改元武德，以時間推之，李淵克長安自封唐王在上年十一月，玄奘聞訊約於本年春季啓程西行，既到長安已改元武德，故《慈恩傳》云云。望月《佛教大事年表》作公元618年"玄奘入長安"，是。時因中原兵亂，關中、京師的名僧又相率去蜀，成都已成爲當時西南方面的佛教中心，故玄奘旋即啓兄入蜀，從道基請益問業。《續傳》："大業餘曆，兵饑交貿，法食兩緣，投庇無所。承沙門道基，化開井絡，法俗欽仰，乃與兄從之。"《慈恩傳》一："是時國基草創，兵甲尚興，孫吳之術斯爲急務，孔釋之道有所未遑，以故京師未有講席，法師深以慨然。初，煬帝於東都建四道場，召天下名僧居焉。其徵來者皆一藝之士，是故法將如林，景、脱、基、暹爲其稱首，末年國亂供料停絶，多遊綿蜀，知法之衆又盛於彼。法師乃啓兄曰：'此無法事，不可虛度，願遊蜀受業焉。'兄從之。"《續傳》："行達長安，住莊嚴寺，又非本望，西逾劍閣，既達蜀都。"參見《續傳》十四《道基傳》。遂自長安出發經子午谷，越秦嶺至漢川，陝西南鄭縣。遇空、景兩法師，停留月餘"從之受學"。《慈恩傳》一。《行狀》作途次恒執經隨問。約於冬季抵達成都。

案《劉譜》繫玄奘啓程至蜀在武德二年（619）。查玄奘抵長安《續傳》謂"大業餘曆"。《開元錄》八和《慈恩傳》一言明"時武德元年矣"，《續傳》又云"行達長安，住莊嚴寺又非本願，西逾劍閣"；《慈恩傳》作深慨"京師未有講席"，似在長安未嘗留住，旋即去蜀。同時《慈恩傳》謂大業末年名僧多遊綿蜀，徵之《續傳》道基、道因等傳，均有隋末奔蜀之文。玄奘關心佛教"知法之衆又盛於彼"，"此無法事不可虛度，願遊蜀受業焉"；並且當時長安四郊多壘，《通鑑》一八五《唐紀》一："薛舉進逼高墌，遊兵至於豳岐，秦王世民深溝高壘不與戰。"只有西蜀最爲平靜，玄奘也不至於在長安遲迴。因此《慈恩傳》《行狀》《續傳》等述玄奘既至長安後，緊接敍"又與兄經子午谷入漢川"，《行狀》《續傳》略同，《塔銘》作"俄又入蜀"。揆其語氣，似均未在長安有所流連，至於經子午谷入漢川，係由陝入川所必經之途，當是在本年內的事。《劉譜》作武德二年，似非。

有關人物與大事

僧辯在蒲、虞、陝、虢等地講揚《攝論》。《續傳》十五《僧辯傳》。

唐高祖在長安召見吉藏。《續傳》十一《吉藏傳》。

二月，在長安朱雀門南衢建道場，設無遮大會。《辯正論》四《稽古略》作"武德元年五月於朱雀門南衢之道場設無遮大會"。案無遮會一名大施會，梵語般闍於瑟。《智度論》二："佛滅後百年，阿輸迦王作般闍於瑟大會。"意即謂不擇貴賤上下，會一切之人而以物施與，約五年一度，古代印度信奉佛教的王朝統治者曾屢舉行之。玄奘在印度曾參與戒日王和迦畢試國王所舉行的無遮大會。在我國則始於梁武帝大通元年（527，見《統記·通塞篇》）。又伯希和《梵衍那考補註》認爲，"無遮不是譯音，所謂無遮就是無礙大會，乃是梁武帝提倡的，玄奘借用此名以稱中亞同印度舉行的大會"（《西域南海史地考證譯叢五編》）。

命僧、道六十九人至大極殿行道七日。後周義楚《釋氏六帖》二、七、《辯正論》四、《稽古略》作武德元年六月。

三月，宇文化及等殺隋煬帝於江都，立秦王浩爲帝。宇文化及自爲大丞相擁兵北上，九月又殺秦王浩，稱帝於魏縣。《舊書》五四、《隋書》八五、《北史》七九本傳。

五月，李淵稱皇帝，改元武德。《舊書》、《新書》一、《通鑑》一八六、《唐紀》二。

衛護玄奘安達北印度境的西突厥統葉護可汗繼立（？），兼併鐵勒餘部，攻陷罽賓，列維考定唐時之罽賓爲迦畢試（見 1897 年《亞洲報》十一、十二月刊本）擊敗波斯，西逾阿姆河佔領吐火羅斯坦，控弦之士數十萬，"西戎之盛未之有也"。《舊書》一九四下《新書》二二五下《西突厥傳》，參見《突厥集史》和沙畹著馮承鈞譯《西突厥史料》。案統葉護即位之年史無明文，據《舊書》射匱在 611 年即位，又云尋卒，似葉護即位當在大業年間，惟無確年可考，一般作 618 年，茲從之。

二〇歲　公元六一九年
唐高祖武德二年（己卯）

譜主事略

　　玄奘二十歲，到達成都從寶暹聽講《攝論》，《續傳》十四《道基傳·附》："時彭門（靖嵩）蜀壘復有慧景、寶暹者，並明《攝論》，譽騰京國。"《金石萃編》五四《道因法師碑》。"法師乘杯西邁，避地三蜀，居於成都多寶之寺。……時有寶暹法師東海人也，昔在隋朝，英塵久播，學徒來請，接武磨肩，暹公愷爾其間，仰之彌峻。……"又向道基受學《毗曇》。案毗曇即阿毗曇的略稱，玄奘譯作阿毗達磨，翻作對法。它本爲對釋迦牟尼所說教法進行詮解的論藏的總稱，包涵甚廣，凡北傳佛典說一切有部的一身（《發智論》）六足（《法蘊足論》等七論）屬之；南傳佛典上座七論（《法聚論》等）屬之；此外尚有部派不明的《舍利弗毗曇》。但一般常指小乘薩婆多部（一切有部）的論藏。復於道振據《行狀》。《慈恩傳》《續傳》作震法師。處聽受《迦延》。《慈恩傳》一："諸德既萃，大建法筵，於是更聽基、暹《攝論》《毗曇》及震法師《迦延》，敬惜寸陰，勵精無怠。"《行狀》作寶暹《攝論》、道基《毗曇》、《開元錄》作道振《旃延論》。案迦延指迦旃延，小乘佛教薩婆多部的開創者，著有《發智論》（即《阿毗曇八犍度論》）。迦旃延的年代異說紛紜，《西域記》四、吉藏《三論玄義》《百論疏》、窺基《異部宗輪論述》作佛滅後三百年，《婆藪槃豆傳》作佛滅後五百年。《迦延》即《阿毗曇八犍度論》的異名，亦即《迦旃延阿毗曇》的簡稱，玄奘當時所受的應爲僧伽提婆譯本（後玄奘重譯爲《阿毗達磨發智論》）。"敬惜寸陰，勵精無怠，二、三《行狀》作四、五年。年間，究通諸部。"《慈恩傳》一。《續傳》："既而聽受《阿毗曇論》，一聞不忘見稱昔人，隨言鏡理又高倫等。至於得喪筌旨，而能引用無滯，時皆訝其憶念之力，終古罕類也。……席中聽侶，僉號英雄，四方多難，總歸綿益，相與稱讚，逸口傳聲。又僧景《攝論》、道振《迦延》，世號難加，人推精覆，皆師承宗據，隅奧明詮。"道基贊爲"予遊講肆多矣，未見少年神悟若此。"《續傳》《統記》。

有關人物與大事

道岳著《俱舍論疏》二十二卷。《續傳》本傳。

鄭善果降唐爲內史侍郎。吳榮光《歷代名人年譜》。參見《隋書》及《新、舊書》本傳。

達摩笈多卒於洛汭。《續傳》二。

智琚卒。《續傳》十二。

四月，王世充廢隋皇楊侗，自稱皇帝，建元開明。《舊書》五四、《新書》八五《王世充傳》。

七月，西突厥統葉護可汗、高昌王麴伯雅各遣使於唐。《冊府元龜》九七〇，又三年正月、七月，四年三月，六年四月，八年四月均遣使入唐。

竇建德攻宇文化及於聊城，斬之，傳首突厥。《舊書·本紀》、《隋書》八五《宇文化及傳》從《通鑑》"於聊城"，據岑仲勉《突厥集史》頁 119 考定。

二一歲　公元六二○年
唐高祖武德三年（庚辰）

譜主事略

　　玄奘二十一歲，在成都從寶暹、道基、道振諸師學業，始受具足戒並坐夏學律。案僧尼出家的最後階段爲"受具足戒"，也是他們所最關心的宗教儀式。佛教用以統治約束僧尼所謂防禁身心之過者，制有無數苛細的清規戒律，有所謂比丘二百五十戒，比丘尼五百戒等，參見《四分律》《五分律》《行事鈔》《藥師經》《智度論》等。僧尼受戒後，經國家機關檢驗給予戒牒，造帳入冊，始獲得免徭役的特權，在唐代均田制未崩潰前並授予口分田三十畝（參見仁井田陞《唐令拾遺》"田令"第二二）、唐代官給戒牒的形制，見於《天台霞標》一。

　　印度的佛教徒遵從其教主釋迦的遺法，每年在雨期三個月間，禪定靜坐，謂"夏坐"或"雨安居""坐臘"（參見《寄歸傳》二、《西域記》八），中國和日本的僧尼則於四月十六日入安居，七月十五日解安居，見《內法傳》。關於玄奘受具足戒之年。《慈恩傳》一："法師年滿二十，即以武德五（三）年於成都受具，坐夏學律。"《開元錄》同。《續傳》及《行狀》均作二十有一。據《四分律》："年滿二十，應受大戒。"《梵網經》云："若佛子應如法次第坐，先受戒者在前坐，後受戒者在後坐。"僧尼對於受具足戒之年，極爲重視，道宣與惠立敍述一致，當無錯誤。梁啓超據《塔銘》玄奘卒年六十九歲之說，推定大業十一年爲二十歲，繫云"始受具戒"，武德五年爲二十七歲，繫云"在成都坐夏學"，並作案語云："《慈恩傳》'年滿二十，以武德五年於成都受具，坐夏學律'，疑是誤併兩事爲一事。"考佛教制度，受具後即坐夏學律，《慈恩傳》不誤。梁啓超誤取六十九歲說，誤移受具之年於大業十一年，而以武德五年爲坐夏學律，殊不知豈有受具足戒，到七年後而開始坐夏學律的？梁說顯誤，也定證六十九歲之非。但如以武德五年玄奘二十一歲，則與玄奘年壽六十五有牴牾。考《續傳》謂"二十有一，爲諸學府雄伯沙門講揚心論，不窺文相而誦註無窮，時目神人，不神何能此也，晚與兄俱往益南空慧寺"，似爲武德三年事。然則武德五年何以訛爲三年，古代傳抄，每多"形近而誤"，"三"易訛爲"五"，故"五"字可能爲"三"之訛。是故一九五四年十二月《大慈恩寺三藏法師傳》內學院校刻本刊誤，武德五年條重勘改爲三年，原校者呂秋逸先生諒有所本。又《支那內學院精校本玄奘傳書後》謂"案本書云'年滿二十以武德五年於成都受具坐夏學律'，疑是誤併兩事爲一事"，似得真實，茲從之。

有關人物與大事

印度佛教邏輯學家法稱生。法稱生於南印度觀梨摩羅耶（或作提樓摩羅）婆羅門家庭，早年在那爛陀寺從護法學，又在自在軍處研習陳那的因明學，以著述、講授、弘傳佛教終其一生，後卒於羯㥄迦寺院中。法稱發展了陳那的因明學和認識論的學說，建立認識論因明學體系，在印度的邏輯學史上具有極重要的地位。案法稱生卒時代未有確證，一般約定在公元620年至680年之間。

慧覺卒，年九十。《續傳》十一。

善胄卒於淨影寺，年七十一。《續傳》十二。

普曠卒於慈門寺，年七十三。《續傳》十二。

傅奕"進《漏刻新法》，遂行於時"。《舊書》七九本傳。

十一月，突厥處羅可汗死，頡利可汗立。《通鑑》一八八《唐紀》四。

二二歲　公元六二一年
唐高祖武德四年（辛巳）

譜主事略

　　玄奘二十二歲，與兄長捷居成都空慧寺繼續鑽研佛教宗教哲學。《慈恩傳》一。

有關人物與大事

　　道宣二十七歲始從智首聽受《四分律》。《宋高僧傳》十四，參見《續傳·智首傳》。

　　智儼二十歲，受具足戒後學習《四分》《涅槃》《八犍度》《成實》《十地》《地持》等經論。《續傳》二六、《華嚴經傳記》三。

　　智實、道宗、辯相西赴長安與當時名僧二三十人在秦王李世民弘義宮，通宵法集論議。《續傳》二四。

　　四月，傅奕上減省寺塔僧尼益國利民事十一條，與佛教徒展開了激烈的鬥爭。傅奕《上廢省佛僧表》見《廣弘明集》十一、法琳《對傅奕廢佛僧事》所引、同書十二明槩《決對傅奕廢佛法僧事》、《集古今佛道論衡》丙、法琳《上秦王破邪論啓》、慧淨《析疑論序》、法琳《廣析疑論》、兩《唐書·傅奕傳》等。

七月，下詔廢諸州寺塔、沙汰寺僧。《通鑑》一八五《唐紀》五、《新書·本紀》一。

敕在長安建立祆寺，置薩寶府以歲時祭祀，參見《通典》二二《職官典》自注，《舊書》四二《職官志》，宋敏求《長安志》九、十，韋述《兩京新記》三（日本佚存叢書本），張邦基《墨莊漫録》四，徐松《兩京城坊考》五《胡祆祠》條，張鷟《朝野僉載》三等。是爲唐代對祆教置官建寺之始。案火祆教、祆教，一名拜火教。約在公元前七世紀左右波斯人瑣羅阿斯德所創立。公元226年波斯薩珊王朝定爲國教，一時盛行於中央亞細亞，南梁、北魏間我國始聞其名。其教傳入後，唐初頗見優禮，兩京及磧西諸州均有祆祠，殊設薩寶府以管理之。公元845年（會昌五年）唐武宗滅佛教，凡外來宗教咸遭打擊，遂衰，至五代、兩宋尚有祆祠。詳陳援庵先生《火祆教入中國考》（北京大學《國學季刊》第一卷、第一號）。

以李世民爲天策上將軍，開府置官屬，設文學館，延杜如晦、房玄齡等，使閻立本作圖，褚亮爲贊，號十八學士。《舊書》二《太宗本紀》上、《通鑑》一八九。

二三歲　公元六二二年
唐高祖武德五年（壬午）

譜主事略

　　玄奘二十三歲，居蜀四五年間，據《行狀》。案玄奘自武德元年入蜀，至五年"更思入京詢問殊俗"，首尾適爲五年，《慈恩傳》一作"二、三年間"，似訛。研讀佛教大小乘的經論和南北地論學派、攝論學派各家的學說，與兄長捷同爲蜀人所仰慕，尤爲蜀地總管鄶公、尚書韋雲起等所欽重。案鄶公即竇軌，《續傳》十四《三慧傳》："隋末去蜀，鄶公竇軌作鎮庸蜀，偏所咨崇。"證以《舊書》六一《竇威傳·附》："元年進封鄶國公，三年，遷益州道行台左僕射，……與尚書韋雲起、郭元仿素不協。"《新書》九五略同，惟無年代。《四川通志·統部題名》："唐竇軌平陵人，武德三年益州行台僕射。"《唐大詔令集》一一五，武德二年二月《鄶國公軌等益州道安撫大使詔》，可知竇軌於二年任命，三年至蜀。《舊書》七五《韋雲起傳》"四年遷益州行臺民部尚書，尋轉行臺兵部尚書"，《新書》一〇三本傳"改遂州都督，益州行台兵部尚書"。據以上記載，竇、韋任職均在武德三、四年間，而玄奘於五年後離蜀，可證《行狀》《慈恩傳》所載當爲武德四、五年間事。時人"爲之語曰'昔聞荀氏八龍，今見陳門雙驥'"，《西域記敍》。聲名傳揚，"吳、蜀、荆、楚無不知聞，其想望風徽，亦猶古人之欽李郭矣。"《慈恩傳》一。但玄奘不以此爲滿足，"益部經論，研綜既窮，更思入京，詢問殊旨"，《慈恩傳》一。案唐朝自武德四年平定竇建德、王世充、李子通，五年破梁師都、劉黑闥，敗徐圓朗，其政權已基本穩定。據《辯正論》長安又建會昌、勝業、慈悲、證果尼等寺，皆極輪奐之美，而吉藏復在京弘法，朝廷建立十大德之制，隋代名僧稍又聚集，故玄奘亟欲赴京深造。同時聽說道深在趙地講學，《續傳》："私自惟曰，學貴經遠，義重疏通，鑽仰一方未成探賾。有沙門道深，體悟《成實》，學稱包富，控權敷化，振綱趙邦，憤發内心，將捐巴蜀。"乃計劃從巴蜀溯江東下，沿途訪師請益，然後北上相州、河南臨漳縣。趙州，河北趙縣。達於京師，却爲兄所阻留。《續傳》。《慈恩傳》一："條式有礙，又爲兄所留，不能遂意。"

有關人物與大事

正月，法琳上《破邪論》抨擊道教。《破邪論》一、《法琳別傳》一。

劉黑闥北結突厥，屢敗唐軍，稱漢東王。三月，李世民破其軍於洺水上，劉黑闥逃亡突厥。《通鑑》一八○，參見《舊書》一《高祖本紀》、五五《劉黑闥傳》。

西突厥統葉護可汗遣使請婚，於八年四月遣高平王道立至其國。《元龜》九七八，並見兩《唐書‧突厥傳》，惟未載年月。

敕選僧人，充兵兩府。《續傳》二十三《智滿傳》：“武德五年，玁狁孔熾，戎車載飾，以馬邑沙門，雄情果敢，烽燿屢舉，罔弗因之。太原地接武鄉，兵戎是習，乃敕選二千餘僧，充兵兩府；登又下敕，滿師一寺，行業清隆，可非簡例。”

二四歲　公元六二三年
唐高祖武德六年（癸未）

譜主事略

　　玄奘二十四歲，私與商人結侶，汎舟三峽，沿江而下，到荆州天皇寺。《慈恩傳》一。案荆州自晉道安以後爲佛教的重鎮之一，遠則東晉法顯、覺賢在此譯經，次則南齊劉虬著《善不受報頓悟成佛義》，近則智遠、慧嵩在此講學，爲三論學派僧侶薈萃之地。而隋代智顗又在此玉泉寺先後講解《法華玄義》《摩訶止觀》，爲天台宗圓熟教義的所在，故玄奘舟行先抵荆州。自夏至冬，玄奘在寺開講《攝論》《毗曇》各三徧，深得漢陽王李瓌的贊助。《慈恩傳》一："彼之道俗，承風斯久，既屬來儀，咸請敷説。法師爲講《攝論》《毗曇》自夏及冬，各得三徧。時漢陽王以盛德懿親，作鎮於彼，聞法師至，甚歡，躬申禮謁。發題之日，王率羣僚及道俗一藝之士，咸集榮觀。於是徵詰雲發，關並峰起，法師酬對解釋，靡不辭窮意服。其中有深得悟者，悲不自勝，王亦稱歎無極。贐施如山，一無所取。"《圖記》四略同。案《舊書》六〇《河間王孝恭傳》："三年改信州爲夔州，使拜孝恭爲總管，尋授荆湘道行軍總管……蕭銑於是出降，高祖大悦，拜孝恭荆州大總管……及輔公祏據江東反，發兵寇壽陽，命孝恭爲行軍元帥以擊之。……

六年，遷襄州道行台尚書左僕射。"《湖北通志·職官表》："河間王孝恭荆州大總管，武德五年任，又任襄州道行台左僕射，漢陽王瓌代孝恭爲荆州都督。"《新書》七八《漢陽王瓌傳》："代孝恭爲荆州都督，政務清静。"考《舊書·高祖紀》"四年十月乙巳，趙郡王孝恭平荆州蕭銑"，"六年八月壬子輔公祐據丹陽反，遣趙郡王孝恭討之。"《唐大詔令集》一一九，有武德六年九月《討輔公祐詔》。是可知河間王孝恭於武德四年十月後任荆州大總管，至六年八月因討輔公祐移任襄州，則漢陽王瓌代任當在本年八月後，玄奘在荆州講學半載（"自冬及夏"），故能與漢陽王瓌相得甚歡。以此可見玄奘抵荆州當在本年，《劉譜》等作五年似非。

冬末，玄奘沿江東下。

有關人物與大事

五月，法琳再上啓，抗議廢佛。《法琳別傳》二。

吉藏卒，年七十五。《續傳》十一，詳年譜附録五。

道宗卒於勝光寺，年六十一。《續傳》十一。

法侃卒於大興善寺，年七十三。《續傳》十一。

二五歲　公元六二四年
唐高祖武德七年（甲申）

譜主事略

　　玄奘二十五歲，自荊州沿江東下經歷揚州、吳會吳會謂吳郡與會稽郡，見《南史·褚伯玉傳》，而此係泛指今江蘇省境長江三角洲一帶地方而言。等地，與名僧智琰智琰俗姓朱，字明璨，吳郡吳人，隋代佛教成實學派名僧，於《涅槃》《法華》《維摩》等經有所鑽研，貞觀八年卒，年七十一，詳見《續傳》十四。相晤，智琰以六十之年，執禮甚恭。《圖記》四："其時大德法師智琰等並江漢英靈，解窮三藏。既覩法師妙辯無礙，泣而嘆曰：'豈期以桑榆末光得遇太陽初輝。'遂以從心之年師奘，卒禮法師。"案《續傳》十四載智琰以武德七年自京師返蘇州，"蘇州總管武陽公李世嘉與内外公私共同奉迎歸寺。"（《古今圖書集成·釋教部》）考其生平行踪未嘗西至荊州，《圖記》載智琰禮事玄奘，奘則在荊州天皇寺時，一與年代不合，二與智琰生平不侔，似以玄奘經歷揚州、吳會時與智琰相遇爲當，疑《圖記》誤合玄奘在荊州講揚《攝論》《毗曇》與沿江東下經歷揚州、吳會爲一事。

　　又案《劉譜》作"大業十二年、十五歲遊吳會"，似誤。查玄奘自出家後至十九歲因戰亂而奔赴長安，此外從未離開過洛陽。又考

《續傳》云："閒行江碛,經途所及荆、揚等州,訪逮道鄰,莫知歸詣,便北達深所。"又載玄奘的自敍云："余周流吳、蜀,爰逮趙、魏,末及周秦,預有講筵,率皆登踐。"《西域記》辯機《後記》："步三蜀而抵吳會。"凡此均指明玄奘的行蹤由蜀至吳。同時《慈恩傳》一："法師既曾有功吳、蜀,自到長安,又隨詢採。"也指出從吳、蜀到長安,沿途問學。揚州爲當時佛教中心之一,隋煬帝爲建慧日道場,講筵頗盛;江南又爲南朝涅槃、三論、成實學派的重鎮,以玄奘的向學之忱,豈有不路過之理?故在荆州講罷之後沿江東下遊歷江南,旋即北上,並且玄奘早年就對佛教神學有所研究,聞名於時,故《慈恩傳》有"吳、蜀、荆、楚,無不聞知"句,亦即指其遊履所至。至於玄奘經歷吳會的年代,徵之《續傳》十四《智琰傳》,智琰以武德七年自帝京返蘇州,而玄奘自六年冬在荆州東下,故能與智琰相晤。

北上至相州,案《慈恩傳》載玄奘先到相州後至趙州,《續傳》則先抵趙州後達相州,二者適相反。然《續傳》載玄奘毅然離蜀是爲了向道深學《成實論》,故先訪趙州;而《慈恩傳》敍玄奘去蜀是爲了"入京詢問殊旨",以地勢論,由南向北應先詣相州後入趙州。並且相州爲南北地論學派的分界,故從《慈恩傳》之説。**從歷參名宿,徧學名派的名僧慧休**案慧休先後從靈裕學《涅槃》、明彥學《成實論》、志念學《小論》、曇遷學《攝論》,又受業於真諦門下道尼,復於洪遵、法礪處習律,是一個周咨博問的佛教徒學者。**學《雜心論》**。《雜心論》即《雜阿毗曇心論》的略稱,相傳爲達摩多羅(法救)以《阿毗曇心論》過於簡略增廣而成此論,我國有法顯、覺賢共譯的十三卷本,伊葉波羅等譯的十三卷本和僧伽跋摩譯的十一卷本,屬於一切有部,北朝研究頗盛,蔚爲毗曇學派。其中毗曇孔子高昌慧嵩統解小乘,尤耽《雜心》,弟子志念,學問淵博,又傳於道岳、慧休、靈潤等,均與玄奘有傳承關係。玄奘又從慧休聽受《雜心論》，固有師承所自，也可見他對於小乘毗曇學的研究有素。歐陽竟无先生《法相諸論敍》謂法相之學淵源於阿毗達磨，展轉會萃，大成於《瑜伽師地論》，玄奘日後開創法相宗在國內固已淵源有自。

玄奘在相州慈潤寺會晤三階教信行弟子靈琛。《八瓊室金石補正·慈潤寺故靈琛禪師灰身塔銘》載靈琛俗姓周，弱冠出家即味大品經論，後遇信行，更學當機佛法，貞觀二年卒於慈潤寺。《往日雜稿》（頁37）："相州爲信行早年所在地。慈潤寺爲唐慧休住寺。武德中，玄奘曾遊相州從休學。靈琛則於貞觀二年卒於慈潤寺，是玄奘或得見之。"

案信行在相州法藏寺捨棄具足戒，從事勞役，行頭陀行，相州爲其行道之地。當時如慧光、道憑、法上、靈裕、曇遷、慧休等均先後在相州弘法，其間不無相互影響，而諸人對於玄奘也有直接和間接的關係《往日雜稿》（頁37）："至於玄奘弟子神昉，確與三階教有關。"又據大英博物館所藏上元三年（676）《法華經》寫本校者無及、法界，皆爲三階寺僧，閱者嘉尚、慧立則爲玄奘弟子，認爲法相名宿固亦曾共三階教人校閱寫經也。這也可見玄奘與三階教的關係。

冬，至趙州從道深受學《成實論》，《慈恩傳》一："又到趙州謁深法師學《成實論》。"《續傳》："便北達深所，委參勇鎧，素襲嘉問，縱洽無遺。"《成實論》相傳爲印度訶梨跋摩（獅子愷）所造，鳩摩羅什譯本共十六卷，據《祐錄》十一、梁太子綱《成實論疏序》、僧叡《成實論序》《三論玄義》等，它出現於二世紀中，爲印度佛教小乘中最後所立的學派，也是從小乘過渡到大乘空宗的一個學派，無我寂滅來敍述苦，又稱小乘中的空宗。它包括了佛教許多基本哲學範疇，是佛教徒初學的佛教手冊。羅什譯出此論後，爲門下僧叡、曇影講演，盛於南朝齊、梁、陳間，研究者接軌，爲之註疏的頗多，形成成實學派，如僧柔、慧次、道寵、道亮、法雲、僧旻、智藏、洪偃、明彥、智脫等均以《成實論》名家，至隋天台宗興起，成實學派遂衰。"終始十月，資承略盡。"《續傳》。

有關人物與大事

道宣二十九歲，遷居於終南山倣掌谷白泉寺，嚴持淨戒，研究律學，製《四分律刪繁補闕行事鈔》，又隨慧頵入住崇義寺。《集神州三寶感應通錄》上："武德七年，日嚴寺廢……余師徒十人配居崇義。"又見《統紀》三。

智琰在蘇州東寺與信徒五百餘人，每月集會一日，建齋講觀修淨土法門。《續傳》十四。

玄奘弟子、律宗相部宗東塔系開創者懷素生。案懷素《宋僧傳》十四未載其年歲，茲據《釋氏疑年錄》四"周萬歲通天二年卒，年七十四（624—697）"推定。

敕僧兵"罷令還俗""並停復寺"。《續傳》二四《智實傳》："武德七年，獫狁孔熾，屢舉烽燧，前屆北地，官軍相拒。有僧法雅，夙昔見知，武皇通重，給其妻媵，任其僭溢，僧眾惘然，無敢陳者，奏請京驍捍（悍）千僧，用充軍伍，有敕可之，雅即通聚簡練，別立團隊，既迫王威，寂無抗拒。實時二十有一……致書於雅曰……雅以事聞……敕乃罷令還俗，所選千人，並停復寺。"

康國遣使至唐。《舊書》《新書》《西域傳》。

八月，突厥分擾原、忻、并、綏等州，京師戒嚴。吉利、突利二可汗連營南下。秦王李世民禦之於豳州與突利可汗結盟遣人使於突厥。參見《通鑑》一九一、兩《唐書》

一《高祖本紀》、《冊府》一九。

傅奕又上疏排斥佛教。《舊書》七九本傳、《新書》一〇七本傳。參見武德九年譜。

二六歲　公元六二五年
唐高祖武德八年（乙酉）

譜主事略

　　玄奘二十六歲，秋，在趙州學畢《成實論》，西赴長安，住大覺寺從道岳學《俱舍論》。《俱舍論》爲《阿毗達磨俱舍論》的略稱，據《婆藪槃豆傳》，係世親根據《大毗婆沙論》參以小乘經量部的教義，對於小乘有宗的《婆沙》教義有所修訂而作。"俱舍"義爲包藏，謂它包藏了根本阿毗達磨的要義。此論對於宇宙人生萬有間的辯識，提出所謂"五位""七十五法"的概念分析，進而歸結到"五停心觀""四念處觀""十六行相"等神學理論，以斷除"見思二惑"獲得"解脫"超現實的宗教結論。它是一部總結小乘各種學説向大乘有宗過渡的宗教論著，我國有真諦譯《阿毗達磨俱舍釋論》二十二卷（舊俱舍），玄奘譯《阿毗達磨俱舍論》二十卷（新俱舍）二種。《俱舍論》本頌梵語原本已發現，並有 Vallée Poussin 的法語譯本（1914—1918 年出版）。案真諦所譯以《攝大乘論》與《俱舍論》最爲得意（見慧愷《阿毗達磨俱舍釋論序》與《續傳》一《法泰傳》），於光大元年（567）譯畢《俱舍》，並爲之義疏六十卷。（據《房録》和《内典録》，《東域録傳燈目録》作《俱舍論古譯論記》五十卷，《續傳》則謂文疏合爲八十三卷。各書著録不一，而原疏已佚，無考）陳、隋間爲之研究者頗多，形成俱舍學派。道岳受真諦弟子道尼之教，又在廣州得慧愷親筆的真諦疏本，從而著《俱舍論疏》二十二卷，成爲唐初研究真諦系統舊俱舍的殿軍。以此可見玄奘《俱舍》學在國内的師承淵源。

有關人物與大事

朝鮮佛教華嚴宗創始者，新羅義湘生。據《三國遺事》三《浮石本碑》。

唐高祖下詔"老先次孔末後釋"。《續傳》二四《慧乘傳》："武德八年，天子詔曰：'老教孔教此土先宗，釋教後興，宜崇客禮，令老先次孔末後釋。'"二月，至國學釋奠召三教學士論議，慧乘俗姓劉，彭城人。反對先道後釋的詔令，與道教徒李仲卿等辯論。《續傳》二四《慧乘傳》。參見《集古今佛道論衡》丙"高祖幸國學當集三教問僧道是佛師事二"。《法琳別傳》、《稽古略》三。《統紀》三九作武皇七年，非。

四月，西突厥統葉護可汗請婚，許之，令高平王道至其國。復置十二軍，備擊突厥。《册府》九七八、《通鑑》一九一《唐紀》七。

八月，突厥擾并、潞、沁、韓等州，頡利可汗大掠朔州，唐兵數戰不利。《通鑑》一九一《唐紀》七。

二七歲 公元六二六年
唐高祖武德九年（丙戌）

譜主事略

　　玄奘二十七歲，在長安又從法常學《攝論》、僧辯學《俱舍》、《慈恩傳》一：“時長安有常、辯二大德……爲上京法匠，緇素所歸……法師既曾有功吳蜀，自到長安，又隨詢採。”《開元錄》同。玄會學《涅槃》，《續傳》四：“沙門法常，一時之最，經論教悟，其從如林，奘乃一舉十問，皆陳幽奧。……沙門僧辯，法輪論士，機慧是長，命來連坐，吾之徒也。沙門玄會，匠剖《涅槃》，刪補舊疏，更張琴瑟，承斯令問，親位席端，諮質遲疑，煥然袪滯。”常、辯二師譽爲“釋門千里之駒”，《慈恩傳》一。由是“擅聲日下”，“譽滿京邑”。參見《慈恩傳》與《續傳》。

　　十二月，中印度名僧波羅頗迦羅蜜多羅略稱波頗，意譯明知識或光智。隨唐使至長安，敕住興善寺傳譯，“釋門英達，莫不修造。”《續傳》三本傳。玄奘可能曾向他咨詢積疑，因知印度那爛陀寺講學盛況，大本《十七地論》的總攝三乘學說，戒賢的精通瑜伽學，兼諳百家，於是

更加向往印度，尤其向往那爛陀寺和戒賢法師。呂秋逸
（澂）先生《玄奘法師之生平及其學説》（未刊稿）："時適波頗蜜多
羅東來，得聞那爛陀寺戒賢所授《瑜伽論》總攝三乘之説，乃發願
逕往梵土，尋其全文，以窮究竟。"又《玄奘法師略傳》："……於
是發心前往尋覓《瑜伽論》書，以窮其究竟。"案讀唐人作品，一無
玄奘請謁波頗的記載，則他倆是否曾會晤過，似一疑問。據《續傳·
波頗傳》："……值戒賢論師盛弘《十七地論》，因復聽採"，波頗爲
戒賢弟子，抵長安後"釋門英達，莫不修造。自古教傳詞旨有所未
喻者，皆委其宗緒，括其同異，内計外執指掌釋然，微問相讎，披
解無滯。"玄奘這時正在長安，感到國内地論、攝論師的講説分歧，惝
恍迷離，波頗到達長安後，可能曾向他請教，受到他的啓示，雖史
傳未載，以情理推之，似亦可能。但玄奘留學印土的志願藴蓄久已，決
非偶然，似應從中國佛教史上的問題來探討，故波頗東來不能視爲
唯一的原因。又案波頗抵達長安的日期，向有二説：據《續傳·波
頗傳》："武德九年，高平王出使入蕃……乃與高平同來謁帝，以其
年十二月達京。"則爲武德九年；據《開元録》《貞元録》以及李百
藥《莊嚴經論序》（《出三藏記集序續編》四）、慧頤《般若燈論序》
（同前）則爲貞觀元年十一月。但武德九年説除本傳外，據法琳《寶
星陀羅尼經序》謂波頗"貞觀元年景（丙）戌泊於京輦"（《出三藏
記集經序續編》一）。考唐人避李昞諱，凡"丙"多作"景"，唐人碑
版，其例甚多，而丙戌（626）干支適爲武德九年，如貞觀元年則應
作丁亥（627）。干支總攝一歲，而一年中往往有改元多次的，故歷
史紀年干支似較年號爲確。兩《唐書·太宗本紀》武德九年（丙戌）六
月四日於玄武門誅建成，元吉，甲子自立爲皇太子，至明春正月乙
酉始改元貞觀。故在武德九年中太宗實際上已做了五個月皇帝。很
可能作者在寫經序時，因憶及太宗已即位，遂書貞觀元年，而以干
支推算則在丙戌，故干支不誤，年號却訛，似以武德九年爲當。又

《統紀》四十:"正（貞）觀元年正月,詔京城德行沙門,並令入内殿行道七日,度天下僧尼三千人,詔以皇家舊宅通義宮爲興聖寺。詔沙門光智（波頗）於大興善寺譯《寶星經》等五部,左僕射房元齡等監護。"是可證波頗於武德九年抵長安,否則如何在貞觀元年正月詔光智在大興善寺譯經。可知李百藥、慧頤所作序文,係指波頗譯出二論日期,那麼波頗於武德九年抵京,而玄奘則在貞觀元年八月離長安,即如吕先生之所主張,固亦無妨礙玄奘和波頗的會見。

於是,玄奘"結侶陳表,有詔不許。諸人咸退,唯法師不屈",《慈恩傳》一。《續傳》作"遂屬然獨舉,詣闕陳表,有司不爲通行",《開元録》等略同。《曾譜》:"然《慈恩傳》後載法師歸國見太宗時之言有云:'玄奘當去之時,已再三表奏,但誠願微淺,不蒙允許',則'結侶陳表,有詔不許'之言,較可信也。"案唐代旅行的,事先必須向官府請得"過所"。"過所"類似近代"護照""通行證"。《唐六典》六"尚書省刑部司門"條:"司門郎中員外郎,掌天下諸門及關出入往來之籍賦,而審其政。……凡度關者,先經本部本司請過所,在京則省給之,在外州給之,雖非所部,有來文者所在給之。"《賢明真言要訣》三:"造僞過所詃關令以求度關者,必稱司門。"旅行的必須向所經州縣關津出示公驗,否則法律罰處,詳見《唐律疏議》八《衛禁》下"諸私度關者"條。過所之制,約自漢末迄於五代,唐代的過所實物日本尚保存大中九年(855)智證和圓珍的過所各一紙。又《天台霞標》載有傳教、圓珍、圓載的公驗記,又見《智證大師全集》四。關於過所制度的沿革考證,詳見日本内藤虎次郎《三井寺藏唐過所考》（收入萬斯年編譯的《唐代文獻叢考》）。一面"廣求諸蕃,遍學書語";《續傳》四,《開元録》八同。《集古今佛道論衡》丙:"以貞觀初,入關住莊嚴寺,學梵書語,不久便通。"一面"又承西路艱險,乃自試其心,以人間衆苦種種調伏，堪任不退"，《慈恩傳》一。然後伺機"不惜身命"偷越國境。《續傳》："側席西思，聞機候會。"

有關人物與大事

玄奘譯經助手，《涅槃》學者三慧樓煩人。自蜀至京。《續傳》十四："武德九年遠朝京闕，貞觀中召入參譯，綴文證義，論次可崇。"

道宣三十一歲，撰成《四分律刪繁補闕行事鈔》，奠定了南山四分律宗的開宗基礎。《宋僧傳》十四。

法礪著《四分律疏》十卷。《續開元錄》二、《續傳》二二。

《地論》《涅槃》學者慧遷瀛洲人。卒，年七十九。《續傳》十二："自遷之歿後，《十地》一部，絕聞關壞。"

成實學派名僧道慶俗姓戴，無錫人。卒，年六十一。《續傳》十二。

攝論學派靜藏俗姓張，澤州高都人。卒，年五十六。《續傳》十三。

四月，太史令傅奕又上《請除佛法疏》，《全唐文》一三三六、《冊府》九一六。參見《通鑑》一九一，兩《唐書·本紀》一，《舊書》七九、《新書》一〇七本傳，《大唐新語》十，《冊府》八九五，邵博《聞見後錄》八，孔平仲《續世說》五，李冗《獨異志》上，《佛祖歷代通載》十二等。高祖詔羣臣議其事。太僕卿張道源稱奕言合理，蕭瑀雖反對亦無以難之。五月辛巳下詔沙汰僧尼、道士、女冠。但因六月退位，太宗攝政大赦天下，事竟不行。陳寅恪先生《武曌與佛教》（前中央研究院《歷史語言研究所集刊》第五本）、日本久保田量遠《支那儒佛道三教史論》、常盤大定《關於支那的佛教、儒教和道教》均有所論列。

六月庚申，秦王李世民殺皇太子建成、齊王元吉，復浮屠法，癸亥立爲皇太子聽政。《新書·本紀》第一。

八月，李淵傳位於李世民。兩《唐書·本紀》二。

突厥頡利、突利二可汗兵至渭水便橋，太宗詣渭上請和。兩《唐書·本紀》二，參見《通鑑》一九二《貞觀政要》九。

九月，詔民間不得妄立妖祠，自非卜筮正術及雜占，悉從禁絕。《通鑑》一九二《唐紀》八。

十二月，太宗召見傅奕，"賜之食，頗然其説"。《通鑑》一九二："上謂傅奕曰：'佛之爲教，玄妙可師，卿何獨不悟其理？'對曰：'佛乃胡中桀黠，誑耀彼土，中國邪僻之人，取老莊玄談飾以妖幻之語，用欺愚俗，無益於民，有害於國，臣非不悟，鄙不學也。'上頗然之。"

西域康國遣使餽贈名馬。案《舊書》一九八《康國傳》"武德十年，屆求支遣使獻名馬"，惟武德只有九年，李世民以貞觀元年正月乙酉朔改元，茲據岑仲勉《唐史餘瀋》一"高祖舊新傳之武德十年"條的考證釐正。

唐代著名道教徒王玄覽生。原名暉，法名玄覽，廣漢綿竹（四川綿竹縣）人，著有《注老子》二卷、《真人菩薩觀門》二卷、《九真任證頌道德諸行門》二卷、《遁甲四合圖》《混成奧藏圖》等。據王太霄《玄珠錄序》"則天神功元年（697）……閏十月九日，至洛州三鄉驛羽化，年七十二"，則上推應生於本年（626）。

吉藏在長安延興寺傳法，門徒高麗僧慧灌去日本弘教，是爲日本三論學派之始。慧灌爲日本三論宗的第一傳，第二傳智藏曾先到中國南方遊學，歸國後著《三藏要義》，承慧灌之傳，第三傳道慈隨遣唐使至長安，習三論、法相之學達十七年之久，歸國後成爲日本三論宗的巨擘。

二八歲　公元六二七年
唐太宗貞觀元年（丁亥）

譜主事略

　　玄奘二十八歲，春，在長安，僕射蕭瑀"敬其脫穎"，奏請入住莊嚴寺，《續傳》："僕射宋公蕭瑀，敬其脫穎，奏住莊嚴，然非本志，情棲物表。"《開元錄》八、《統紀》同。案是年二月，長安十大德之一莊嚴寺慧因病卒（《續傳》本傳），蕭瑀奏請玄奘入住，可能是補其缺。（《玄奘法師傳略》）以非素志而謝絕。案宋敏求《唐大詔令集》四四載蕭瑀於武德四年拜僕射。《舊書·蕭瑀傳》："及平王世充，拜尚書右僕射。……太宗即位，遷尚書左僕射。"《新、舊書·太宗紀》："貞觀元年……以蕭瑀爲尚書左僕射……十二月免。"萬斯同《唐宰相大臣年表》："貞觀元年蕭瑀六月命，十二月免。"是知《續傳》稱僕射蕭瑀，則其奏請當在貞觀元年十二月以前。

　　秋八月，因關東、河南、隴右沿邊諸州，霜害秋稼，參見兩《唐書·太宗紀》《新書·天文志》《舊書·五行志》《貞觀政要》一《通鑑》。"下敕道俗，隨豐四出，幸因斯際"，《續傳》。玄奘遂首途西行。

玄奘首途的年月，唐人的著述自辯機《西域記·記贊》以迄《唐新語》十三均作貞觀三年秋八月或仲秋，間有作三年季春三月《珠林》二九："故以貞觀三年季春三月，弔影單身，西尋聖迹，初從京邑，漸達沙州。"或四月的。《慈恩傳》五載玄奘在于闐的上表："遂以貞觀三年四月，冒越憲章，私往天竺。"嗣後著述多沿襲唐人的記載，《通載》十一作"三年冬抗表辭帝，制不許，即私遁"。《稽古略》三："三年冬往西域。"惟《統紀》二九作"正（貞）觀二年，上表遊西竺，上允之。"據日本《大正新修藏經》卷五二"史傳部"本。近代國際上東方學專家所有有關論著均從舊説。而我國則清代學者錢大昕據道宣《廣弘明集》二二，謂元（玄）奘以貞觀元年遊西域。《潛研堂金石文跋尾》。至一九一五年丁謙提出玄奘貞觀二年出國，《蓬萊軒輿地叢書》（浙江圖書館叢書，第二集），《大唐西域記考證·自晉至唐遊歷印度諸僧考》。但不詳所出，未能引起學術界的重視，迨一九二二年梁啓超首創"玄奘元年首途留學"之説，梁啓超：《中國歷史研究法》第五章《史料之蒐集與鑑別》；又見《支那內學院精校本玄奘傳書後》。而陳援庵先生力持三年舊説不可推翻，《東方雜誌》二十一卷十九期，《書內學院新校本慈恩傳後》。始展開了學術上的爭論。近呂澂（秋逸）先生又主張二年西行與三年秋八月高昌發軔之説，參見《玄奘法師之生平及其學説》《玄奘法師傳略》《大慈恩寺三藏法師傳內學院刻本刊誤》頁1。聚訟紛紜，未有定論，兹略舉其説以明之。

元年説。梁啓超提具四證：據貞觀十八年（644）玄奘在于闐上《表》"歷覽周遊一十七載"句，"三年八月至十八年三、四月從何得十七年，其不合一也"；據《通鑑》及《新書·薛延陀傳》"師曾在素葉城晤突厥之葉護可汗，而葉護可汗實以貞觀二年夏秋間被弒者，若三年乃行，則無從見葉護，其不合二也"；"師曾在某處留學若干年，若干月，往返途中所歷若干里，本書皆有詳細記載，非滿十七年不敷分配，若出遊果在三年，則所記皆成虛構，其不合三也"；據《續傳》"會貞觀三年，時遭霜儉，下敕道俗，隨豐四出"，而《新書·太宗紀》三年並無"霜儉"之事，惟元年《新書》云："八月河南隴右邊州霜。"又云："十月丁酉，以饑減膳。"《舊書》"八月……關東及河南、隴右沿邊諸州霜害秋稼"，又云"是歲關中饑，至有鬻男女者"，凡此與記載合。然則何以諸書錯誤同出一轍？梁氏認爲："諸書所採同一藍本，藍本誤則悉隨之而誤矣。再問藍本何故誤？則或因逆溯十七個年頭，偶未細思，致有此失；甚或爲傳寫之譌，亦未可知也。再問十八年玄奘自上之表何以亦誤？則或後人據他書校改，亦在情理中耳。"《劉譜》《曾譜》從之。近羅香林《舊唐書玄奘傳講疏》一九五五年《學術季刊》四卷一期。與潘國健《玄奘西征年代考》一九七二年《新亞書院歷史系季刊》。亦力主元年説。

二年説。丁謙云：“唐太宗貞觀二年，東都僧玄奘遍遊五印度，至貞觀十九年還，前後凡十七年。”《大唐西域記考證·自晉至唐遊歷印度諸僧考》。吕澂先生初從元年之説，見《大慈恩寺三藏法師傳》內學院校刻初刊本。後力主玄奘西遊的動機係受到波頗蜜多羅的啓示，認爲波頗於貞觀元年十一月抵達長安，玄奘乃發願逕往梵土，尋其全文，以窮究竟，如元年啓程則無從獲見波頗，遂放棄元年説，據《珠林》的記載，定玄奘西域之行在三年三月或四月。《大慈恩寺三藏法師傳·內學院校刻本刊誤》一九五四年十二月原校者重勘：“秋八月三字，據《傳》卷五末表文及《法苑珠林》卷二十九，應是四月或三月之誤。按《大唐西域記》末卷《紀贊》有貞觀三年仲秋朔旦，杖錫遄征之説，乃指從高昌發軔而言。其時高昌已隸唐土，西域之行當自彼始，故行期亦從彼地記之。後人或即據以誤改奘師發自長安之時爲秋八月也。”惟吕先生近又主張“貞觀二年秋（628）方逢霜災，政府許四出，前往西域，轉輾屯高昌，受各國國王敬重，延留度過了夏坐，再向西行正當貞觀三年八月”。《玄奘法師傳略》。

三年説。除吕先生的三年八月高昌發軔説外，陳援庵先生反對元年之説，認爲：一、霜儉之説不足據，“據本傳則法師出關，迭被留難，一阻於涼州，再阻於瓜州，三阻於一烽，四阻於四烽，若果如《續傳》所云‘奉敕道俗，隨豐四出’，何至被阻若是”；又貞觀三年亦有霜災。二、如以元年八月首途，至遲九月中可到涼州，據《新、舊唐書》則九月十二以前涼州都督爲宇文士及，假令繼士及者爲李大亮，然士及奉到詔書，至早需在十月，則李大亮之到任至早亦需在十月後，故元年出遊不能見到李大亮。三、據《册府元龜》及《通鑑考異》統葉護可汗被殺於貞觀元年，故玄奘所遇爲其子肆葉護可汗。案玄奘所晤爲肆葉護可汗，見文廷式《純常子枝語》三十引《西伯利地志》卷五："當時僧玄奘赴印度到天山伊什克里泊之近傍於明伯羅克宮謁見西土耳格爾國肆葉護汗。明伯羅克，土耳格語，千泉之義。"最後認爲玄奘上表"十七載"的"七"字誤，而貞觀三年的"三"字不誤；如欲保存于闐上表十有七載，則必須推翻《聖教序》及諸書的十有七載。《書內學院新校本慈恩傳後》。近孫樂齋《玄奘法師年譜》未刊稿。和石萬壽《玄奘西遊時間的探討》一九七一年三月《大陸雜誌》第四十二卷，第六期。均主三年說。

綜上三說，迄未論定，故《舊書·玄奘傳》作貞觀初。當代學者爲審愼計或作貞觀初年出國以概之。岑仲勉《鞠氏高昌補說》："奘師出行，諸說聚訟……拙見尚未能解決，故只曰貞觀初也。"（1958 年中華書局版《西突厥史料補闕及考證》頁155）又頁 6："至慈恩出國，究爲貞觀元年抑三年，尚無定論。"石峻《論玄奘留學印度與中國佛教史上的一些問題》亦概作貞觀初。但三說中必有一是，茲旁證史實，以求得比較可靠的結論，以元年說爲當，考釋如下：

一、玄奘首途年月，唐人著錄大都作貞觀三年，唐人敍唐事，似較可信。但《廣弘明集》二二玄奘《請御製三藏聖教序表》云："奘以貞觀元年往遊西域，求如來之秘藏，尋釋迦之遺旨，總獲六百五十七部。"唐人記載玄奘事蹟，輾轉相承，難免有所謡誤，不如本人的自道爲可信。

此《表》係貞觀二十年玄奘譯竣《菩薩藏經》後與《西域記》同時奏上，然則何以《西域記》辯機的《記贊》作"貞觀三年"，而此《表》爲元年？考宋《開寶藏》（917）爲刻本《大藏經》的祖本，可知《西域記》在唐代還是寫本流傳。就現存的敦煌唐寫本、敦煌寫本《西域記》今存三個殘卷：卷一殘存 304 行，S. 2659 號，藏倫敦大英博物館；卷二殘存 173 行，P. 3814 號，藏巴黎國家圖書館；卷三殘存 4 行，S. 0958 號，藏倫敦大英博物館。日本古寫本石山寺本、醍醐三寶院藏本、神田氏藏本等。和刻本互校就有出入，甚而一字之差關係綦鉅，參見向達先生《記現存幾個古本大唐西域記》（《文物》一九六二年第一期）、《試論〈大唐西域記〉的校勘問題》（《現代佛學》一九六四年第六期）至於宋、元、明刻本的謡誤、羼入和臆改就更多了。玄奘出國的年月唐人多以《西域記·記贊》爲據，這就可能當《西域記》成書後，因寫官過錄或相互傳抄時，從校勘學來説，行草"元"與"三"的字形相近，最易訛誤，以致"貞觀元年"誤爲"貞觀三年"。如玄奘返抵長安的日期，《慈恩傳》爲"春正月景（丙）子"，《續傳》《行狀》均作正月，而《塔銘》則作"春三月景子"，"三"明係"正"之誤，這也可旁證"元""三"因字形相近而傳抄舛誤。復查《慈恩傳》與《續傳》《行狀》的前半部分，均取材於《西域記》，其間雖有詳略疏密之異，而無齟齬，故其著録玄奘首途年月似均以《西域記·記贊》爲據，以訛傳訛，相互承襲，後人又同一祖本，遂衆口一詞，形成歷史上的一椿疑案。

二、玄奘西行獲得西突厥葉護可汗的支持始逾鐵門而平安到達北印度境。但此葉護可汗究竟是統葉護可汗，還是其子乙毗鉢肆葉護可汗？如證實玄奘所晤爲統葉護，則元年説的前提成立，而陳先生的"三年説不可推翻之一鐵證"，未有着落，這是必須考證的。

首先，關於統葉護的被殺年代，《舊書》一九九下《鐵勒傳》、《新書》二一七下《薛延陀傳》均明載"貞觀二年"，《通鑑》一九三《唐紀》九繫於二年十二月，惟《册府》九七四與《舊書》一九四下作元年，《通典》一九九則敍其事於元年後，以故陳援庵（垣）先生據《通鑑考異》十："《舊書·鐵勒傳》云：'貞觀二年，葉護可汗死，其國大亂，夷男始附頡利。'按《突厥傳》，元年薛延陀已叛頡利，擊走其欲谷設，安得二年始附於頡利乎?"認爲《新、舊唐書》誤，統葉護實死於元年，故玄奘所見爲肆葉護。因之，岑仲勉謂:"按統葉護之死，或謂貞觀元年，或謂二年，尚無定論。《突厥集史》上册《編年》卷五，頁 175，又見下册頁 685《鐵勒傳校注》。

案鐵勒起源漠北，游徙分布甚廣，據兩《唐書》《北史》《隋書》《通典》《太平寰宇記》等所載，其"姓氏各別"，種落名稱不下四十，隋末一部分西遷西域准噶爾盆地的屬於西突厥。故《通典》一九九謂薛延陀"部落中分，在鬱督軍山者（一作烏德健山），東屬於始畢，在貪汗山者西屬於葉護。"《舊書·鐵勒傳》:"西突厥射匱可汗强盛，延陀、契苾二部並去可汗之號以臣之。回紇六部在鬱督軍山者東屬於始畢，乙失鉢部在金山者，西臣於葉護。"是可證兩《唐書》與《通典》所謂"貞觀二年，葉護死，其國大亂，乙失鉢曰夷男率部帳七萬，附頡利可汗"，當係指西臣屬於葉護可汗的種落。而《舊書·突厥傳》所謂"貞觀元年，陰山已北薛延陀、回紇、拔也古等部相率背叛，擊走其欲谷設"，當係指東屬於頡利可汗的種落。二者並不牴牾，《通鑑考異》誤混二事爲一事，而懷疑"安得二年始附於頡利乎"？馬長壽:《突厥人和突厥汗國》四《薛延陀汗國的始末和突厥人的南遷》註1"貞觀元年叛頡利者，爲漠北之薛延陀；二年，歸頡利者，爲西域之薛延陀，二者不相抵觸。其他鐵勒諸部亦然。我們不能以刻舟求劍之見以窺游牧部落之歷史。"（上海人民出版社出

版，一九五七年，頁 53）

其實，東突厥自武德七年舉國入侵後，唐太宗（時為秦王）因感國力不足，陽與盟和而陰縱反間，加上頡利"法令滋章，兵革動歲，國人患之，諸部攜貳"的不僅貞觀元年一事。參見《舊書》一九四上《突厥傳》，《通鑑》一九二。《通鑑》載"初，突厥突利可汗建牙直幽州之北，主東偏，奚、霫等數十部多叛突厥來降，頡利可汗以其失衆責之，及薛延陀、回紇等敗欲谷設，頡利遣突利討之，突利兵又敗，輕騎奔還。"此亦足以旁證薛延陀、回紇之"叛"，係役屬於頡利的東方種落，固統葉護在世之日，顯與其死後的薛延陀"叛"為兩事。反之，即如《通鑑考異》所懷疑的，而西突厥的部屬背離，不一定在統葉護死後，《舊書·突厥傳》載："時統葉護自負強盛，無恩於國，部衆咸怨，歌邏祿多叛之。"《新書》略同。故《通鑑》云"統葉護勢衰"，並沒有說在他卒後。《册府》尤其明確地記載："唐高祖武德末，突厥阿史那社爾入侵中國，歸而遇延陀、回紇等部皆叛，攻破欲谷設。社爾擊之，復為延陀所敗，遂率其餘衆保於西偏，依可汗浮圖，後遇頡利而西蕃葉護又死。"《舊書》一〇九《阿史那社尒傳》作"貞觀二年，遂率其餘衆保於西偏，依可汗浮圖。後遇頡利滅而西蕃葉護又死。……"《新書》一一〇本傳略同。惟敗於延陀作貞觀元年，二年作明年"西突厥統葉護又死"。《玄奘西征年代考》謂:"查《通鑑》卷一九二貞觀元年條僅謂:'統葉護可汗勢衰,乙失鉢之孫夷男帥部落七萬餘家,附於頡利可汗。'然陳氏指定'夷男之附頡利,係因葉護已死',並反覆論述,結果兩《唐書》誤,遂謂'循環互勘,二説皆有謡誤'。陳氏既曾以《舊書》卷一九四下之記載抹殺《通鑑》之價值在先,今又以《通鑑》之記載否定兩《唐書》,再又以兩《唐書》否定《通鑑》,又無別種理由,實有無所適從之感。且《通鑑》載葉護死在貞觀二年,而所記夷男附頡利之事,則祇謂'統葉護可汗勢衰',何來互相矛盾之處?陳氏何由知夷男之附頡利,必在葉護死後?而非因葉護'勢衰'?"案其説是。所有這些記載都已清楚地交待薛延陀、回紇等部擊走欲谷設,不僅屬於頡利的東方種落,而且在統葉護統治之時,可知史載統葉護被殺在貞觀二年是正確的。因之,似不能拘泥於薛延陀一詞而謂兩《唐書》謡誤,此其一。

同時,《舊書·鐵勒傳》《新書·薛延陀傳》敍述其事,層次井然,因貞觀二年葉護可汗死,其國大亂,臣屬於統葉護的薛延陀部乙失鉢之孫夷男始東逾阿爾泰山依附於頡利可汗。"於是西突厥汗國中之鐵勒諸部與東突厥汗國之薛延陀、回紇、拔也古、同羅等部合流。"《突厥人和突厥汗國》頁53。夷男東附頡利後,率所部攻破東屬於頡利的薛延陀、回紇、拔也古諸部,勢驟強盛,諸部共推其爲真珠毗伽可汗建牙於鬱督軍山下,故《新書》承上文敍在明年案即貞觀三年。太宗方有圖頡利……册拜夷南爲真珠毗伽可汗,《舊書》《册府》《通典》均同。夷男東附與其薛延陀汗國建立的開始，年代的先後厘然可考，此其二。

北朝時突厥興起，爲患甚烈，隋代長孫晟行反間之計，突厥分爲東西。唐初爲對付東突厥的侵擾，執行遠交近攻政策，從武德元年到貞觀二年和西突厥的信使頻繁，絡繹不絕。唐初與西突厥的信使往還，除兩《唐書》外，見於《册府》九七〇《外臣部·朝貢》三計有武德元年五月、二年四月七月、三年正月三月、四年三月五月、五年四月八月、六年四月、七年六月、九年三月六月，貞觀元年正月十月、二年四月、三年十一月、七年十月，此外尚有武德元年七月（見九六四）十二月（見九六四）、二年九月（見九九九）、四年三月（見一〇九）、八年四月（見一〇九、九七八）。可是從貞觀三年十一月一直到貞觀七年，就很少見到西突厥遣使的明文。這裏透露了二個消息：一、當東西突厥分裂後，統葉護在唐朝的籠絡下一直是傾向於唐朝的；二、貞觀二年統葉護死，國内大亂，兵革連歲，道途阻梗，唐使既不能遠達，唐朝亦無需借助於它，故自“俟毗可汗請婚，不許”後，接連幾年就没有信使往返。這就可反證統葉護被殺於貞觀二年，此其三。

武德五年，統葉護遣使求婚，到武德八年始權宜允婚，遣高平王至其國，一直到“貞觀元年遣真珠俟斤與高平王道立來獻萬釘寶細金帶、馬五千匹”，《舊書》一九四下《西突厥傳》。《新書》説“以藉約”，《通鑑》一九一作元年十二月並説明“以迎公主”，證以《續高僧傳·

波頗傳、慧賾傳》與《出三藏記集經序續編》《開元録》《貞元録》，可見《通鑑》的記載是正確的。《通鑑》下文謂：“頡利不欲中國與之和親，數遣兵入寇，又遣人爲統葉護曰：‘汝迎公主，須經我國中過。’統葉護患之，未成婚。”此可證統葉護貞觀元年十二月後猶健在，頡利阻撓之下，以致迎娶公主未果，則其被殺當在貞觀二年，此其四。

以上看來，《新書·薛延陀傳》《舊書·鐵勒傳》和《通鑑》的明確記載，是不能輕易推翻的。

雖然《通典》《册府》的成書早於《通鑑》《新書》，但《通典》《册府》與《舊書》的誤載頗多。如《舊書》一九四下謂葉護死於貞觀元年，而在卷一九九則説明死在二年，即已自相矛盾。至於《册府》係雜採諸書而成，雖“故可以校史，亦可以補史”，陳援庵先生《影印明本册府元龜序》。但其紀年頗有譌誤之處，何況歷來只見明末黃國綺一個刻本，清初續有補版，實同出一源，其間難免有傳抄、刊板等舛謬，即以記載突厥“朝貢”而言，竟有貞觀二十三年“西突厥肆葉護可汗安國王並獻方物”極其錯誤的著録，則其他可知。似不能僅憑其隻詞據爲典要。《通典》敍西突厥事在貞觀元年條下兼敍其他年代的事件，實不能認爲係確指元年之事。綜上探討，統葉護被殺的年代，似以《通鑑》和兩

《唐書》所載爲當，而玄奘在元年八月起程，約於二年初夏到達素葉城，故和他會晤是不成問題的。

其次，西突厥稱葉護可汗的，有統葉護可汗、乙毗鉢羅肆葉護可汗、畢賀咄葉護亦名乙毗沙鉢羅葉護。等等。統葉護據《通鑑考異》《實錄》均作"葉護可汗"，"統"字爲修唐史者所加，通觀唐宋文獻記載，對於統葉護可汗大都省稱葉護可汗或葉護，此馮承鈞先生亦曾言及，唐宋著作省稱統葉可汗爲葉護或葉護可汗的其例甚多，如《續傳‧波頗傳》"達西面可汗葉護衙所"；《新書》二二一《波斯傳》"隋末葉護可汗討殘其國"；一一〇《阿史那社爾傳》"而西蕃葉護又死⋯⋯只恐葉護子孫必來復國"，《舊書》一〇九略同，以及《冊府》《通典》等所敍錄，不勝枚舉。對於其他葉護可汗則否。玄奘本人的著作和玄奘的《傳》《狀》，敍事行文就是這樣區分的。如《西域記》一縛喝條追敍云："近突厥葉護可汗子肆葉護可汗⋯⋯"《慈恩傳》五敍玄奘歸國時至活國"因見葉護可汗孫王覩貨羅自稱葉護"，文字中"葉護可汗"與"肆葉護可汗"父子關係的分別極爲清楚，足以證明玄奘出國時所遇必爲統葉護，否則無需如此敍述。

再者，統葉護可汗爲西突厥由盛極而衰的統治者，大業末繼射匱可汗位，數年之間兼併鐵勒，攻下波斯和罽賓，西域諸國無不受其役屬，在原有的三彌山裕爾都斯谷牙庭外，更在千泉建一夏都，對"西域諸國王悉授頡利發，并遣吐屯一人監統之，督其征賦”，《舊書》一九四下《西突厥傳》，參見《西突厥史料》，Syka《波斯史》；E. H. Parker 著，向達、黃靜淵譯《韃靼千年史》（1927 年商務印書館出版）等。凡此均與《慈恩傳》所述玄奘出國時的西突厥情況相合。

　　隋唐時，從陸路通往印度的道路約有三道，玄奘西去之路，本由北道，但“時西域諸國，咸服屬突厥，非得突厥護照，不能通行，乃持文泰介紹書，詣突厥可汗牙所，得其許可乃行”。梁啓超：《飲冰室文集·中國印度之交通》玄奘條：“六世紀則突厥驟强，交通路梗，諸求法者欲往末由，觀玄奘之行，必迂道以求保護於葉護，可窺此中消息。”《大唐西域記地理考證·附錄》：“案唐初西突厥統葉護方强，西域諸小國，皆爲所役屬。奘師欲赴印度，勢非藉其保護不可。”因爲“雪山北六十餘國，皆葉護部統，故高昌王重遣爲奘開道”，《續傳》《開元錄》。這些足資證明玄奘出國正當西突厥統葉護可汗統治之時。反之，如在統葉護死後，國正大亂，分裂爲二：在碎葉川以西與西南一帶爲弩失畢五部；在碎葉川東北方面爲咄陸五部，“兄弟争國……二三年間遂相侵掠，不嘗厥居”。《册府》九九五《外臣部·交侵》。不僅没有玄奘各《傳》《狀》所記述的那樣太平景象，也勢不能如此順利地通過，而且高昌王也無法厚贈葉護，請其遞送出境，並且“太宗聞統葉護之死，甚悼之，遣齎玉帛至其死所焚之，會其國亂不果而止”。《舊書·突厥傳》,《新書》略同。統葉護死後,唐朝遣使猶無法通過,玄奘如何能直趨葉護衙所,並暢行其所役屬諸國?《慈恩傳》二載玄奘在葉護衙所"須臾,更引漢使及高昌使人入,通國書及信物"。如正當統葉護死後,唐使猶不果行,玄奘怎麼能在葉護衙所遇見漢使?考《册府》九七〇"朝貢"三,貞觀元年正月、四月、十月西突厥遣使"朝貢"。二年四月西突厥遣使"貢"方物;《舊書》二《太宗紀》貞觀二年冬十一月丙午,西突厥、高昌遣使"朝貢"。可見在貞觀元、二年間唐朝與西突厥使節過從之密,玄奘所逢漢使或許即二年四月隨西突厥使報聘的,這與玄奘在二年夏初會晤葉護可汗的時間相吻合。如在貞觀三年則形勢迥異,至葉護衙所爲四年夏季,文獻一無兩國遣使的記載,這也可旁證玄奘所見當爲統葉護,其西行必在貞觀元年。

西突厥原信奉中世紀時曾流行於西域的拜火教(火祆教)。《慈恩傳》二:"……至颯秣建國。王及百姓不信佛法,以事火爲道。"《通典》二二《職官部·自注》:"祆,呼朝反,西域天神,佛經所謂摩醯首羅者也,武德四年置祆寺及官,常有羣胡奉事,取火呪呾。"慧超《往五天竺國傳》:"又從大食已東,並是胡國,即是安國、史國、石騾國、米國、康國……又此六國,總事火祆,不識佛法。"《酉陽雜俎》四:"突厥事祆神,無祠廟,刻氈爲形,盛於皮袋,行動之處,以脂蘇塗之,或繫之竿上,四時祀之。"《西突厥史料》第四篇(頁177):"突厥拜火,亦敬空氣水土,然僅奉天地之唯一造化主爲神，以馬牛羊祀之，並有祭司預言未來之事。"佛教視拜火教爲外道，而拜火教也和佛教如水火之不相容，何以葉護可汗却能優禮玄奘，并"仍請説法，歡喜信受"？《慈恩傳》二。這固因高昌王的厚遺，但和波頗在武德年間"達西面可汗葉護衙所以法訓勗""特爲戎主所信伏"《續傳·波頗傳》。有關。沙畹甚而論斷："玄奘之爲統葉護所禮敬，蓋由光智之有以啟之也。"《西突厥史料》第三篇四《僧人行紀》（頁 138）。由此也資旁證玄奘會見的應是統葉護。

復次，《慈恩傳》二載："渡縛芻河至活國，即葉護可汗長子呾度設所居之地，又是高昌王妹婿。"案西突厥統治者利用婚姻關係以羈縻所役屬的各國統治者，而各國統治者也因以結好於西突厥，如達度可汗以女妻康國王代失畢，《隋書》八三、《西域康國傳》。隋大業中統葉護以女妻康國王屈求支，《舊書·西戎傳》。又疏勒王、高昌王與突厥公主亦互爲婚姻，《隋書》八三《西域傳》。據《慈恩傳》又知高昌王麴文泰妹嫁於葉護可汗長子爲妻。統葉護年壽已無從考見，但其爲射匱可汗之弟，自大業末即位，已逾十載，同時能以女妻康國王，年輩似較高；麴文泰在武德六年繼父伯雅爲高昌王，《高昌事輯》（《西域南海史地論著彙輯》頁 77）。又與年甫二十九歲的玄奘結爲兄弟，是可知統葉護當與其父伯雅同輩，故麴文泰能以妹妻統葉護長子。反之，如玄奘所遇爲統葉護之子肆葉護，他方在青年，安得有長子娶高昌王妹爲妻，且已有孫？此又足以旁證玄奘所晤的應是統葉護。

根據以上論述，可證玄奘西行邂逅的必爲統葉護可汗，則其首途當在貞觀元年。

三、從玄奘的"歷覽周遊一十七載"來探討。

玄奘於貞觀十九年正月返京，各本記載略同，核諸史實，殆無疑義。由此上推，玄奘在于闐上表太宗，聽候發落和訪求渡河時失落經本，至"使還蒙恩敕迎勞"始進發。玄奘"既至沙州又附表，時帝在洛陽宮"，據兩《唐書太宗紀》當在十月，以玄奘行程來計算，推知從于闐起程約在九月間；而在于闐上表云"停滯七、八月"，則在于闐當在貞觀十八年春。梁啓超的這一推論是正確的。《表》文的"歷覽周游一十七載"不僅爲玄奘旅行十七年的最原始文獻，也是《大唐三藏聖教序》"周遊西宇十七年"的所從出。據此上推至貞觀元年適爲十七足年，如以三年出遊則爲十五足年，即令首尾兼顧也只有十六個年頭，與《表》文及旅行"十七年"之說明不相侔。

玄奘行程與在各地求學的年月，據本傳均歷歷可考。"非滿十七年不敷分配"。《支那內學院精校本玄奘傳書後》。茲據各本細核，玄奘至于闐共計行五萬一千餘里，在各地淹留約計十四足年，合計所需時日在十七年左右。如以三年秋西行，十八年春初返抵于闐，無論如何與所需時日有矛盾。

《慈恩傳》五與《續傳》等均載玄奘晤戒日王，王問："弟子聞彼國有秦王破陣歌舞之曲，未知秦王是何人，復有何功德?"玄奘就大肆宣揚唐太宗的所謂"英武"，于是戒日王即遣使來唐上書。核之《冊府》九七〇《外臣部》"朝貢"三。貞觀十五年"是年天竺國王尸邏逸多使朝貢"。《舊書》一九八《天竺傳》："貞觀十五年尸羅逸多自稱摩伽陀王遣使'朝貢'。"《新書》二二一上略同。並謂："會唐浮圖玄奘至其國，尸羅逸多召見曰：'而國有聖人出作秦王破陣樂，試爲我言其爲人。'玄奘粗言太宗神武平禍亂四'夷'賓服狀。王喜曰'我當東面朝之'。貞觀十五年自稱摩伽陀王，遣使者上書。"唐太宗即命梁懷璥持節慰撫，尸羅逸多遣使入朝。貞觀十七年三月太宗命李義表、王玄策奉使，至十二月達摩伽陀國。參見烈維《王玄策使印度記》（《西域南海史地考證譯叢》七編）；馮承鈞《王玄策事輯》（《西域南海史地考證論彙輯》）；岑仲勉《王玄策〈中天竺國行記〉》（《中外史地考證》上冊）等。案玄奘應命至戒日王處參與曲女城大會，《慈恩傳》五云"法師自冬初共王逆河而進，至臘月方到會場"，是可推知玄奘晤戒日王當在貞觀十四年秋末，戒日王即遣使入唐，于十五年冬末到達長安。玄奘于曲女城會畢即啟程返國，經二年餘至于闐上表。由此推算他遊歷五印度和在各地請業問學的年月，以元年首途大體均能符合，如在三年則絕不可能于十四年秋末會見戒日王。

此外，據《慈恩傳》一所載玄奘自蘭州至涼州，停月餘日，爲道俗講經說法，"葱右諸國商侶往來，無有停絕。時開講日，盛有其人，皆施珍寶"云云，一片和平雍熙景象。如果玄奘三年出國，據《通鑑》一九三載貞觀三年"冬十一月，辛丑，突厥寇河西，肅州刺史公孫武達，甘州刺史成仁重與戰，捕虜千餘口"。至庚申李世勣、李靖、柴紹率十餘萬衆，分道出擊突厥，到四年二月戰爭結束。這時隴右河西諸州正當兵戈紛擾之際，玄奘西行決無如此安謐，于玄奘傳記中亦必有徵錄。又《通典》一九一載麴文泰于貞觀四年來朝，《通鑑》一九三亦謂貞觀四年"甲寅，高昌王麴文泰入朝"。如果玄奘于貞觀三年秋啓程，以沿途留滯時日考之，抵高昌已貞觀四年，在高昌留滯五十日結爲兄弟，《續傳》並謂延留夏坐，何以于麴文泰之來朝一無道及，此均可見玄奘于貞觀元年西行。

從以上三方面來探討，玄奘西行當在貞觀元年。

二年說的商榷：

二年說雖于"霜儉"之說或有所據，參見兩《唐書·太宗紀》《舊書·五行志》《新書·天文志》。但在唐人所有的文獻中却一無明文可徵。疑或因認爲玄奘年壽六十五歲，當生于隋開皇二十年（600），而《續傳》《行狀》于玄奘西行時有"年二十九"的記載，二十九歲適爲貞觀二年（628），就推測他在"二年秋西行……轉輾屯高昌……延留渡過了夏坐，再向西行正當貞觀三年"。《玄奘法師傳略》。然《續傳》《行狀》何以書玄奘出遊時年二十九，疑或係由卒年六十五的逆推致誤，此《劉譜》已有闡述。同時吕先生據《續傳》在高昌"夏坐"的記載，認爲"延留度過了夏坐，再向西行正當貞觀三年八月"。但從玄奘的行程時間與下文因凌山冰封淹留六十餘日的著録來覆核，顯然不符。案佛教徒的安居時期，據《行事鈔資持記》四之二分爲三期，以始于四月十六日的爲前安居，始于五月十六日的爲後安居，始于前後之中的爲中安居，共爲九十日。據《西域記》二則分爲二期："印度僧徒，依據聖教，坐兩安居，或前三月，或後三月。前三月當此從五月十六日至八月十五日；後三月當此從六月十六日至九月十五日。"《寄歸傳》卷二"五衆安居"條略同。探討玄奘"夏坐"的時間自應以《西域記》爲據。事實上，玄奘于八月從長安起程，約于九月初抵涼州，在涼州説法月餘，離開已在十月中，至瓜州又停月餘日，啓程當在十一月末，越莫延磧約十餘日，則到伊吾約在十二月中旬，又停十餘日，行南磧六日，到白力城當已歲盡。玄奘在高昌急于西行，雖經麴文泰苦苦挽留，不過"乃屈停一月講《仁王般若經》"而已。如在高昌坐夏，不論前後安居，均須在高昌停滯半年以上，玄奘不僅無此必要，並且于《慈恩傳》《行狀》無所徵應，也與記載情狀牴牾，這與玄奘行程的時間不合者一。

《慈恩傳》《續傳》《行狀》均明載玄奘離高昌後，經阿耆尼、過屈支，因"凌山雪路未開不得進發，淹停六十餘日"。如玄奘在"夏坐"以後啓程，前安居竟至屈支不過九月初，凌山無冰封之理，正好暢行；若在後安居竟，到屈支正當十月初，凌山也不至于"雪路未開"。反之，凌山即使已經冰封，須至來年初夏始解凍，需在屈支停留半年以上，此顯與"淹留六十餘日"的記載不符者二。

如玄奘于元年歲盡抵高昌白力城，在王城"停十餘日欲辭行"，又絕食抗拒數日後"仍屈停一月"計離開高昌當在二月間，故至屈支"時凌山雪路未開"，而"淹停六十餘日"正當初夏解凍，與《傳》《狀》的記載符合。《續傳》"夏坐"句似有舛誤，以故，呂先生這一說法，是成問題的。

至于據《西域記·記贊》貞觀三年仲秋朔旦，杖錫遐征之文，認爲三年秋八月乃指高昌發軔而言，其在玄奘行程時間上的不合之處已如上述外，還有四點可資商榷：

一、玄奘首途年月係從長安啓程算起，《續傳》《慈恩傳》《行狀》《塔銘》《開元録》等均明載："貞觀三年秋八月，將欲首塗……至秦州……至蘭州。""是年下敕隨豐四出。"歷敍孤征所經地點及淹留時間，均斑斑可考，唐人文獻從未見有秋八月離開高昌的明文。

二、《西域記》係記載唐朝疆域以西諸國"方俗殊風"的專著，並非玄奘旅行的傳記，故"開編處於奘師身世，西遊緣起及關內外遊途概不敍及"。《大唐西域記地理考證‧附録》。其書著于貞觀十九年，完成于翌年，這時高昌已隸屬唐朝的版圖，故云"出自高昌故地自近者始"，《西域記》一。記載從阿耆尼開始。並且當初玄奘到達高昌時，早已離開唐朝國境，《傳》《狀》等著録玄奘行程，斷不至于以十三年之後的情況，高昌，貞觀十四年隸屬唐土。而加諸當初。

三、通觀辯機《西域記‧記讚》在歷敍玄奘"負笈從學，遊方請業"，"屢申求法之志"，然後云"以貞觀三年仲秋朔旦首途，褰裳遵路，杖錫遐征"。聯繫上下文看來，明明指玄奘于三年（爲元年之誤）仲秋朔旦首途，並未陳明仲秋朔旦爲離開高昌的日期。

四、玄奘西行的九死一生即在他匹馬孤征，過五烽，度莫賀延磧時，故傳文詳爲敍述。如以爲首途從高昌開始，則傳文的記載爲不可通。

有此四疑，三年八月高昌發軔之説似難憑信。同時，結合"霜儉"之説，也可反證《法苑珠林》"貞觀三年季春三月"西行的謬誤。

吕先生主張二年或三年説，力持玄奘西遊的主要原因係受到波頗的啓示，如元年起程就無從獲見波頗。淺見以爲：玄奘留學印度的目的、動機與主客觀原因，自有多端，似應從中國社會歷史條件與佛教史上的諸問題來探索。玄奘西行的原因之一，固爲求《瑜珈》足本，自無疑問，但據《經錄》當時譯本雖不全，而零本已有多種，玄奘惑于南北《地論》師、《攝論》師的紛紜爭論，"莫知適從"，"義有所闕"，"以是畢命西方請未聞之旨"。而唐人所有著錄却從未有係受波頗啟示之文。故玄奘西行目的在于對《攝論》《十七地論》的根本研究，除《傳》《狀》的記載外，其説首先見于望月信亨《關於大乘起信論之作者的疑義》，《宗教界》第十號。次見于常盤大定《支那佛教之研究》第二（頁 111），似未必爲波頗所啓導，更未必玄奘唯一的原因是獲見波頗"乃發願逕往梵土尋其全文，以窮究竟"。

波頗係武德九年到達長安，詳見前武德九年年譜。而玄奘于貞觀元年出國，即如吕先生所主張的，固亦無妨玄叶和波颇的会晤，适可反证元年首途之说。

三年说的商榷：

陈援庵先生（垣）维持三年说的论证，关于叶护可汗问题，前已论列。关于霜俭之说，《续传》与《行状》所载，信而有徵。稽之《通鉴》"元年，关中饥，斗米直绢一匹"，"元年六月，山东大旱，诏所在赈恤，无令出今年租赋"。《新书·五行志》"贞观元年，山东大旱"亦然。"太宗即位之始，霜旱为灾，米谷踊贵，突厥侵扰，州县骚然"。吴兢：《贞观政要》一。当时严重的自然灾害史册详载。参见两《唐书·太宗纪》《旧书·五行志》《新书·天文志》《唐大诏令集》一一一贞观元年《温彦博检校诸州苗稼诏》《唐会要》以及有关各传记等等。而陈先生认为贞观三年亦有霜灾，引《新书·天文志》以为证。惟此次霜灾发生在北边，时突厥未平，长安百姓则不致于随丰逐粮。经过隋末唐初的战乱，人烟凋残，参见两《唐书·食货志》《通典·食货典》《贞观政要·论纳谏》以及《旧书》五三《李密传》、一八五《陈君宾传》等等。浮户流徙，封建统治者为保证其赋役和兵源，束缚劳动人民于固定的土地，因之《唐律》严禁脱户、漏口。见《唐律疏议》十二《户婚》、"脱户""里正不觉脱漏""里正官司妄脱漏""相冒合户"等各条。从敦煌所出的唐代法律文书中如 S.1344 号残卷第四条"诸山隐逸人"，第十三、十四条"逃亡户田宅"，也可觇见封建統治階級嚴格控制農民進行超經濟剝削的用心。同時，統治階級爲防止喪失其剝削對象，在《唐律·户婚》和《唐令·户令》仁井田陞《唐令拾遺》《唐六典》《唐六典》三《户部郎中員外郎》引"畿内諸州，不得樂往畿外，畿外諸州不得樂往餘州，其京城縣不得住餘縣；有軍府州不得住無軍府州"。均有人户不得自由遷徙的規定，只有在爲封建統治者開發資源的前提下才許可。如"居狹鄉者，聽其從寬，居遠者聽其從近；居輕役之地者，聽其從重"，否則律有懲處，即"浮浪他所"，亦科以开罰。見《唐律疏議》二八《捕亡》"丁夫雜匠亡""浮浪他所""容止佗界逃亡"等條。可是當貞觀元年遇到嚴重的自然災害，關中饑饉尤甚，威脅到封建統治政權，勢不得不"令所在賑恤"，《舊書》二《太宗紀》："九月辛酉，命中書侍郎温彦博、尚書右丞魏徵等分往諸州賑恤。"准許就食他州。尤其是唐代關中的糧食，大都仰給于關東、河南、隴右，而元年這三處又逢災荒，封建統治者自不得不權宜"奉敕道俗，隨豐四出"了。此所以玄奘從長安到涼州得以通行無阻。

至于玄奘抵涼州後，何以迭被阻難？這牽涉到偷越國境問題。唐代嚴格執行邊防關塞的出入，凡越度者必須請得"過所"，凡私自越度關塞，律有嚴懲。《唐律疏議》八《衛禁》："諸私度關者，徒一年，越度者加一等。""不應度關而給過所者，徒一年。""越度緣邊關塞徒二年……私與外人禁兵器者……絞。"何況，貞觀元年國内尚未統一，國外有突厥的威脅，而反對唐王朝的又多與突厥有所勾結，當其封建政權尚未鞏固之時，尤其注重越度沿邊關塞之禁。故《慈恩傳》一云："時國政尚新，疆場未遠，禁約百姓，不許出蕃。"玄奘"結侶陳表，有詔不許"，是明知而故犯的行為，到涼州後又講揚經論停留月餘，欲往印度求法的事為西域各國商侶所傳揚。李大亮"既奉嚴敕防禁特切"，這是他的職責所在，此所以玄奘抵涼州後要迭被阻難了。是故，玄奘在國內因有敕令特許道俗隨豐四出，得以暢行無阻，這與到涼州後偷越國境，顯為兩事，不能相提並論從而疑及"霜儉"之說。然則，霜儉之說，《續傳》《行狀》與史實相合，而貞觀三年史無霜災可稽，那末，玄奘首途也只有元年可通。

關於玄奘元年出遊能否見到李大亮？據兩《唐書·太宗紀》《宇文士及傳》《李大亮傳》，貞觀元年閏三月宇文士及代李幼良為涼州都督，九月辛酉宇文士及徵回殿中監，以李大亮為涼州都督，雖李大亮為涼州都督當在元年九月以後，但玄奘八月自長安起程，經秦州、蘭州至涼州又停滯月餘，計算時日當在十月以後，似玄奘見到李大亮是不成問題的，此《劉譜》已有辯說。《劉譜》："余按《新唐書·太宗紀》：'貞觀元年九月辛酉杜淹檢校吏部尚書參議朝政，宇文士及罷。'《宰相表》：'九月辛酉，士及罷為殿中監。'《舊唐書·太宗紀》：'貞觀元年九月辛酉，命中書令郢國公宇文士及為殿中監。'則是士及以九月由中書令罷為殿中監也。然士及何以致罷乎？《新唐書·本傳》云：'以本官檢校涼州都督……或告其反訊無狀，召爲殿中監。'大亮之由交州都督拜太府卿，固可與士及檢校涼州同時，當士及被徵時，大亮則由朝中奉命往代，不必待士及徵還而後遣大亮赴涼州也，如此則大亮之都督涼州，當與士及之爲殿中監同時或更在其前矣。而法師以八月首途，約于九月初至涼州，又在涼州講經月餘日，則已在十月中矣。其時，李大亮之都督涼州，固已久矣。不得謂之不能及見也。"

又考唐制，都督之調遷，有等候繼任者到達後，辦理移交手續後才離任。故可能宇文士及在九月入朝時，李大亮已抵涼州，則玄奘晤及，不足爲奇。

以上試就玄奘首途年月的三種異説，旁徵史實，加以考述，以貞觀元年秋八月爲當。

玄奘偕秦州僧孝達《慈恩傳》一："時有秦州僧孝達在京學《涅槃經》，功畢返鄉，遂與俱去。"《舊書·玄奘傳》作"貞觀初隨商人往遊西域"，不知何據，似以《慈恩傳》記載爲當。同至秦州。秦州又名天水，爲隴南重鎮。晉泰始五年（269）始置秦州，初治冀縣（甘肅天水市西北），後移上邽（天水市東北）。《元和郡縣志》"秦州去上都八百里"。

古代里制是以尺度、尺數和步數而構成的計里長短的標准單位。夏侯陽《算經》上《論步數不等》引唐《雜令》"諸度地以五尺爲一步，三百六十步爲一里"。古今度量衡制度頗有變遷，唐里和今里（華里、公里、英里）的比例，近代學者不乏論著，其著者如桑原騭藏《張騫征西考》據格棱那爾得"依照土耳其斯坦地方之實際，以漢時一里換算 420 公尺"，即 1 公里=2.389 漢里。赫爾曼"以見于《漢書·西域傳》中之西域諸國的距離，與現時距離對比結果，《漢書》一里，約當 400 公尺"，即 1 公里=2.5 漢里；黎希托芬"主張玄奘之二百五十里與赤道一度相當（*China*，第一卷頁 542），若然，則玄奘之一里，約當 440 公里"，即 1 公里=2.2727 唐里。玉爾"研究 Tokâristan 地方玄奘的紀行，主張以玄奘之百里，解作一日行程"等的考定主張中國古里二千里合五百英里，即十古里相當于 2.5 英里左右（詳楊鍊譯本頁 85—94）。又玉爾據班查明記載君士坦丁城廣十八英里，等于九十古華里，因而測定 1 英里等于 5 唐里；比耳從其說（見 Si-yu-ki：*Buddhist Records of the Western World*, London, Kegan Paul. BK.4, P.202, note110）。堀謙德《解說西域記》亦沿用其說，"凡例"云："其里程換算率，在平地以五里爲一英里，在山地以六里爲一英里，即一里約當 0.2 英里。"其後白鳥庫吉（見王古魯譯《塞外史地論文譯叢》第一輯頁 30）、白井長助《上代于闐國都之位置》（見楊鍊譯《西北古地研究》頁 46 註 11）等均從之。近足立喜六頗致力于古今里制的研究，其《長安古蹟考》第二章考證唐里分大小兩種，大程唐一里爲三百六十步，千八百尺，五四五・五米，小程唐一里爲三百步，千四百九十九尺，四五四・四米，即一公里等于唐大程一・八三三里，等于唐小程二・二〇〇八里（又見足立喜六《法顯傳考證》頁 35。《人文月刊》第五卷，六、七期，吳晗譯足立喜六《漢唐之尺度及里程考》）。此外，參見萬國鼎《唐尺考》（《農史研究所匯刊》一九五九年第二冊）及日本森鹿三《漢唐一里之長》、藤田春元《尺度綜考・里程考》（見《東洋史研究》1940 年 5、6 期）等。本譜關于玄奘的里程記載，據足立喜六玄奘使用唐小程之說；關于唐里與今里的比例據陳夢家《畝制與里制》（《考古》1966 年第一期）根據中國研究院考古研究所在西安、洛陽等古城多次勘查發掘的里步實測，"唐尺約在二九・五厘米左右，今以此爲度則一步爲一・四七五米，一里爲五三一米"，"唐小里係以 0.295×500=442.50 米計算"。故今市里爲 500.00 米，而唐小里爲 442.50 米，唐大里爲 531.00 米的考定。

停一宿，逢伴去蘭州。《慈恩傳》一。蘭州，秦置隴西郡，漢爲金城郡，隋開皇元年（581）始置蘭州，唐代轄境在今甘肅蘭州市附近一帶地方。《元和郡縣志》卷三十九"（蘭州）東南至上都一千四百六十里"。翌日啓程赴涼州。《慈恩傳》一："一宿，遇涼州人送官馬歸，又隨至彼。"涼州，漢置，爲漢武帝"十三刺史部之一"，唐時轄境縮小，約在今甘肅武威以東，天祝以西一帶。案蘭州而西經武威、張掖、酒泉，古稱"河西走廊"，爲中古時代中西交通的孔道，故《慈恩傳》云："涼州爲河西都會，襟帶西蕃、葱右諸國，商侶往來，無有停絕。"

約在九月初抵涼州。案《元和郡縣志》涼州距長安二千里，玄奘于八月朔旦首途，計其行程到達涼州當在九月初旬。停留月餘探詢西域路徑，並爲道俗開講《涅槃》《攝論》《般若》等。散會後，玄奘往印度求法之願爲西域各國來往的商人所傳揚，"以是西域諸城無不預發歡心，嚴灑而待"。《慈恩傳》一，《續傳》略同。事爲新任都督李大亮所聞，《慈恩傳》一："時國政尚新，疆場未遠，禁約百姓，不許出蕃。"故逼令還京。幸賴當地慧威法師贊助，密遣二弟子"竊送向西"，"晝伏夜行，遂至瓜州"。《慈恩傳》一。瓜州，唐武德五年置，治晉昌（甘肅安西縣東，雙塔堡附近，《元和郡縣志》瓜州去長安三千四百里）。瓜州刺史獨孤達尊信佛教，"聞法師至，甚歡喜，供事殷厚"，因訪西行路程。《慈恩傳》一："或有報云：'從此北行五十餘里有瓠𤬛河，下廣上狹，洄波甚急，深不可渡。上置玉門關，路必由之，即西境之襟喉也。關外西北（《行狀》作關西百里）又有五烽，候望者居之，各相去百里，中無水草，五烽之外即莫賀延磧，伊吾國境。’”淹留月餘，而涼州追捕牒文又至，幸得州吏李昌的曲法成全，囑令即速離境。玄奘苦無人作嚮導，正憂惘際，得胡人石槃陀的受戒，願送過五烽，又經老翁贈識途老馬，遂連夜偷渡瓠𤚐河，《慈恩傳》一。案瓠𤚐河，《行狀》作胡蘆河，就是回族人民所謂的布隆吉河，即今窟窿河，經亂山子以流入疏勒河，爲疏勒河的支流。《西域圖志》二四：“窟窿河，在安西州雙塔堡東，西距州城一百三十里。東西分流，經東塔堡東入蘇賴河。內多窟穴，上小下大，深邃不測，盤渦揣急，流不及遠。南爲葫蘆溝，即窟窿河發源處也。”陶葆廉《辛卯侍行記》五：“窟窿河，蒙古稱札噶爾烏珠。”斯坦因《玄奘沙州伊吾間之行程》（《西域南海史地考證譯叢》一篇，頁 26）誤認爲疏勒河，蓋未深考；丁謙《大唐西域記考證·附錄》：“瓠𤚐河即今黨河，在敦煌縣西。”蓋未辨隋唐時玉門關關址已東徙瓜州的晉昌縣境，黨河即唐之甘泉，而誤以爲“古玉門關在黨河西濱”，並誤據《辛卯侍行記》五“自燉煌西行渡黨河”句，遂以致訛。

　　越玉門關。漢代的玉門關，據《漢書·地理志》及《西域傳》《後漢書·郡國志》屬敦煌郡龍勒縣，至唐龍勒縣爲壽昌縣隸沙州。其遺址據斯坦因的 *Serindia* 及 *Innermost Asia* 二書所附地圖，考定在今甘肅敦煌西北的小方盤城。《辛卯侍行記》五漢玉門、陽關路與王國維《流沙墜簡考釋》作大方盤城，似有所舛誤。向達先生《唐代長安與西域文明·兩關雜考》已有所辨正。六朝以來，自今安西趨哈密一道日益重要，故關址東移。隋唐時玉門關已徙至敦煌以東瓜州的晉昌縣境。其遺址《辛卯侍行記》五謂在今安西縣雙塔堡附近，向達先生以爲晉昌縣當即俗稱爲鎖陽城之苦峪城，則玉門關在其北。《元和郡縣志》四十《晉昌縣》條“玉門關在縣東二十步（據王琦註《李太白集》《胡無人詩》引《志》作二十里，似應以里爲是）。”此與《慈恩傳》一"夜發，三更許到河，遙見玉門關"亦相合。是故玄奘必須由瓜州偷渡瓠𦸂河，越過玉門關而折向西北行。

　　隋唐時從陸路往中亞、印度次大陸，約有南（或東）、中、北三道，《隋書》六七《裴矩傳》："發自敦煌，至于西海，凡為三道，各有襟帶。北道從伊吾，經蒲類海鐵勒部，突厥可汗庭，渡北流河水至拂菻國，達于西海。其中道從高昌、焉耆、龜茲、疏勒，度蔥嶺……其南道從鄯善、于闐、朱俱波、喝槃陀，度蔥嶺……。"道宣《釋迦方誌》上《遺跡篇》："其東道者，從河州西北度大河，上漫天嶺，減四百里至鄯州。"經青海向南至吐谷渾，經吐蕃，至北印度尼波羅國。"其中道者"從鄯州經涼州出故玉門關，經瓜州，西南入磧至沙州經鄯善、沮沫、于闐等國，自烏鐵登蔥嶺，經揭盤陀"從此西南行數千里乃至印度"。"其北道入印度者"從長安至瓜州，至莫賀延磧口，經柔遠縣，至伊州，經蒲昌縣至西州，經阿耆尼國、屈支、跋祿迦、西北度蔥嶺至颯秣建、經羯霜那、出鐵門、踰黑嶺，至迦畢試國，乃入北印度界。（原文繁冗，略作刪節）貞觀十五年以前吐蕃尼波羅道未闢，故裴矩所云北、中兩道，實即道宣所記載的北道。裴矩的南道實即道宣的中道。道宣所敍東道，即吐蕃尼婆羅道。玄奘出國的行程參照上書和《元和郡縣志》："出陽關謂之南道，西趣鄯善、莎車。出玉門關謂之北道，西趣車師前庭及疏勒。"黃文弼《羅布淖爾考古記》第一篇第三章（頁 42）："至唐玉門關稍東北移，故唐時北道，由玉門關稍西行，即折西北行，穿噶順沙磧，即莫賀延磧至高昌，其路線與《魏略》所述之新道略同。"是可知玄奘西行之路，當由北道。

　　石槃陀懼"前途險遠，又無水草，惟五烽五烽所在，《傳》作關西北，《行狀》作關西，向達先生謂《傳》《狀》互異，未知孰是。（《唐代長安與西域文明·兩關雜考》頁385）案唐時北道在玉門關稍西，折西北行而赴莫賀延磧，以今之地理形勢勘察，似五烽在關西，越五烽而折向西北行渡過沙磧，似《行狀》是。五烽所在，岑參《題苜宿烽寄家人詩》："苜宿烽邊逢立春，胡盧河上淚沾巾，閨中只是空相憶，不見沙場愁殺人。"注云："玉門關外有五烽，苜蓿烽其一也，胡盧河上狹下廣，迴波甚急，上置玉門關，西域襟喉也。"岑仲勉認爲："五烽當就古之五船而設立。"（《中外史地考證》下册《歷代西疆路程簡疏》頁694）丁謙以清末所設卡倫地證之："第一烽當即巴顏木倫地，第二烽當即阿布圖烏魯蘇台地，第三烽當即噶順地，第四烽當即阿集格爾騰地，第五烽當即納木哈烏蘇地。"（《大唐西域記地理考證·附錄》）蓋誤漢玉門關爲唐玉門關，其實兩地相距近一百公里，所考五烽地，自然一誤而再誤了。斯坦因《玄奘沙州伊吾間之行程》據《慈恩傳》的記載和現在從安西到哈密的地形作一比較，認爲極爲相符，第一烽爲今白墩子，第四烽爲今馬連井子，第五烽爲今星星峽。而向覺明先生認爲斯坦因"所取者即沿今安西經星星峽以至哈密之大道，其言甚辯。唯斯氏不知唐代瓜州治晉昌縣在今安西縣東，必以今安西西南七十里之瓜州故城爲即唐代瓜州治所，則不無千慮之失耳。"（《兩關雜考》）但向氏亦未考出五烽究竟相當于今之何地。唐代遺跡久已化爲烟雲，在未有考古實物證實前，只有根據《慈恩傳》的這段記載，參考《辛卯侍行記》、常鈞《燉煌隨筆》上《哈密》條的記載，黃文弼等的考古專著等和現在的地理對勘，也只有從安西的白墩子、小紅柳園、大泉，經馬連井子、博羅磚井、白石頭、鏡兒泉、北苦水、塔爾納沁、黃蘆岡以達于哈密了。**下有水，必須夜到偷水而過，但一處被覺，即是死人"，《慈恩傳》一。不願前往，玄奘乃縱之還。"自是孑然孤遊沙漠矣，惟望骨聚馬糞等漸進"，行八十里經**

第一烽，幸獲校尉王祥的支持，並爲介紹于第四烽校尉王伯隴，得僥倖而過，九死一生，以達伊吾。伊吾，《後漢書》爲伊吾盧。《晉書》作宜禾縣。據《舊書》四十《地理志》"後魏、後周鄯善戎居之。隋初始于漢伊吾屯城之東築城，爲伊吾郡。隋末，爲戎所據。貞觀四年，歸附，置西伊州。"《史記·李將軍列傳·正義》引《括地志》"伊州在京師西北四千四百一十六里"。今新疆維吾爾自治區哈密專區哈密縣。

　玄奘在伊吾停留十餘日，本擬踰天山循道西行經可汗浮圖案《通典》一九一、《新書·地理志》唐以其地爲庭州及北庭都護府。據《西域圖志》十及《槐西雜志》、徐松《西域水道記》三等考證，其地當在今新疆昌吉回族自治州，吉木薩爾縣境。直奔突厥王庭，請得統葉護可汗的保護以達印度北境，但爲高昌王麴文泰所聞，遣使殷勤請至其國，"不獲免，於是遂行涉南磧，《麴氏高昌補説》"南磧或即《明史》之黑風川"，但一無佐證，固難確指今地。疑似今哈密至七角井南間的小沙漠。經六日到高昌國境白力城"，案白力城，馮承鈞《高昌城鎮與唐代蒲昌》據《辛卯侍行記》六與伯希和《塞語中之若干西域地名》（《西域南海史地考證》續編）謂白棘、白刃、白力、寶莊、鬪展同爲一地，白力當今鬪展地（《西域南海史地考證論著彙輯》頁 89—90）。黄文弼《高昌疆域郡城考》（北京大學《國學季刊》三卷一號）、《高昌》第一分本並同。岑仲勉不是其説謂："今鬪展在哈剌和卓東一百二十里，陶氏謂白力即鬪展，揆諸里程，似須商榷。"（《西突厥史料補闕及其考證·麴氏高昌補説》頁 167）但亦未考出今屬何地。查高昌轄城二十二（據《元和郡縣志》《新、舊唐書》）其境大體東迄白力、西抵篤進。據《敦煌石室佚書本·西州志》殘卷與《通典》一九一所載，白力城當爲唐蒲昌縣，除馮、黄諸氏所考外，核之《釋迦方志》上《遺蹟篇》："伊州又西七百餘里至蒲昌縣，又西百餘里至西州，即高昌故地。"此與《慈恩傳》載玄奘行程自伊吾經六日至高昌界白力城相符，而哈剌和卓東一百二十里至闢展，與《釋迦方志》蒲昌縣又西百餘里至西州亦符合，玄奘日暮至白力城，數换良馬疾馳至高昌城，夜半到達非不可能，岑氏之説似過于拘泥，馮説是，故白力城即唐之蒲昌縣今之闢展。**當在本年歲盡。**案玄奘以八月起程，約于九月初抵涼州，在涼州説法月餘，去時約在十月中，至瓜州又停月餘日，啓程當在十一月末，越莫賀延磧約十日，則至伊吾約在十二月中旬，又停十餘日，行南磧六日，到白力城當已歲盡。

有關人物與大事

正月，詔波頗在大興善寺譯經。《續傳》三、《統記》三九。

道宣三十二歲，製《四分律拾毗尼義鈔》三卷。今作六卷，據《義鈔序》。

新羅圓測十五歲，來唐遊學長安，就法常、僧辯受業。宋復《塔銘·並序》"十五，請業于常、辯二法師。"案據《塔銘》圓測卒于萬歲通天元年（696），年八十四，則十五歲當爲本年。

明瞻奉詔入京勸説唐太宗興佛教。《續傳》本傳。

清虛觀道士李仲卿著《十異九迷論》，劉進喜著《顯正論》，猛烈抨擊佛教，佛教徒也向道教展開鬥爭。詳《法琳別傳》《集古今佛道論衡》丙、《續傳·智實傳、法冲傳、明瞻傳》等。一作武德九年。

唐太宗下敕"檢校佛法，清肅非濫"。《續傳·智實傳》。

慧因卒，年八十九。《續傳》十三。

道傑卒，年五十五。《續傳》十三。

天台宗名僧，智顗弟子智晞卒，年七十二。《續傳》十九。

十二月，西突厥葉護可汗遣使迎公主，頡利可汗阻撓之，未成婚。《通鑑》一九二《唐紀》八、《通鑑》一九九。

著名道教徒王遠知《新書》作遠智，字廣德，琅琊臨沂人，陶宏景門徒，隋唐間極有勢力的道教徒，著有《易總》十五卷，弟子眾多，以潘師正、徐道邈、陳羽、王軌爲最著，貞觀九年卒，年一百七歲。生平詳見王旻《唐國師昇真先生王法主真人立觀碑》（《茅山志》二十二），參見《舊書》一九二《新書》二〇四本傳以及《雲笈七籤》五、《玄品錄》四、《三洞羣仙錄》十一、《太平廣記》二十三等。辭別唐太宗歸山，勅潤州于舊山造觀一所。

二九歲　公元六二八年
唐太宗貞觀二年（戊子）

譜主事略

　　玄奘二十九歲，從南磧日暮抵白力城，連夕數換良馬，夜半趕到高昌王城。案高昌，維吾爾語作哈喇和卓，意爲亦都護城。其遺址業經考古發掘證實，在今新疆維吾爾自治區吐魯番縣東南六十里的火焰山公社所在地東二里。城址周圍約十里，大部分殘存，全城原分爲外城、内城和宮城，略似唐代的長安城。它在後漢時爲車師前部高昌壁，東晉時爲高昌郡，歷漢魏晉爲戊己校尉駐地。公元四四三年沮渠無諱自立爲涼王，是高昌建國的開始。四六○年柔然滅沮渠氏，以闞伯周爲王，遂以高昌爲國號。四九九年，麴嘉爲王爲麴氏高昌之始。麴文泰統治時國勢擴張，其轄境約東被伊吾至敦煌以西，南接河南（即羅布泊以南的吐谷渾國境），西至龜兹，北達敕勒（天山北麓）。麴氏統治高昌，凡九世十王，共一百四十一年，六四○年爲唐朝所滅。時爲高昌王麴文泰延壽六年正月。案高昌麴氏的傳國世系，由于近代碑銘墓碑的發現，參證史籍和佛典，均可考定，詳見羅振玉《遼居雜著》乙集《高昌麴氏年表》、黄文弼《高昌》第一分本《高昌麴氏紀年》、日本大谷勝真《高昌麴氏王統考》（京城帝國大學《文學會論纂》第五輯）以及馮承鈞

《高昌事輯》等。《高昌事輯》註三四："高昌王麴伯雅之殁年，《資治通鑑》卷一九〇作武德六年（623），與墓碑正合。《舊唐書》卷一九八《高昌傳》作武德二年（619），乃傳抄之誤。伯雅子文泰應嗣位于武德六年，次年改元延壽。玄奘抵高昌時，當在延壽五年（628）。"

麴文泰列燭出迎，拜問甚厚，備極優禮，並與其國佛教名宿㟧法師、國統王法師相處。停十餘日，玄奘欲辭去，文泰誓不放行，玄奘堅決不易求法之志，絶食三日，氣色漸微，文泰見不可强留，乃"對母張太妃共法師約爲兄弟，任師求法，還日請住此國三年受弟子供養"。《慈恩傳》一。《續傳》作"王母因師極意欲去，遂與傳香信誓爲母子"。玄奘允許停留一月開講《仁王般若經》，《仁王般若經》有二譯本：舊本爲羅什譯《佛説仁王般若波羅密經》二卷；新本爲不空譯《仁王護國般若波羅密多經》二卷，玄奘所講當據羅什舊本。隋法經録入于疑惑録。六朝迄唐注疏著名的有真諦疏二卷，智顗疏三卷，吉藏疏六卷，圓測疏七卷。傳説此經係釋迦對當時十六大國國王所説的教法，凡受持講説此經可以七難不起，災害不生，萬民豐樂，自古以來爲所謂護國的三部經之一。玄奘爲高昌國王講説此經含有爲他禳災祈福之意。同時麴文泰爲他準備西行所需的物件。《慈恩傳》一。《續傳》載玄奘初至延留"夏坐"，講《仁王經》後乃有長留之情，二本所傳不同。但以行程時間與下文因凌山雪路未開淹停六十餘日來推算，似以《慈恩傳》爲當，詳見貞觀元年譜。"講訖，爲法師度四沙彌以充給侍，製法服三十具。以西土多寒，又造面衣、手衣、靴、韈等數事。黃金一百兩，銀錢三萬，綾及絹等五百疋，充法師往返二十年所用之資。給馬三十疋，手力二十五人，《續傳》作給從騎六十人。遣殿中侍御史歡信送至葉護可汗衙"。《續傳》與《開元錄》均作以雪山北六十餘國皆其部屬，故重遣爲奘開道。"又作二十四封書，通屈支等二十四國，每一封書附大綾一疋爲信。又以綾絹五百疋、果味兩車獻葉護可汗，並書稱：'法師者是奴弟，欲求法於婆羅門國，願可汗憐師如憐奴，仍請勅以西諸國給鄔落馬，案鄔落馬，古突厥語"驛馬"（Ulagh）的音譯，疑即後來的"烏拉"制度。遞送出境。'"《慈恩傳》一。玄奘"慚其優饌之厚"，乃上《啟》《全唐文》九〇七作玄奘《謝高昌送沙彌及國書綾絹等啟》。謝王，陳述自己西行的願望。《啟》云："……但遠人來譯，音訓不同，去聖時遙，義類差舛，遂使雙林一味之旨，分成當現二常；大乘不二之宗，析爲南北二道。紛紜爭論，凡數百年。率土懷疑，莫有匠決。……然後展謁衆師，稟承正法，歸還翻譯，廣布未聞，翦邪見之稠林，絕異端之穿鑿，補象化之遺闕，定玄門之指南。"凡此可見玄奘西行"求法"的動機和志願。湯錫予先生《評〈小乘佛教概論〉》："玄奘法師上高昌王表有曰……其于中國佛教之分派，至爲痛惜，然及其周歷印土，廣習異義，歸國所攜經論、所譯佛典，大小諸宗兼備，可見奘師于中土學派之紛紜雖所不滿，而于天竺各宗，仍認其俱爲佛陀精神之所表現也。"（《往日雜稿》頁39）臨行，"王與諸僧、大臣、百姓等傾都送出城西。王抱法師慟哭，道俗皆悲，傷離之聲振動郊邑"。《慈恩傳》一。玄奘經無半城，案徐松《西域水道記》二："今吐魯番廣安城西二十里雅兒湖爲古交河城，唐之西州，貞觀時安西都護治。自雅兒湖西南行百里爲布幹台，又西南七十里爲托克遜台，又南而西入山百里爲蘇巴什山溝，又東南六十里爲阿哈爾布拉克台，又南折而西行庫穆什大山中一百五十里，庫穆什者，回語銀也。故唐人謂之銀山，郭孝恪帥步騎三千出銀山道是也。"《西域圖志》十四："布幹，在安濟彥西南三十里"，"有城周二里許"，又"托克三（遜）在布幹西南六十里。"據斯坦因地圖之 Began-tura 與布幹對音亦合，近人既考定篤進城爲今托克遜地名之所本，則不論從方位、里程、對音來對勘，《慈恩傳》的無半城，似即今之布幹台。**篤進城**斯坦因地圖作 Toksun（托克遜），今新疆維吾爾自治區哈密專區托克遜縣境。玄奘離高昌西向似經行今之吐魯番、布幹台、托克遜而抵焉耆。**到阿耆尼國**，阿耆尼，意爲"火"，現代維吾爾語稱 Qarašähr，意謂黑城。今新疆維吾爾自治區焉耆回族自治縣，當時的都城，今焉耆縣西的里城子。**過銀山**，案丁謙云"銀山即庫木什山"，其説是。《新書·地理志》作銀山磧，亦即《新書》二二一上《焉耆傳》的郭"孝恪爲西州道總管，率兵出銀山道"，銀山在今托克遜以西，爲赴焉耆的必經山隘，地居天山南麓，是唐代西州與西域的分界線，也是現在的南疆與北疆的分界線。**至"王都停一宿而過"，前渡二大河**，《西域記》一作"踰一小山，越二大河，西得平川，行七百餘里。"《慈恩傳》二作前渡一大河。丁謙云："越二大河。當從《傳》云渡一大河爲是，蓋庫爾勒西。除開都河外，餘皆不是大河，渡河後行七百餘里，與今至庫車城驛道相同。"黃文弼云："庫爾勒（專區）在庫魯克山之南，爲進入塔里木盆地之橋頭，統且末、婼羌、尉犁、輪台等地。玄奘由焉耆至龜兹，稱'踰一小山，越二大河，西得平川，行七百餘里'（《西域記》一）。小山即庫魯克山，二大河，疑即孔雀河與克子爾河，是玄奘所行之路與今大道一致。"（《塔里木盆地考古記》第二章《庫爾勒輪台》頁 8）兹以《西域記》與黃説爲據。**行數百里入屈支**。今新疆阿克蘇專區庫車縣。地當北道要衝，是當時中國和西域中亞、印度文化交流的樞紐地帶。其疆域亦因時代而異，初役屬匈奴，自三國至北魏約姑墨、溫宿、尉頭等均爲所隸屬，隋唐時屬西突厥，唐太宗破其國置龜茲都護府。高宗顯慶、龍朔中平定西突厥移安西都護府于此，亦稱安西。其地域，《塔里木盆地考古記》第三章《庫車、沙雅》："庫車爲古龜茲國地，北倚天山，南對崑崙，西通疏勒；巴楚圖木舒克爲龜茲西境，東接焉耆，庫爾勒爲其分界線，塔里木河流貫其南，隔一大沙漠與于闐爲鄰，包括今之輪台、庫車、拜城、阿克蘇、新和六縣，國境而以庫車爲中心。"**將入王都**，屈支王都漢代至南北朝稱延城，唐時稱伊邏盧城，在今新疆雄吾爾自治區阿克蘇專區庫車附近的皮郎舊城；詳見黃文弼《略述龜茲都城問題》（一九六二年《文物》七、八期）。**國王及羣臣、諸僧作樂相迎，並至城西的阿奢理兒寺**，又作阿奢理貳，譯義奇特。其遺址在今庫車西部木士拉河對岸的 Dulolur-Agur 地方，關于建立此寺的傳說，詳見《西域記》一"屈支國"條。**折服小乘一切有部的高僧木叉毱多**，案屈支爲佛教古國，據《阿育王息壤目因緣經》，約在阿輸迦王時代已傳入佛教，魏晉六朝間龜茲沙門相繼来中國，鳩摩羅什即其中著名之一，當時大乘佛教般若部、方等部、法華部經典已相當流傳。惟到玄奘時代已淪爲小乘的佛教國家。這從玄奘的折服木叉毱多與《西域記》一所載可以想見，也可見佛教大小乘的相互排斥情況。同時從《慈恩傳》二載"王請過宮備陳供養，而食有三淨，法師不受，王深怪。法師報：'此漸教所開，而玄奘所學者大乘不爾也。'"亦可證其爲小乘佛教的國家。惠英《華嚴經感應記》："龜茲國惟習小乘。"在佛教大小乘的神學教派衝突下，故爲玄奘所鄙薄。關于龜茲的佛教詳見堀謙德《解說西域記》頁 39—43；賀昌羣譯羽溪了諦著《西域之佛教》第五章《龜茲國之佛教》。因**"凌山雪路**

未開，不得進發，淹停六十餘日”。起程時“王給手力、駝馬，與道俗等傾都送出”。《慈恩傳》二。**西行二日，又前行六百里渡小磧**，《塔里木盆地考古記》第三章《鐵吉克遺址》（頁18）：“由庫木土拉向西出發，渡沙雅河……至阿克雅爾……抵托卜沁，過玉爾滾……穿過沙窩。……此沙窩自沙雅河西岸旁礭爾達格西南行，至阿克蘇境，綿亘百餘里或即《大唐西域記》中龜茲與跋禄迦中間之小沙磧也。”案玄奘自屈支至跋禄迦行程與《新書》二二一上“自龜茲嬴六百里踰小沙磧，有跋禄迦，小國也”同。小沙磧疑即《西域水道記》二之所謂即今之赫色勒沙磧。**到跋禄迦國**為西域嶺東諸國之一，兹就《西域記》于跋禄迦國境四至唐里的記載又“西北行三百里，度石磧至凌山”，則其國境當在今新疆阿克蘇專區，阿克蘇至拜城一帶，其都城則爲哈喇玉爾滾。**停一宿，又西北行三百餘里渡一磧至凌山**。案凌山即冰山之謂，見《西域水道記》二《羅布淖爾所受水下東渭干河》條“凌山”注。突厥語作木扎特或木素爾達坂，今木蘇爾嶺的天山隘口。杜環《經行記》及《新書》作勃達嶺。**山行七日，歷盡艱辛，出山後經大清池**，又名熱海，一作咸海，今吉爾吉斯的伊塞克庫爾湖。伊塞克庫爾湖屢見于中世紀早期的穆斯林文獻。記載此湖既早且詳的，當以玄奘爲第一人。**西北行五百餘里，至素葉城，遇西突厥統葉護可汗。**《慈恩傳》二：“至素葉城，逢突厥葉護可汗，方事畋遊，戎馬甚盛。”案《西域經營史的研究》頁171，認爲玄奘會見的係統葉護可汗，而《韃靼千年史》（頁159）：“處羅便可汗亦名葉護可汗，玄奘于千泉所見之突厥可汗其人也。”顯誤，不知其何所依據？**可汗“令達官答摩支引送安置”**，伯希和《中亞史地叢考》四《玄奘傳中之二突厥字》：“此‘答摩支’似屬人名，實爲官號。觀其名尾之支-ci 可以證之。"據十三世紀蒙古時代載籍證之，乃指一種特別騎兵隊伍。又據《遼史》一一六《契丹傳》名扈從之官曰達馬，祇能知其先爲扈從官，後爲前鋒之士而已。（《西域南海史地考證譯叢五編》頁 127）"陳酒設樂"，款待數日，送玄奘到迦畢試國。玄奘從素葉城西行四百餘里經屏聿，據伯希和《玄奘傳中之千泉》（《西域南海史地考證譯叢五篇》）。其故地在今吉爾吉斯北部吉爾斯山脈的北麓，庫臘加特河上游地方，爲中西交通的要道，並有林泉之勝，公元 657 年唐設濛池都督府轄其地。西行百四五十里至呾邏私城，今哈薩克東南的江布爾城。又西南行二百里至白水城，故地在今塔什干城的東北，錫爾河中游右岸。西南行二百里至恭御城，恭御城今地，過去的學者未曾考定，《西域記釋地》作今庫育（Kūyuk）。近周連寬先生考定笯赤建國國都的位置在今塔什干之東約二十五公里的養吉一巴沙兒。根據《西域記》所載方位、里程，核對今蘇聯地圖謂恭御城在齊爾齊克與柏爾塔拉齊克之間。又南五十里至笯赤建國，據蘇聯考古學著作，根據發掘情況比定其地爲今烏茲別克的塔什干地區的汗阿巴德（見別列尼茨基著的《中亞中古城市》，列寧格勒，一九七三年版，頁 198）。又西行二百里，經赭時國今烏茲別克的塔什干城。但滕田豐八《東西交涉史的研究》所附西域地圖將唐代赭時國都置于塔什干西南的舊石城。考《西域記》一云"赭時國周千餘里，西臨葉河，東西狹，南北長"，其國境以塔什干爲中心則無疑義。玄奘至赭國已進入當時所謂昭武九姓國的範圍。它在五世紀至八世紀爲今中亞阿姆河、錫爾河之間九個王國的總稱，在唐代爲康、安、曹、石、米、何、火尋、伐地、史九國，五世紀中期屬於嚈噠，六世紀中期隸于西突厥。昭武九姓國，以康、石兩國爲最大，而康國又是諸國的宗主。永徽時康國內附，諸國均隨同內附，唐以其地爲康居都督府隸安西都護，至 712 年九姓諸國始爲大食所併。關于昭武九姓的考證，詳見《解說西域記》（頁 64—72），藤田豐八《慧超往五天竺國傳箋釋》（頁 65—72），白鳥庫吉《康居粟特考》（頁 31—80）等。**又西行千餘里經窣堵利瑟那國**，《西域記》一："窣堵利瑟那國周千四五百里，東臨葉河。"其國位于錫爾河之南，地當費爾干納盆地西部的出口處。即今烏茲別克撒馬爾罕的東北面的忽占之間。**西北進入大磧**，大磧係錫爾河與阿姆河之間的大沙漠，玄奘很可能是沿着土耳其斯坦山脈的北麓，由今之烏拉太伯公路向西北方向前進的。**無水草，尋遺骨進五百餘里至颯秣建國**，唐稱康國。《西域記》云"周千六七百里，東西長，南北狹，國大都城周二十餘里。"《隋書》稱其都薩寶水上阿禄迪城，業經中外學者一致認爲今烏茲別克的雜拉夫河岸的撒馬爾罕附近。古都約在今城之北，Afrasiab 高地上。**曾以佛法化度國王。西南行三百餘里至羯霜那國**，即史國，其地在撒馬爾罕以南七十五公里。案《西域記·後記》云："書行者，親遊歷也；書至者，傳聞記也。"故于颯秣建國後又載："從此東南至弭秣賀國……北至劫布呾那國……西行（？）二百餘里至喝捍國……西四百餘里至捕喝國……西四百里至伐地國……西南五百里至貨利習彌伽國。"考貨利習彌伽國爲今烏茲別克的基華，已臨近鹹海。玄奘從颯秣建國（撒馬兒罕）即向南行，經由羯霜那國逾鐵門，並且此國無佛教遺跡可朝，玄奘急于赴印決無再向西行迂迴往返又折至羯霜那國，重登帕米爾高原之理，可知這幾國乃記傳聞，並未親歷。故《西域記》旋云："從颯秣株國西南行三百里至羯霜那國。"足證玄奘從颯秣建徑至羯霜那。《慈恩傳》二根據《西域記》又略去弭秣賀、劫布坦那二國，餘照録，但未有以說明。《續傳》云："自高昌至于鐵門，凡經一十六國，人物優劣，信奉淳疏，具諸圖傳。"可見根據《西域記》，亦未分辨其親歷與傳聞。至于"從此西行三百餘里至屈霜彌那","行"字當爲衍文，此丁謙已有考釋，茲不贅。**玄奘從羯霜那西南行二百里入山**，帕米爾高原的西部邊緣。**山行三百里逾鐵門**，鐵門爲西突厥南境重要關塞，統葉護統治時其勢力已逾鐵門而達迦畢試，參見"闕特勤碑"與"毗伽可汗碑"。故址在今烏茲別克南部杰爾賓特之西約十三公里地方，爲帕米爾高原的險要隘口，左右皆山，長約三公里，寬僅十二到二十米，是古代中亞至南亞的交通孔道。如自布哈拉或撒馬爾罕前往巴里黑爲必經的要衝，這與《西域記》一："鐵門者，左右帶山，山極峭峻，雖有狹徑，加之險阻，兩傍石壁，其色如鐵。既設門扉，又以鐵錮，多有鐵鈴，懸諸戶扇，因其險固，遂以爲名。"與《新書》二二一下："有鐵門山，左右巉峭，石色如鐵，爲關以限二國，以金錮闔。"所記載的可相互印證。**到達覩貨羅國境**覩貨羅即古之大夏，或巴克特里亞。漢代大月氏，後稱嚈噠，《魏書》作吐呼羅《隋書》《唐書》作吐火羅、土豁羅，《高僧傳》作兜法勒。故地在興都庫什山與阿姆河上游之間（今阿富汗）北部。480 年嚈噠滅大月氏據有其地，558 年西突厥室點密可汗與波斯聯兵攻滅嚈噠，西突厥并于563—567 年又擊敗波斯而役屬其地。唐初凡鐵門以南至北印度邊境，今阿富汗境自大雪山（興都庫什山脈）以北，阿姆河以南，總稱吐火羅國，爲伊朗文化與印度文化混合的區域，即東方文化和西方文化交錯之處，但在當時已分裂成呾密、赤鄂衍那、忽露摩、愉漫、鞠和衍那、鑊沙、珂咄羅、拘謎陀、縛伽浪、紇露悉、泯健、忽懍、縛喝、揭職、安坦羅博、闊悉多、活、瞢健、阿利尼、過邏胡、訖栗瑟摩、淫薄健、屈浪拏、達摩鐵悉、鉢利曷、呬摩呾羅、鉢鐸創那、尸棄尼二十七個小國（部落）。故《西域記》一云："故地南北千餘里，東西三千餘里，東阨蔥嶺、西接波剌斯、南大雪山，北據鐵門，縛芻大河（阿姆河）中境西流。自數百年，王族絕嗣，酋豪力競，各擅君長，依川

據險，分爲二十七國，雖畫野區分，總役屬突厥。"**的活國。**藤田
豐八謂："《西域記》之活國，可視爲 Kuhandiz 之省稱，亦可視爲
Warâlîz 之 War 譯音也。"（《西域研究·大宛貴山城與月氏王庭》頁
138）沙畹據馬迦特《伊蘭考》考定此活國"即《新唐書》之阿緩 Awar
城，亦大食人之 War-Waliz，爲吐火羅之都城"（《西突厥史料》頁
115），白鳥庫吉《西域史研究》上並同。案活國即今阿富汗的昆都
士（Kunduz）。**晤西突厥統葉護長子，高昌王妹婿咀度設。**設
（Shad），別部領兵者。**咀度設旋爲其子所藥死，玄奘因淹留
月餘，並折服小乘佛教徒達摩僧伽。南下到縛喝國**《慈
恩傳》二作縛喝羅國，據原音應以《西域記》作縛喝國爲是。《西域
記》一："縛喝國，東西八百餘里，南北四百餘里，北臨縛芻河。國
大都城，周二十餘里，人皆謂之小王舍城也。"《續傳》："時俗號爲
小王舍城，國近葉護南牙也。突厥常法，夏居北野，花草繁茂，放
牧爲勝，冬處山中，用遮寒屬，故有兩牙王都。"縛喝國都小王舍城，即
希臘史的巴克德利亞印度人稱爲史那世界，《景教碑》的 Balk，自古
聞名于世，爲大雪山以北各地的佛教中心，故一時有小王舍城的稱
號，故《西域記》謂"並皆習學小乘教法"，慧超《傳》："國王首
領及百姓等甚敬三寶，足寺足僧，行小乘法。"今阿富汗北部著名城
市波爾克。**都城西南的納縛僧伽藍**唐言新寺，據推測即爲《那
先比丘經》的彌蘭王所建。**瞻禮佛教遺跡。遇磔迦國小乘三
藏般若羯羅（慧性），"相見甚歡"，共研究《毗婆沙論》**
《毗婆沙論》爲《阿毗達磨發智大毗婆沙論》的略稱。《毗婆沙》義
爲廣説，相傳是佛教徒在迦膩色迦王時代于迦濕彌羅結集時廣爲解
釋發智身論的論集。玄奘後來譯出《阿毗達磨大毗婆沙論》共二百
卷。**一月餘，並友達摩羯羅（法性）、達摩畢利（法愛）**

兩位佛教學者。

一月餘後，玄奘接受銳秣陁、《慈恩傳》作銳末陀，地處烏滸水以南，大雪山興都庫什山麓。今阿富汗波爾克西南地方。胡寔健岑仲勉《中外史地考證》上冊頁184"奇沙國條"謂即《唐書》之護時健國在今 Ghazni 之北。胡寔健爲古代的地區名，而非城市名，位于木鹿馬里與縛喝巴里黑之間。兩國王的邀請，至其國盤桓數日，即同慧性自縛喝國南行入揭職國。或謂其地即今阿富汗的達拉哈斯，或云今解蘇地方，但目前尚未有確證足以考定。東南進入大雪山，今興都庫什山的伊拉克斯奇山。山行六百里。倍極艱險。出覩貨羅境入梵衍那國。其地沙畹考定，在 kunduz 河源附近，則其國都當爲今阿富汗首都喀布爾西部約一百五十英里的巴米揚城，在興都庫什山麓。關于梵衍那的佛教遺跡，詳 J. Hackin《梵衍那考古學的調查報告》。《西域記》載"有立佛石像，高百四五十尺"。爲其國摩訶僧祇部摩訶僧祇部，漢譯爲大衆部。相傳釋迦牟尼死後一百年頃（公元前 368 年。據劉宋佛陀什共竺道生譯《彌沙塞部和醯五分律》三十、齊僧伽跋陀羅譯《善見律毗婆沙》一及《緬甸佛傳》《島史》《大統史》等），佛教徒結集誦出的經文，由于組織成員的不同，因而發生了教派的分裂。在王舍城附近七葉窟內結集的自認爲保持正統的元老一派稱上座部，在窟外以大天爲首的結集一派稱大衆部。以後這兩大派別又分裂爲許多小派系（傳說有十八部派）。所有這些教派，在大乘佛教看來都是小乘佛教，大小乘之間排斥甚烈。故摩訶僧祇部（大衆部）是爲小乘佛教二十部中的根本二部之一，詳見《宗輪論述記上》、《寄歸傳》一、《大集經》二十二、《行事鈔》上、《資持記》等。學僧阿梨耶馱婆（聖使）、阿梨斯那（聖軍）所嘆服，同往巡禮佛教遺跡。經十五日出梵衍那，二日逢雪迷失道路，至一沙嶺，遇獵人示道，度黑山，《西域記》作黑嶺，一謂爲阿富汗東境錫雅柯山的意譯；又謂是夏季不積雪的意思。當時印度與中亞以此嶺劃分境界。至迦畢試國境，其地位于阿富汗喀布爾以北 62 公里，膏腴的 Kohdanian 河中游，Painjshid 河與 Ghcrband 河的匯合處，北興都庫什山，西 Paghman 山脈，東南是低地所包圍的盆地，故《西域記》云：“北背雪山，三陲黑嶺。”在沙落迦寺《慈恩傳》二：“有一小乘寺名沙落迦，相傳云是昔漢天子子質于此時作也。其寺僧言：‘我寺本漢天子兒作，今從彼來，先宜過我寺。’……遂即就停。”《西域記》一：“聞諸耆舊曰，昔健馱邏國迦膩色迦王，威被鄰國，化洽遠方，治兵廣地至蔥嶺東。河西蕃維，畏威送質。迦膩色迦王既得質子，特加禮命，寒暑改館，冬居印度諸國，夏還迦畢試國，春秋止健馱邏國。故質子三時住處，各建伽藍。今此伽藍，即夏居之所建也。故諸屋壁圖畫質子，容貌服飾，頗同東夏。”又見于《西域記》四《至那僕底國》條。案查漢魏載籍，從未見有漢天子兒爲質於外國的，唐人著作僅此一見。“印度雖是傳說流行之地。玄奘雖是有聞必錄的人，此種傳說必有所本。”丁謙《大唐西域記地理考證》：“考迦膩色迦王即《後漢書·大月氏傳》之閻膏珍，爲貴霜王邱就卻子，其滅中印度而稱霸也，正與漢光武帝同時。河西蕃維，當是竇融。融在河西，中間隔于隗囂，不能與通連，其勢頗孤，或送質子以求外援，亦未可知。”丁説係假設之詞，別無佐證，可不具論。羽溪了諦從堀謙德《解説西域記》（頁 95—96）所提出的加以考證，以玄奘所載與《後漢書·西域傳》所謂安帝元初中，疏勒王安國以舅臣盤有罪徙于月氏，月氏王親愛之。“今以此兩記錄相對照，此大伽藍之名沙落迦，據馬貴特之見解，此中文名詞之意味，非即 Serica，蓋疏（沙）勒即 Śalakca 之對音也。《後漢書》所謂月氏王者與《西域記》

所謂迦膩色迦王相當。《後漢書》所謂臣盤者與《西域記》質子相當"(《西域之佛教》第二章《大月氏國之佛教》頁90—91）。馮承鈞全本其說，著《迦膩色迦時代之漢質子》(《西域南海史地考證論著彙輯》頁97—101），其于迦膩色迦王在位年代取符舍《希臘與佛教參合的藝術》頁505之說，以牽合《後漢書·西域傳·班超傳》月氏用兵西域事，並以爲"沙落迦"即"疏勒"之異譯，疑玄奘所聞建沙落迦寺之質子，即《後漢書·疏勒傳》的臣盤。向達先生認爲，"《後漢書》明言臣盤有罪，徙居月氏；《西域記》明言質子，二者有不同。馮承鈞主張《慈恩傳》中的'沙落伽'即爲'疏勒'異譯，顯誤。""玄奘在《西域記》卷十二里記到疏勒，稱爲佉沙國……于疏勒的國名以及文字等知道得很清楚，他到迦畢試國，在沙落迦寺掛過單，同寺院的僧人交談過，聽到僧人提及本寺歷史。如其沙落迦即是疏勒，他爲什麼一字不提，而另出沙落迦之名？……伯希和引《梵語千字文》的娑羅誐之漢譯作洛，證以《景教碑》中的sarag即是娑羅誐，即指洛陽。《梵語千字文》之娑羅訶也就是《西域記》中之沙落迦，在古音上以及《西域記》的記載上，都很通順，用不着繞彎兒。《後漢書·西域傳·疏勒傳》所記臣盤讁月氏一事，用不着與沙落迦寺比傅。"(夏鼐《中巴友誼歷史》註12引，載《考古》一九六五年七期）茲從向達先生之說。夏坐，案玄奘從貞觀二年春初離高昌，在屈支六十餘日，葉護可汗處十餘日，活國一月，縛喝國學習一月餘，又從高昌至此共經行六千多里，需時二月左右，共計需時半載以上。《西域記》載印度僧坐雨安居，或前三月，或後三月，前三月當此五月十六日至八月十五日；後三月當此六月十六日至九月十五日，故憑此"夏坐"記載，亦可考見玄奘的行程日期，抵沙落迦寺適逢衆僧安居，玄奘亦隨喜夏坐，當在後期，即在六月十六日至九月十六日的時間中。**又爲國王所邀請到大乘寺說法五天，當時名僧秫奴若瞿沙（如意聲）、阿梨耶伐摩（聖胄）、求那跋陀**

（德賢）"咸皆慴服"。《慈恩傳》二。安居訖，慧性重爲覩
貨羅王所請回，玄奘與別乃東進六百餘里，《續傳》作七
百餘里。越黑嶺佛經稱印度本土爲閻浮提。黑嶺指閻浮提北，雪山
南的山嶺。由于北面叢山重疊終年積雪，而南麓則降雪時少，就北
面白皚皚的高嶺，對屬黑色的南麓而言，故名黑嶺。進入當時北
印度境。

　　玄奘先到濫波國，今阿富汗東境的拉格曼，在喀布爾河北
岸，東以 Alingar 及 Kunar 河爲界，是一狹小地帶。近人實測該地帶
每邊約長 40 英里，四周大約 160 英里，與《西域記》二所載"周千
餘里，北背雪山，三垂黑嶺"的記載，大體吻合。停留三日，下
嶺渡河至那揭羅曷國《續傳》作那伽羅曷國《西域記》二作"從
此東南行百餘里，濟大河至那揭羅曷國"。今阿富汗的賈拉拉巴德，位
于喀布爾河南岸，西起亞格達拉克山隘，東至開伯爾山隘，南對沙
費德嶺，所謂"下嶺渡河"，嶺指黑嶺，河即喀布爾河，以今地衡量，當
以《西域記》所載東南行百餘里爲當。的都城，觀禮佛教遺蹟。

　　玄奘在那揭羅喝國都城即《法顯傳》的那竭城，《慈恩傳》
又稱此城爲燈光城。今賈拉拉巴德的柏格蘭西面喀布爾與蘇爾卡勃
河匯流處，近代在此處發掘出佛教遺跡多所。東南二里許巡
禮，相傳爲阿育王所造的窣堵波和釋迦"敷鹿皮衣布髮
掩塗得受記處"，以及西南十餘里"佛買花處"等佛教
傳說遺跡，以上宗教傳說見于《佛本行集經》《增一阿含經》《大
智度論》。又東南度沙嶺十餘里《西域記》作三十里。到醯羅
城（即佛頂骨城）沙畹據康寧翰的比定在今賈拉拉巴德南五英里

的 Hiḍḍa 地方（《宋雲行記箋注》）。**禮拜佛骨，又至燈光城西南二十餘里瞿波羅龍王窟**，據足立喜六考證謂龍王 Nagarāja 係夜又名。**參觀"佛影"。**詳《慈恩傳》二。案佛教徒的佛影傳說，源出定光佛（燃燈佛），事見《增一阿含經》一。《釋迦譜》三："佛入窟坐已，窟中作十八變，踴身入石，猶如明鏡在于石內，映現于外，遠望則見，近則不視。石窟高一丈八尺，深二十四步，石清白色。"原注"窟在阿那斯山岩南"。《珠林》三十六引《觀佛三昧經》謂佛影石室在那乾訶羅國中，阿那斯山南石壁上毒龍池側。《法顯傳》《洛陽伽藍記》《廣弘明集》十五釋慧遠《萬佛影銘》題下注等均有所敍，與《慈恩傳》二略同，關于佛影的故事流傳，詳《西域記》二、《釋迦譜》三，參見 Sylvain Lévi 的《大莊嚴經論探源》，茲不具引。至於在石窟見內影子係光的反射作用。足立喜六云："石窟在石山之絕壁，西南向，入口狹小，內深，有不完全的採光窗，斜陽射入，津滴內壁，故投映影像"（《法顯傳考證》頁 110），是一種物理光學作用，一無神秘之可言。**東南山行五百里到健陀邏國**其地域在玄奘時代位于庫納爾河和印度河之間的喀布爾河流域，包括旁遮普以北的今巴基斯坦共和國白沙瓦市和拉瓦爾品第地區。**的都城布路沙布羅**，巴基斯坦喀布爾河南岸白沙瓦市的西北地方。案健陀邏佛教屬於"一切有部"的勢力範圍，在迦膩色迦時代極爲興盛，流傳到中亞和中國，成爲所謂北傳佛教，而布路沙布羅則爲當時東西文化的要衝，是北傳佛教東傳的重鎮。古代印巴次大陸的佛教著名論師如那羅延天、無著、世親、法救、世友、如意、脅尊者等都出生于此地。同時，健陀羅又是印巴佛教藝術的發源地之一。一世紀左右迦膩色迦王在其都城建立莊嚴華麗的塔寺，當地勞動人民以其精湛的藝術，創造出在形式上受到希臘、羅馬雕塑的影響而內容卻是佛教的一種"健陀邏"藝術作風。考古學者近幾十年來參考《西域記》等記載，在白沙瓦爾、呾叉尸羅一帶發掘得許多當時的佛教藝術遺物益資證明。**參觀佛教史上著名的雀離浮屠。** 案雀離浮圖和聖塔寺是迦膩色迦王所建許多寺塔中最著名的。雀離浮圖，《法顯傳》與《洛陽伽藍記》《慧超傳》以及《魏書·西域傳》《北史》九十七等都有所記載。其所以名為雀離，學者論說不一：張星烺謂乃梵語 Sula 的音譯，但不近似；羽溪了諦以為即《西域記》的昭怙釐伽藍"雀有 Ch'iao，與昭（Chao）音相類，釐與離皆同有 li 音，而兩者之方位距離，又復相同，必為同一伽藍而異譯，毫無疑義"（《西域之佛教》頁 288）；比耳則謂係受東西兩方的日光故名（*Buddhist Records of the western world*, I. P.21）；瓦塔爾斯以為即印度語 Churi，一種雀類的小鳥，或又為侏離二字的轉訛，侏離之義，為明暗混合的雜色，均為外國名詞（《玄奘印度行記論》頁 62—63）。雀離是音譯，雀離浮圖在佛教中很有聲名，故其他地方建塔往往也襲用其名，似或形容其建築華麗的異彩繽紛。**玄奘東北行百餘里**《西域記》作五十里。**渡大河，至布色羯邏伐底城。** 據康寧翰《印度古地誌》的考定，即今喀布爾河北岸的哈什塔那加羅。**城東巡視阿育王所造的所謂"過去四佛說法處"的窣堵波，城北觀禮傳說釋迦牟尼為菩薩時的千生捨眼窣堵坡，** 案此為北印度佛教遺跡四大塔之一。捨眼的宗教傳說出《彌勒菩薩所問本願經》《菩薩本行經》，而《撰集百緣經》則作尸毗王剜去雙眼以施鷲鳥，均屬本生故事。**並將高昌王所贈與金銀綾絹衣服等分留各處供養。**《慈恩傳》二。**玄奘又從此東南行二百餘里至跋虜沙城，**《洛陽伽藍記》的佛沙伏城，《慈恩傳》二失載，茲據《西域記》。丁謙誤混《法顯傳》的佛樓沙、《洛陽伽藍記》的佛沙伏、《西域記》的跋虜沙為一地。羽溪了諦則誤混跋虜沙與布色羯邏伐底為一地（《西域之佛教》頁 364）。其地據康寧翰考定相當于布色羯邏伐底城的西四十哩地方，在今巴羅村（見《印度古地誌》頁 5112）。惟沙畹《宋雲行記箋註》據符舍《乾陀羅古地誌》謂在今之 Shahaz garhi。今據庫寧翰之説。**巡遊蘇達拏（善與）以白象施與敵國的窣堵波**，據沙畹的考證在今 Shahbaz-garhi 東北之 Mekha-Sanda 岡上。這一宗教故事出西秦聖堅譯《太子須大拏經》、巴利文《本生經》，亦見吳康會譯《六度集經》二。**東南行經烏鐸迦漢荼城**，其地今名俄欣特，在喀布爾河與印度河匯合口東北，阿托克河上游十六里地方。該城處于印度河的重要渡口，爲古代中亞波斯、迦畢試、健馱羅諸國進入中印度必經之城。**北踰山涉川，行六百餘里至烏仗那國**《西域記》三："烏仗那國，周五千餘里，山谷相屬，川澤連原。……夾蘇婆伐窣堵河。"案蘇婆伐窣堵河即托勒密地理書的 Svastene，或作蘇婆薩都、蘇婆窣堵（Svastu），即今之斯瓦特河，故知烏仗那領域當在今斯瓦特河兩岸即今巴基斯坦的斯瓦特邦。彭惕強《巴基斯坦散記》（《世界知識》一九六五年，十三期）："今出白沙瓦市就進入馬拉崗地區。從馬拉崗去斯瓦特的路上，橫臥海拔一千五百多米的馬拉崗山，山脚下今猶有羊腸小道，據云玄奘即沿此道至巴基斯坦。"**國都瞢揭釐城**，《西域記》三："其王多治瞢揭釐城，城周十六七里，居人殷盛"，今杜西里山西支脈上，斯瓦特河左岸的 Manglaur 地方。**參觀佛教傳聞遺跡，城東二百五十里入大山到蘇婆伐窣堵河的上源阿波邏羅龍泉**，迪恩少校根據玄奘的記載比定爲今柯昔斯坦的迦蘭姆地方、烏特洛特和烏蘇二溪的合流處，就是斯瓦特河的源頭。**並巡禮附近釋迦行化的遺跡。更溯印度河而上，到烏仗那舊都達麗羅川**，《印度古地誌》頁 8·二："達麗羅谷在印度河西岸，地當東經七十二度四十四分，中有達麗羅川，達麗脫人居之，川蓋因住人而得名”，“法顯所謂陀歷，玄奘之所謂達麗羅，其位置在印度河最北的上流區域，即今達列爾地方。”比耳、藤田豐八等，均加引伸謂即今達拉特地方爲古代印巴次大陸赴中亞的通途，故古代印度的布教僧多從此渡印度河出國境到外國宣傳佛教。**覩末田底迦**一作末田地、摩彈提、末闡提，據《阿育王傳》四爲阿難的付法弟子，是阿輸迦王時代派往印度西北境迦濕彌羅、健馱羅一帶傳教的高僧，詳見《善見律毗婆沙》二、《西域記》三等。**木刻的彌勒佛造像。**

玄奘巡遊完畢還歸烏鐸迦漢茶城，南渡印度河，案《西域記》三載自達麗羅川“從此東行，踰嶺越谷，逆上信度河，飛梁棧道，履危涉險，經五百餘里，至鉢露羅國”，“從此復還烏鐸迦漢茶城，南渡信度河。……渡河至呾叉始羅國”，而《續傳》謂：“還返烏萇南至呾叉始羅國。”《慈恩傳》二：“自烏鐸迦漢茶城南渡河……至呾叉始羅國。”考鉢露羅國葉經東西學者考定在今 Yassin 河與 Gilgit 流域的鉢羅的地方，或名小西藏。其國在大雪山間，故《西域記》十二云：“波謎羅川南，越山有鉢露羅國。”則遠在烏萇的東北方，似爲玄奘東返祖國時所歷，當時玄奘急于赴印求法，決無再迂迴向東北之理，故未經鉢露羅，當以《續傳》《慈恩傳》所記載爲是。**至呾叉始羅國。**案呾叉始羅地名歷史悠久，曾爲健馱羅國的國都，今地約有數說：據康寧翰考訂在今 Kala-ka-Saral 東北一英里的沙赫德利（《印度古地誌》頁 12），沙畹、馮承鈞等從之；史密斯《玄奘旅行日記》以爲在今拉瓦爾品第附近哈桑·阿布達，堀謙德《解說西域記》頁 229 從之；呼格爾《克什米爾和旁遮普遊記》謂在今拉瓦爾品第地方，足立喜六等從之。考諸說大都根據康寧翰的考訂，證以近年考古學者在今巴基斯坦臨時首都拉瓦爾品第西郊十餘里的塔克舍拉地方，據《西域記》記載發掘遺址，業已證實。諸家所說其地均在今巴基斯坦共和國伊斯蘭堡西部拉瓦爾品第附近一帶地方，包括今拉瓦爾品第西北五十華里的 Shahi-dheri 及其西北八哩的 Hassan-Abdal，故諸説皆可通。詳參閲 Sir John Marshall 的《呾叉尸羅》（ Taxila, Anillustrated Acconut of Archaeological Excavations, Carried out at Taxila, under the Orders of the Government of India, between the years 1913 and 1914, 3vols, Cambridge, 1951 ）。**參觀阿育王所建的釋迦捨頭窣堵波，從此北界渡信度河東南行二百餘里經大石門**，《宋雲行紀箋注》頁 37 "余之假定以爲欲求其地，應在 Mahaban 中尋之"，今克什米爾西境的 Mazassanhad。**遊覽捨身飼餓虎的宗教傳說遺跡。** 飼餓虎本生譚流行于西域和中國，至今還可從佛教藝術中尋到實例，如敦煌千佛洞第一三五窟的左壁及第七四窟壁畫，均係描繪這一故事，此外如新疆庫車壁畫、喀喇沙爾壁畫、高昌壁畫、龍門賓陽洞浮雕的石刻等也有投身飼虎圖。**東南山行五百餘里至烏刺尸國**即托勒密《地理書》的 Varsa Regis，康寧翰謂今之剌斯地方，而司威麥爾頓比定爲今之哈查拉，首府即今之哈里浦爾。案《西域記》三："大城西南四五里，有窣堵波，高二百餘尺。"今哈里浦爾市的回教寺院尚殘存其遺址，又北方 Mansera 附近還殘存阿育王佉盧文的石刻二方。故其地當在今克什米爾的哈查拉地方。《續傳》："自呾叉始羅自此東南山行險阻，經一小國度數鐵橋，減二千里至迦濕彌羅國。"經一小國當爲烏刺尸。**東南登山履險、度鐵橋、行千餘里至迦濕彌羅，** 漢魏南北朝時通稱罽賓，據堀謙德之說爲印度俗語普拉克烈語的變態同源語，慧治《成唯識論了義燈》一謂罽賓新稱迦濕彌羅。故瓦塔爾斯則認爲迦濕彌羅與罽賓同，這字在《雜阿含經》卷二十三、《大智度論》卷九、《阿育王傳》卷四等均譯爲"罽賓"。而巴利律本中作迦濕彌羅，與《善見律毗婆沙論》卷二所載和巴利律本同記一事，又作罽賓（《玄奘印度行紀論》頁 260）。《孔雀王經》初譯本作伽賓，《求法高僧傳·玄照傳》作羯濕彌羅，慧超《傳》作伽葉彌羅，《新書》作箇失密，《西使記》作乞石迷。**當已歲暮。**案玄奘在縛喝國安居迄啟程已在九月十六日之后，途經六國經行三千五百多里，約需時三月，故到達迦濕彌羅當在貞觀二年十二月左右。是年約計親踐二十四國，行程一萬三千八百餘里。**玄奘初到迦濕彌羅的西境門户一石門，**今克什米爾西境的 Muzaffanabad，形勢頗爲險要。**國王撥邏勿羅孫拉二世**據《西域之佛教》頁 347 的考證。**遣母弟將車馬來迎，投宿于大月氏國王胡韋斯所建的護瑟迦羅寺。經行數日，漸近王城。**案王城即《新唐書》所謂的撥邏勿邏布邏城。今克什米爾的斯利那加，城西瀕彌那悉多河，即今維塔斯塔河。**行抵達摩舍羅，**原注："此言福舍，王教所立，使招延行旅給贍貧乏。"**國王率羣臣及沙門千餘人，持幢蓋烟華來迎，請玄奘乘大象入都城，住于闍耶因陀羅寺，明日國王請玄奘入宮供養，與名僧數十人討論教義，並命二十人助玄奘寫經，五人供承驅使。玄奘並師事此國中第一大德僧稱**《續傳》《行狀》云名僧勝。**聽受《俱舍論》《順正理論》及因明、聲明等。僧稱謂衆人曰："此支那僧智力宏瞻，顧此衆中，無能出者。以其明懿，足繼世親昆季之風。"玄奘並與時衆中大乘學僧毗戍陀僧訶（净師子）、辰那飯茶（最勝嚩），薩婆多部學僧蘇伽蜜多羅（如來友）、婆蘇蜜多羅（世友），僧祇部學僧蘇利耶提婆（日天）、**

辰那呾邏多（最勝救）等論難。

　　迦濕彌羅之迦膩色迦《法顯傳》作罽膩伽，《洛陽伽藍記》作迦尼色迦，關于其生平、年代的考證，異說紛繁，兹不具引。約在印度孔雀王朝末期，大月氏種族自阿姆河流域侵入印度，建立貴霜王朝。約在一世紀左右其繼承者迦膩色迦王創建犍陀羅國，其領域今從考古發掘散在各區的貨幣與刻文看來，約東到遥捕那河的馬圖刺，南達恒河北岸的波羅捺，西至大夏，北連葱嶺。他努力弘揚佛教，建築寺塔，與印度阿育王並稱。提倡佛教，由五百名佛教徒整理佛教典籍，舉行《大毗婆沙論》結集（即第四次結集）之地。它集一切有部宗義的大成，自古以來遂爲有部學派的淵藪。據《西域記》記載，結集時初造《鄔波第鑠論》十萬頌，釋《素呾纜藏》，次復造《毗奈耶毗婆沙論》十萬頌，釋《毗奈耶藏》，次又造《阿毗達磨毗婆沙論》十萬頌，釋《阿毗達磨藏》，總共三十六萬頌，六百六十萬言。《慈恩傳》二作九十六萬言。"王以赤銅爲鍱，鏤寫論文，石函封記，建大窣堵波而儲其中。"玄奘得國王之助，在此停留鑽研梵文經藏，爲日後周遊五印和回國翻譯事業奠定了基礎。

有關人物與大事

　　唐太宗一面對侍臣以梁武帝好釋、老足爲鑒戒，《貞觀政要》六"貞觀二年語侍臣"。同時，下詔諸寺皆爲建齋行道。贞觀二年下詔云：“竊以如來聖教，深尚殺害爲重；永言此理，彌增悔懼，爰命有司，京城諸寺，皆爲建齋行道，七日七夜，竭誠禮懺；朕之所服衣物，並充擅捨，冀三塗之難，因斯解脱，萬劫之苦，籍此弘濟，滅恕障之心，趣菩提之道。”據《辯正論》四、《統記》三九除是年三月爲陣亡者設齋行道外，于七月因百穀大熟又設齋行道七日七夜，從此每年正、七月沿爲定例。

智儼二十七歲，遍覽藏經，從慧光的《華嚴經文疏》中明瞭所謂别教一乘無盡緣起的要旨，並潛研《十地》中六相之義，有所啟悟，著《大方廣佛華嚴經玄分齊通智方軌》。《華嚴經搜玄記》。

靈琛卒於相州慈潤寺，年七十五。《八瓊室金石補正》二九、《安陽金石録》三《慈潤寺故大靈琛禪師灰身塔銘》。

爲唐高祖訓練僧兵的智滿俗姓賈，太原人。卒，年七十八。《續傳》十九。

勸説唐太宗信佛的明瞻俗姓杜，恒州石邑人。卒，年七十。《續傳》二四。

十二月，西突厥統葉護可汗爲其伯父所殺。伯父自立爲莫賀咄侯屈利俟毗可汗。國人不服，立統葉護之子爲乙毗鉢羅肆葉護可汗，與莫賀咄相攻，連兵不息。《通鑑》一九三《唐紀》九。

三〇歲　公元六二九年
唐太宗貞觀三年（己丑）

譜主事略

　　玄奘三十歲，春、夏在迦濕彌羅國闍那因陀羅寺從僧稱法師受學，並學習梵文經藏。梁啟超《支那內學院精校本玄奘傳書後》二"案《傳》于迦濕彌羅條下云'如是停留首尾二年學諸經論'當是去年年到，今年年秒行，首尾合兩年也。"案梁說是。但以玄奘到祿勒那住一年半時間衡之，當在本年秋季由迦濕彌羅向西南進發。《劉譜》繫三年至祿勒那，以行程與停留時間考之，似不可能。秋季，玄奘自迦濕彌羅啟程，西南逾涉山澗行七百里經半笈嗟國，今克什米爾西南的朋奇地方。東行四百餘里經曷邏闍補羅國，據康寧翰考定今克什米爾的拉教里。東南下山渡水七百餘里抵磔迦國。《西域記》四："磔迦國周萬餘里，東據毗播奢河，西臨信度河。國大都城，周二十餘里。"案毗播奢河即今比阿斯河，據《西域記》記載當指整個旁遮普平原，即東起毗播奢河，西至印度河，北起喜馬拉雅山麓，南至木爾坦以下，五河合流處的廣大地區，故云"周萬餘里"。即出自曷邏闍補羅國，經二日，渡斾達羅婆伽河（今 Chenab 河）到闍耶補羅城，宿於外道寺，後日至奢羯羅城，奢羯羅城爲古代摩陀羅國都城，約公元 515—550 年間摩醯邏矩邏王在位，喧赫一時，據有北印度，西連波斯，東迄于闐四十餘國爲其所役屬，曾斥逐僧徒，毀滅佛法。沙畹根據符舍之說謂宋雲入健陀羅國"通詔書，王凶慢無禮"，即此王。故《西域記》四云："至奢羯羅故城，垣堵雖壞，基址尚固，周二十餘里……即此國之故都也。數百年前，有王號摩醯邏矩邏，都治此城，王諸印度。有才智，性勇烈，鄰境諸國，莫不臣服。……於是宣令五印度國，繼是佛法並皆毀滅，僧徒斥逐，無復子遺。"《慈恩傳》二城中有伽藍，僧徒百餘人，昔者世親菩薩於中製《勝義諦論》。其側有窣堵波，高二百尺，是過去四佛說法之處。"其地，據菲利之說當在今巴基斯坦西巴基斯坦省的錫亞爾柯特地方，洛澤作今沙科特，似非。而康寧翰則比定爲拉維河以西的 Sanglwala Tiba（北緯 31 度 43 分，東經 73 度 27 分）地，兹從康寧翰之說。出那羅僧訶城東，在波羅奢大林中遇險。明日，玄奘到磔迦國東境一大城，城西道北大菴羅林中從一老婆羅門《續傳》云是龍猛弟子。《慈恩傳》二云七百歲，皆不足據。澄觀《大方廣華嚴經隨疏演義》七："《西域記》唐三藏初遇龍樹宗師，欲從學法。師令服藥，求得長生，方能窮究。三藏忽自思，本欲求經，恐求仙不成，辜我夙願，遂不學此宗，乃學法相。"就停一月，學《經百論》和《廣百論》。

　　玄奘學畢，東行五百餘里到至那僕底國。此國地望，說各不一，尚待進一步研究。據康寧翰的考證國境當在今印度旁遮普邦比阿斯河與薩特累季河合流處，今爲一古老城鎮，而史密斯則認爲國都當爲今菲羅兹普爾。又《西域記》云："昔迦膩色迦王之御宇也，聲振鄰國，威被殊俗，河西蕃維，畏威送質。迦膩色迦王既得質子，賞遇隆厚，三時易館，四兵警衛。此國則質子冬所居也，故曰至那僕底（唐言漢封）。質子所居，因爲國號。此境已往洎諸印度，土無梨、桃，質子所植，因謂桃曰至那你（唐言漢持來），梨曰至那羅闍弗呾邏（唐言漢王子）。故此國人深敬東土，更相指告語：'是我先王本國人也。'"案關於漢質子事見前迦畢試國，瓦塔斯謂梨、桃的種植，據後來科學家的研究，係印、巴次大陸上的土產，並非外來。玄奘所提到的梨、桃的梵名，也僅見于此。（《玄奘印度紀行論》頁291—294）玄奘根據當地傳說有聞必錄，當非杜撰。可能是對中印人民傳統友誼的比附而產生的佳話，又據説中國桃種輸入伊蘭，約當公元前一二世紀，由波斯而亞美尼亞，而希臘，而羅馬。傳入羅馬約在一世紀帝政開始時期，白里内謂之波斯樹，大約爲漢武帝時安息使者帶歸波斯的，那麼《西域記》云桃李之傳植印土，與桃杏之傳植羅馬同時。**已將歲盡。是年親踐四國，行程約二千八百餘里。**

玄奘在此國的突舍薩那寺（樂授寺）從毗膩多鉢臘婆原注："此云調伏光，即北印度王子。"《慈恩傳》二："好風儀，善三藏，自造《五蘊論釋》《唯識三十論釋》。"**學《對法論》**阿毗達磨譯義對法，所謂"對"，即對觀、對問之義；所謂"法"，即四諦、涅槃之法，對法即對諸法性相的問答抉擇，也就是佛教所謂"智慧"的意思。《對法論》即《阿毗達磨雜集論》的異名。《顯宗論》即《阿毗達磨顯宗論》的略稱，薩婆多部衆賢論師造，玄奘譯四十卷，所謂顯宗者，即顯揚諸法實有之義，《天親傳》稱之爲《光三摩耶論》。**等論著。**《慈恩傳》二。

有關人物與大事

玄奘弟子，日本法相宗第一傳道昭生。據日本《續紀》一，皇圓《扶桑略記》四、元亨《釋書》一，道昭卒于文武四年（日本紀元 1360 年，公元 700 年），年七十二，則誕生于舒明天皇元年（日本紀元 1289 年，公元 629 年），生平詳後 653 年永徽四年譜有關人物。

禪宗金陵牛頭係第三世慧方俗姓濮，潤州延陵人，生平詳《景德錄》四。生。據《釋氏疑年錄》四。

玄奘弟子慧立年十五，出家于幽州昭仁寺。《宋僧傳》一七。

鄭善果卒。新、舊《書》本傳。

三月，下詔在長安大興善寺譯經。《續傳·波頗傳》："三年三月……下詔所司，搜揚碩德備經三教者一十九人，于大興善創開傳譯。沙門慧乘等證義，沙門玄謨等譯語，沙門慧賾、慧淨、慧明、法琳等綴文。又敕上柱國尚書左僕射房玄齡、散騎常侍太子詹事杜正倫參助勘定，光祿大夫府卿蕭璟總知監護。"至貞觀六年共譯出《寶星經》《般若燈》《大莊嚴論》三部，共三十五卷。參見《續傳·慧賾傳、慧淨傳》。

唐太宗于正月詔龍田寺開講《仁王》《大雲》等經，爲國祈福，官給齋供，著爲定式，參見《辯正論》四、義楚《釋氏六帖》二、《統記》三九。又爲"死兵者立浮屠祠"；參見《舊書》本紀二、《唐大詔令集》一一三貞觀三年閏十一月《爲殞身戎陣立孝詔》。同時又嚴令限止出家。《續傳·法嚮傳》："貞觀三年，天下大括，義寧私度不出者斬。聞此咸畏，得頭巾者，並依還俗，其不得者，現今出家。"其後乃詔有寺處得度僧尼，總數以三千爲限。《廣弘明集》二十八，參見《續傳·明净傳》。

發兵討伐東突厥。見新、舊《書》本紀二，《通鑑》一九三、《舊書》六七《李勣傳》《李靖傳》，《册府》九八五等。

慧震在梓州西山造大石佛像，坐身高百三十尺，于本年完成。《續傳·慧震傳》。

三一歲　公元六三〇年
唐太宗貞觀四年（庚寅）

譜主事略

　　玄奘三十一歲，春，在至那僕底國突舍薩那寺從毗膩多鉢臘婆學，停留四月後，《慈恩傳》作十四月，梁啟超校改爲四月，云："疑'十'爲衍文，雖無他證，但以理斷耳，經部與有部維均，故留祿勒那稍久。"望月信亨《佛教大事年表》頁148作"受住十四日"。案《對法》《顯宗》諸論，玄奘研索已久，似無需久滯，如從行程時間來考察也絕不可能在此停留十四月。望月年表疑"十四日"係"十四月"之訛作十四日，時間似過于短暫，也不可能聽畢二論，且《慈恩傳》記敍玄奘停留時間多一月以上，一月以下略而不書，故"受住十四日"似誤。茲從梁說。行五十餘里《西域記》作五百餘里，似舛。至苔秝蘇伐那僧伽藍原注此言闇林，據康寧翰比定其地爲旁遮普邦阿姆利則東南五十餘里的蘇丹浦爾。巡遊。從此東北行百四五十里到闍爛達那國地處Sutlij Beas河間，今印度旁遮普邦的阿姆利則東南的朱隆杜爾地方，爲古代北印度烏地王都城，後玄照從吐蕃（西藏）經尼婆羅（尼泊爾）至此留滯四年。的那伽羅馱那寺《續傳》作那伽羅寺。從旃達羅伐摩（月胄）受學《衆事分毗婆沙》，停留四月。

　　玄奘學畢，從闍爛達那國東北登履危險，行七百里，經屈露多國，康寧翰考定在今拜斯河上游，西姆拉西北的固盧。案即今印度旁遮普的 Kaithal 地方。丁謙考證"此二國均附記所聞，非奘師親歷"，但以《慈恩傳》所敍及地望考之，似玄奘行程所經，丁說非。南行七百餘里，越山渡河經設多圖盧國，康寧翰比定此國都城爲沙爾亨德。則此國當在今印度旁遮普邦薩特累季河流域。西南行八百餘里經波里夜呾羅國，雷諾比定其地在秣菟羅國西北，今印度北方邦拜拉特地方。始出當時的北印度境進入中印度境，東行五百餘里到古代印度十六大國之一的秣菟羅，其境在今印度北方邦恒河支流的朱木拿河流域，都城在今朱木拿河西岸的馬特拉地方。巡禮"釋迦如來諸聖弟子舍利子等遺身窣堵波"，從此東北行五百餘里經薩他泥濕伐羅，據康寧翰比定爲今之塔內莎爾，地處安巴拉以南三十英里，巴尼巴特以北的四十英里，但據瓦塔斯所指出，這與玄奘記載的方向、里程不伴，猶待進一步的研究。秋末冬初，東北行抵窣禄勤那國，《慈恩傳》作禄勒那似奪窣字，勤訛爲勒。《西域記》四："窣禄勤那國，周六千餘里……國大都城周二十餘里，東臨閻牟那河。"《慈恩傳》二："禄勒那國東臨殑伽河，北背大山，閻牟那河（朱木拿河）中境而流。又河東行八百餘里至殑伽河源，廣三四里，東南流入海處廣十餘里。其味甘美，細沙隨流，彼俗書記謂之福水。"康寧翰比定其地爲卡爾西在北緯 30 度 32 分，東經 77 度 53 分附近的蘇格村。但除其對音相近外，與玄奘的記載不符，而馮承鈞謂在今 Rohth 之北。陳仲益、張星烺均作今德拉頓地方。丁謙則謂"都城處閻牟那河西岸，當即今喀納爾城，實在薩他濕伐羅西北。云東北行者，蓋指其國境，非都城。奘師殆欲探福水之源，故東北經其國境，若都城非師所親歷也。"此國的地望，猶待進一步的考定。從闍耶毱多聽受《經部毗婆沙》。案《慈恩傳》二"遂住一冬半春"，是可知玄奘當在是年秋末冬初抵窣祿勤那，至翌年春初離去。《續傳》謂又東至祿勒那國又就蜜多犀那論師學薩婆多部《辯真論》，據《慈恩傳》是在秣底補羅國，《續傳》似誤。是年，玄奘親踐七國，行程三千餘里。

有關人物與大事

波頗譯《寶星陀羅尼經》。據《經序》與《辯正論》四、《開元錄》八。《圖記》四、《武周刊定眾經目錄》一作貞觀三年。

積極維護佛教利益的慧乘卒，年七十六。《續傳》二四。

神逈俗姓田，馮翊臨晉（今陝西大荔縣）人。《續傳》十三："雖廣融經論，而以大衍著名，至于所撰序引注解羣經篇章銘論。合四十餘卷。"卒，年六十五。

慧頵卒，年六十七。《續傳》本傳。

新羅名僧圓光卒于皇隆寺，年九十九。高麗覺訓《海東高僧傳》卷二。

正月，唐太宗至勝光寺觀丈六釋迦繡像。《辯正論》四、《統記》三九。爲戰事陣亡者在幽、洛、汾、晉、莒、鄭諸州建寺。參見《內典錄》五、《辯正論》四、《統記》三九。命虞世南、李百藥、褚遂良、顏師古、岑本文、許敬宗、朱子奢等爲碑記銘功業。《唐會要》四八、《金石萃編》四二。

二月甲辰，李靖破突厥頡利可汗於陰山。三月，頡利敗竄被擒，東突厥亡。《通鑑》一九三。參見兩《唐書·本紀》與李靖、李勣、唐儉、蘇定方等傳，以及《唐會要》七三《貞觀政要》二、《冊府》九八五等。

四月，西域各國詣闕尊唐太宗爲天可汗。自後以璽書賜西北君長皆稱天可汗。《唐會要》一〇〇作“四年三月，諸蕃君長詣闕，請太宗爲天可汗。乃下制，今後璽書賜西域北荒之君長，皆稱皇帝天可汗，諸蕃渠帥有死亡者，必下詔冊立其後嗣焉。”案《通鑑》一九三、《新書》本紀二作四月戊戌，茲從之。

伊吾國舉七城降，列其地爲西州。《新書》二二一下《伊吾傳》。

十二月甲寅，高昌王麴文泰至唐，西域諸國咸欲因文泰遣使入貢。《新書》本紀二，又二二一上。《通鑑》一九三《唐紀》九。

三二歲　公元六三一年
唐太宗貞觀五年（辛卯）

譜主事略

　　玄奘三十二歲，春初，"就聽《經部毗婆沙》訖，渡河東岸至秣底補羅國"，其地聖馬丁比定爲羅希爾甘德的比杰諾爾以北約八英里的馬達瓦爾鎮。康寧翰贊同其説，而史密斯與瓦塔斯則認爲馬達瓦爾鎮位於宰禄勤那的東南，"恒河之門"以南，它與玄奘記載秣底補羅在宰禄勤那以及"殑伽河之源"不符，謂在今 Dehra 的對岸。又據《西域記》四秣底補羅西北境的摩裕羅城爲今 Hardwer 市，則其國境當在附近，兹據後説。巡禮德光伽藍，《慈恩傳》二："昔瞿拏鉢剌婆（原注此言德光）論師於此作《辯真》等論，凡百餘部。論師是鉢伐多國人，本習大乘，後退學小乘。"和衆賢論師窣堵波，衆賢論師迦濕彌羅國人，精研説一切有部《毗婆沙論》，因世親著《阿毗達磨俱舍論》匡正毗婆沙師之誤，衆賢憤而沉研二十載作《俱舍電論》二萬五千頌，八十萬言，以破《俱舍》，取電摧草木之意，欲與世親面定是非，未果而終。後世親見之，稱此論反發明我宗，因改名《順正理論》凡八十卷，詳見《西域記》四。以及毗末羅蜜多羅（原注此言無垢稱也）遺身處，並從蜜多斯那《續傳》作蜜多犀那,《慈恩傳》二"其國有大德名蜜多斯那,年九十,即德光論師弟子,善閑三藏。法師又半春一夏,就學薩婆多部《怛埵三第鑠論》《隨發智論》等。"就學《怛埵三第鑠論》原注:此言《辯真論》,二萬五千頌,德光論師造。《隨發智論》,相傳為迦多衍尼子所造,玄奘譯本共二十卷。其與《集異門足論》《法蘊足論》《施識足論》《識身足論》《品類足論》《界身足論》等七論為薩婆多部的根本論著,其中以《發智論》最為賅博,因之以其他六論為足而以《發智論》為身,總名六足一身,詳見《智度論》二、《俱舍論·光記》一。凡半春一夏。

夏末,玄奘從蜜多斯那學畢,北行三百餘里經婆羅吸摩補羅國,康寧翰考定其國境應包括阿羅迦蘭陀與迦爾納里河之間的全部山岳地帶。比爾從之(見所譯《西域記》上頁 198)。案即今迦爾瓦爾和古冒思地方,國都即今斯里那加爾,北緯 30 度 12 分,東經 78 度 47 分。東南行四百餘里至瞿毗霜那國,康寧翰認其國境包括今卡昔浦爾、拉姆浦爾、比利畢特三地區,即東起拉姆恒伽河,西至加格拉,南抵巴雷利之間,其都城為今卡昔浦爾以東一英里的烏賈茵村附近的古城堡為其遺址。按此國《慈恩傳》失載,當為玄奘所親踐者。東南行四百餘里經堊醯掣呾羅國,《慈恩傳》二作醯掣怛羅,似奪一堊字。其地,康寧翰考定在今印度北方邦羅希爾甘德東部的阿希查特拉,都城當即今巴雷利地區的拉姆那加爾。又南行二百餘里渡恒河,西南經毗羅删拏,《慈恩傳》二作毗羅那拏,案那誤,應作删。《西域記》四:"毗羅删拏國,周二千餘里。國大都城周十餘里。"康寧翰比定其都城即今艾塔縣的比爾沙爾地方,似猶待考定。東南《慈恩傳》二作東行,似夺一南字。**二百餘里至刼比他國，**其地經康寧翰考定，比耳、藤田豐八等均一致認爲在今印度北方邦 Jumna 河與 Gangen 河之間法魯迦巴德的桑基薩地方，地處曲女城西北，秣菟羅的東面。今已證實，桑基薩、巴桑萃波爾爲鄉村，距東印鐵路錫柯哈巴德到法魯格巴德線上的波卡那車站五英里。遺址有阿輸迦石柱和崇拜龍神的廟宇。**觀禮釋迦牟尼上天爲其母摩耶（摩訶摩耶）**晉譯《華嚴經》《水經注》作妙后，《增一阿含經》云母名極清妙，齊曇景譯《摩耶經》作妙姿。《水經注》一："恒水又逕波麗國，即是佛外祖國也。"又見《御覽》七九七所引。Britannica《百科辭典》謂摩耶乃 Koli 國公主，其國在古迦羅衛國東十一英里。（參見岑仲勉《水經注》卷一箋校，載《中外史地理考證》上冊頁 258—589）**説法的"三寶階"**關於三寶階的建築裝飾諸書記載各異。竺法護譯《佛昇忉利天爲母說法經》作中央閻浮檀金，左瑠璃，右瑪瑙；《法顯傳》作中道七寶，右邊白銀階，左邊紫金階；《西域記》作中階與左階水精，右銀階；慧超《傳》作中吠琉璃，左金右銀。**宗教傳說遺跡。**此傳說出自《增一阿含經》二八、唐義净譯《根本說一切有部毗奈耶雜事》二九，又見宋寶雲譯《佛本行經》五、元魏吉迦夜與曇曜譯《雜寶藏經》一、《摩訶摩耶經》上、《佛昇忉利天爲母說法經》等。**並從此東南行二百里**《慈恩傳》二作從此西北行，似誤，茲據《西域記》。**抵達當時稱霸五印度的普西亞布蒂王朝戒日王直接統治的羯若鞠闍國。**案國都恒河西岸曲女城，即今印度北方邦的卡諾吉，位于恒河與卡里河合流處，現屬法魯卡巴德地區。北緯27度02分，東經79度56分。其傳說最早見于《薄伽梵往世書》。據考古發掘，古城遺址在今市的北部，恒河西南岸，長約三哩，廣約一哩，與玄奘記載大致相合。古城八十四個堡壘，今猶有二十五個遺跡，依稀殘存。《西域記》五詳載普西亞布蒂王朝的歷史與戒日王的事跡以及曲女城從舊名拘蘇磨補羅（原注唐言華宮）到今名的神話傳說。玄奘抵曲女城時，正值戒日王的全盛時期。**玄奘在跋達羅毗訶羅寺住三月，從毗離耶犀那三藏就學佛使《毗婆沙》和日胄《毗婆沙》，並旅行到恒河東岸的納縛提婆矩羅城（天寺）。**今卡諾吉東南三十五公里的般迦爾冒以北的勒瓦爾，其建築詳見《西域記》五。**玄奘學訖，東南行六百餘里渡恒河，南經阿踰陀國。**即難勝城，玄應《音義》作不可戰勝國，為印度佛教徒的七大聖地之一。據《羅摩衍那》為憍薩羅國的故都。案阿踰陀國都城的所在今地，諸家說不一，福那氏據考古、發掘的調查研究，旁證玄奘的行程記載，認為即今法特浦爾地方。都城即其東南二十九哩的阿普依，似猶待作進一步的考定。**巡禮大乘佛教瑜伽行宗（有宗）理論的主要建設者無著、世親的遺跡，**案大乘有宗產生甚晚，大概最初的論師即彌勒（不是所謂釋迦轉世的彌勒佛），約為公元三、四世紀時阿踰陀國人。詳參見 L. Latourrtte《彌勒論》。無著生於健馱羅婆羅門家庭，有兄弟三人，弟世親、比犀持跋婆。無著幼修學化地部，又從賓頭羅研小乘佛學，均不滿意，乃至阿瑜陀國從彌勒學，此即《慈恩傳》《西域記》渲染神化的所謂于慈氏（彌勒）菩薩所傳承彌勒的五部大論，並到處遊化宣揚有宗理論。生平論著頗多，主要的有《攝大乘論》《顯揚聖教論》《大乘阿毗達磨雜集論》等（以上玄奘均有譯本），後在憍賞彌國逝世，先世親二十五年卒。世親先在有部出家，後在本國講《毗婆沙論》，用經部的學說批判有部著《阿毗達磨俱舍論》（俱舍學派所據論典），又在健馱羅受教於如意（末笈曷剌他）論師，後至阿踰陀國從兄無著學，遂舍小乘而歸於大乘，遊化傳教，據說曾作大乘論百部，主要的有《唯識二十論》《唯識三十論頌》《大乘百法明門論》《大乘五蘊論》《佛性論》《辨中邊論》《中邊分別論》以及《十地》《法華》《涅槃》《金剛般若經》《無量壽經》《遺教經》《轉法輪》等經的疏釋，弟子甚衆，有宗的學説至此才正式形成。關於無著、世親的生平傳聞詳參見《西域記》二、五及《婆藪槃豆菩薩傳》《付法藏傳》六、《唯識樞要》上、《俱舍·光記》一、《百論疏》一、《唯識述記》一等。當代 J. Franwallrrer 的《佛教論師世親的年代及其成就》論述頗詳。**和釋迦行化的遺跡。玄奘從此順恒河東下，中途遇險，以鎮定機智，才得死裏逃生。**案玄奘在羯若鞠闍學三月，大約在八月啓程，故途中遇險，正當秋中祭天之時。玄奘所遇十餘賊船當爲信奉難近母（Durga）的印度教徒，每年須覓一形體健美的人殺以祭神。又案玄奘遇險係自羯若鞠闍國順殑伽河東下至阿耶穆佉國的途中，而《續傳》載玄奘遇險經於四國，則自羯若鞠闍國經四國已過阿踰陀國、阿耶穆佉國、鉢羅耶伽國、憍賞彌國了，《續傳》記載顯誤。**脱險後，又向東航行三百餘渡恒河經阿耶穆佉國，**案此國的確切地望，猶待考定，只能大體上推定，似在今印度北方邦 Ayodhya 東南的 Azengarh，其都城舊址當在恒河北岸，今阿拉哈巴德西北三十哩的 Dauudia Khera 地方。**東南行七百餘里，再渡恒河南、閻牟那河北，至鉢邏耶伽國，**都城在今印度北方邦恒河與朱木拿河匯合處的阿拉哈巴德。爲印度著名的"聖地"，見《摩訶婆羅多》《鳩摩羅往世書》《蓮花往世書》等古籍。**參觀戒日王每五年舉行一次"無遮大會"的"大施場"與"佛昔降外道處"，以及提婆（聖天）。**師子國（斯里蘭卡）人，龍樹弟子，發揚師説，著作甚多，爲大乘佛教中觀宗的主要理論家。著作今存《百論》（前半部分有漢語譯本，今存）、

《四百論》(藏語譯本全，漢語譯本現僅存後半部份)《百論》與《中論》《十二門論》爲三論學派所據的主要論典。提婆生平及其神話傳說詳見《西域記》五、《付法藏傳》《百論》等。作《廣百論》挫小乘"外道"等遺跡。詳《西域記》五。從此西南入大林，多逢惡獸野象，經五百餘里至憍賞彌國，爲印度古代十六大國之一，其地望由于《西域記》《慈恩傳》和《法顯傳》關於此國記載的矛盾，因而引起學者間的衆說不一。近年來，印度考古學家夏爾瑪在據康寧翰的考證北方邦閻牟那河畔的柯桑村進一步發掘的結果，確證該地即古代的憍賞彌。詳見 G. R. Sharma: *Excavations at Kauśambi,* 1957—1959。參觀佛教遺跡。東北行《西域記》作北行，案以地望行蹤考之當以《慈恩傳》作東北行爲當。五百餘里至鞞索迦國，其地望諸說不一，聖馬丁認爲其地今畢塞浦爾；史密斯則作今悉多浦爾南二十哩的尼姆卡爾地方；又一說在克諾吉東約八十里的 Biswaan 地方；一說在 Oudh 南約五六十里。康寧翰考定即今阿卓地亞或奧德 Oude 地方。足立喜六認爲"關於此國，自來多比擬爲今 Ajodhyā 地，然法顯與玄奘所記之里程，似各有錯誤。……然其爲以 Ajodhyā 爲中心，包括屬饒夷東南，舍衛城(拘薩羅羅國)南部之大國則可知之。"茲從足立喜六之說。觀禮佛教遺跡。東北行五百餘里至室羅伐悉底國，爲印度古代十六大國之一，玄奘爲使其與南印度拘薩羅國有別起見，乃用拘薩羅國都城舍衛城的梵名譯作室羅伐悉底。至于其他作拘薩羅則從 Kosola 的梵語音譯。康寧翰比定其地爲拉普提河南岸的沙赫特和馬赫特二村，近年來考古發掘已獲得結論，則其國境當在今印度北方邦 Gogra 與 Gandak 兩河之間。都城舍衛城《大智度論》作舍婆提，漢譯豐德城，現名舍赫特·摩赫特，爲公元前六世紀憍薩羅的首都，位於阿棲羅瓦底河上，今北方邦離貢達縣的巴拉浦鎮七英里。舍衛城是佛教的聖地之一，遺跡甚多，據《印度佛教聖蹟》的記載其遺址範圍相當大，灌木叢生，現尚未完全發掘。**巡禮釋迦牟尼生前説法行道的遺蹟。**詳見《西域記》六，兹據《慈恩傳》略作詮解。《慈恩傳》三：城内有王殿故基，上建窣堵波，勝軍王（案鉢邏犀那恃多，漢譯勝軍王，或勝光王，相傳是與釋迦牟尼同時的拘薩羅國王，後爲其子惡生太子所反對，病死于霍亂，詳見《西域記》六及《仁王經》上、《毗奈耶雜事》《勝鬘經》上等）爲佛造大講堂處。次復有塔，是佛姨母鉢羅闍鉢底（大愛道，亦云憍曇彌，據説死於公元前四八七年。其傳説出鳩摩羅什譯《大莊嚴論經》十四、《增一阿含經》五十、西晉白法祖譯《佛母般若泥洹經》《大愛道般若泥洹經》一以及《釋迦傳》二、《法華文句》《法華玄贊》等）比丘尼精舍。次東有塔，是蘇達多（善施，舍衛城人，皈依佛法，因好"布施"時人稱爲給孤獨長者，據説公元前五二六年曾購買祇陀太子的園林，名祇樹給孤獨園，建祇洹精舍以奉佛）故宅，宅側有大窣堵波，是鴦窶利摩羅（原注舊曰央堀摩羅，訛也。漢譯指鬘，傳説是與釋迦牟尼同時代舍衛城的所謂凶惡人，"殺人取指，冠首爲鬘"並欲殺害其母，據云公元前 510 年爲釋迦牟尼所化度，皈依佛教，得羅漢果，詳見西晉法矩譯《鴦崛髻經》一、西晉竺法獲譯《鴦掘摩羅經》《增一阿含經》三一《賢愚因緣經》八、後秦僧數譯《出曜經》十八《雜阿含經》三八、符秦僧伽跋澄譯《僧伽羅刹所集經》下，以及《經律異相》十七等）捨邪之處。城南五六里有逝多林，漢譯勝林，蘇達多建以奉佛，釋迦與其弟子常居此説教。詳見《根本説一切有部毗奈耶破僧事》八《賢愚經》十、《經律異相》三、《涅槃經》二九以及《釋迦譜》三等。（近代印度考古發掘的結果，已知 Saheth 爲逝多林的遺址，僧房的構造，僧房的布置均可彷彿想見當時情景。）即給孤獨園也。昔爲伽藍，今已頹毀（其興廢事見《法苑珠林》三九）。東門左右各建石柱，高七十餘尺，無憂王所立。諸屋並盡，獨一甎室在，中有金像。昔佛昇天爲母説法，勝軍王心生戀慕，聞出愛王刻檀爲像因造此也（詳前）。伽藍後不遠是外道梵志殺婦謗佛處（詳見《孫陀利宿緣經》《經律異相》四十等）。伽藍東百餘步有大深坑，是提婆達多（舊譯調婆達多，故略爲調達，漢譯天授，阿難之兄，釋迦從弟。幼年與釋迦牟尼有仇嫌，後反對佛教，因而佛教徒謗他所謂"生身入地獄"，詳見《增一阿含經》四十七、《大智度論》四十等）以毒藥害佛生身入地獄處。其南復有大坑，瞿伽梨比丘謗佛生身入地獄處。坑南八百餘步，是戰遮婆羅門女謗佛生身入地獄處（詳見《增一阿含經》《僧伽羅刹所集經》《佛本行經》《經律異相》等）。凡此三坑，窺不見底。伽藍東七十餘步有精舍，伽藍高大，中有佛像東面坐，如來昔共外道論處。次東有天祠、量等精舍……次東三四里有窣堵波，是舍利子與外道論議處。大城西北六十餘里……城南是佛成正覺已初見父處。城北有塔，塔有迦葉波佛（漢譯飲光，是佛教所謂"過去三佛"之一）全身舍利，並無憂王所立。**從此東南行八百餘里**《續傳》作東行將七百里，**至釋迦牟尼的故鄉——刧比羅伐窣堵國**，刧比羅伐窣堵國爲古代憍薩羅的附屬國，位於喜馬拉雅山南麓的尼泊爾境内，今巴達利亞地方。據《印度佛教聖蹟》今印度北方邦的阿羅格爾小土邦部族尚自稱爲釋迦族的後裔。1898 年考古學家在巴達利亞發現遺址和所謂真正的佛舍利，今從奥·底鐵路，"薩哈羅甘吉"車站可直達其地。**參觀釋迦誕生地藍毗尼園** 1896 年發現遺址，業經康寧翰證實，其地在今尼泊爾國境 Rapti 河上游，今稱魯明台，屬于尼泊爾的巴拉瓦區，距離印度北方邦的小鎮塔加爾二十一英里，亦即 Uska Bazar 東北約二十哩地方，位於白塔瓦爾州塔賴地方 Padria 村之北。發現的阿瑜迦王石柱現高 13.6 英尺，婆羅哈彌字體鎸刻着"天祐慈祥王登位二十年來親自來到此地朝拜"等詞句。尼泊爾政府在旁邊修建了兩座現代化的塔，並石刻着佛誕生圖。石柱附近有石刻、畫佛降生圖，近來發掘一長方形寺院遺址。(見瓦里醒哈《印度佛教史蹟》)和釋迦的種種神化遺蹟。釋迦牟尼的所謂八相成道的故事，及其生平傳說，約有下列資料：北凉曇無讖譯《佛所行讚》五卷、西晉竺法護譯《佛說普曜經》八卷、竺大力、康孟祥共譯《修行本起經》二卷、曇景、孟康共譯《中本起經》二卷、吳支謙譯《佛說太子瑞應本起經》二卷、聶道真譯《異出菩薩本起經》一卷、宋求那跋陀羅譯《過去現在因果經》四卷、竺法護譯《慧上菩薩問大善權經》二卷、東晉迦留陀迦譯《佛說十二遊經》一卷、寶云譯《佛本行經》七卷、隋闍那崛多譯《佛本行集經》六十卷、宋慧訥譯《菩薩本生鬘論》十六卷、後魏慧覺等譯《賢愚經》十三卷、唐義淨譯《佛說譬喻經》二卷、元魏吉迦夜共曇曜譯《雜寶藏經》十卷、後秦佛陀耶舍、竺佛念譯《遊行經》一卷、西晉白法祖譯《佛般泥洹經》二卷、東晉法顯譯《大般涅槃經》三卷、鳩摩羅什譯《佛垂般涅槃略說教誡經》一卷、失譯《般泥洹經》二卷，此外散見於姚秦佛陀耶舍等譯《四分律》第三十一至三十三卷、東晉覺賢與法顯譯《摩訶僧祇律》第二十三卷、宋佛陀什、竺道生譯《五分律》十五至十六卷、義淨譯《根本說一切有部毗奈耶雜事》第三十六卷、蕭齊僧伽跋陀羅譯《善見律毗婆沙》第一卷（以上印度）。梁僧祐《釋迦譜》五卷、隋《房錄》第一卷、《釋迦方誌》二卷、《統記》一至四卷、宋祖琇《隆興編年通論》第一卷、宋本覺《釋氏通鑑》第一卷、《通載》第四卷、《稽古略》第一卷等（以上我國）。從此東行荒林二百餘里，《慈恩傳》三作五百餘里。案《法顯傳》"從佛生處東行五由延，有國名藍莫"，據足立喜六、白鳥庫吉的考證，一由延約爲唐里三十一里餘，則以《西域記》所云爲當。經藍摩國，關於此國的地望，學者說亦不一，大致在拉姆浦爾和德奧里亞地方。巡視阿育王所建

~151~

舍利塔，和沙彌伽藍傳記詳見《西域記》六、《慈恩傳》《法顯傳》等略同。以及釋迦踰城出亡解下瓔珞服飾、犍陟（白馬）遣車匿歸報父王等宗教遺蹟。又經歷路途艱險的大森林至拘尸那揭羅國。其地說各不一，今據威爾遜、康寧翰之說在今 Gandak 河上游的 Pannar 東北，印度與尼泊爾交界處，即距印度北方邦廓拉克浦爾縣東三十五哩的迦西亞；今在迦西亞地方的維尸納堡村，考古學者已在此地發掘兩座古寺遺址以及佛涅槃像與其他遺物。至於拘尸那揭羅國的位置，近代學者據《法顯傳》《西域記》《慧超傳》《吳船錄》等記載參以佛典之說，其國應在希連禪河的上游。釋迦逝世所在地，據《印度佛教聖蹟》當在 Kasia 以上一英里今 Matha Kunwar（義爲死王子）地方，十九世紀葛萊勒在此地發現釋迦涅槃石像，今置臥佛寺，印度政府已確定此地爲佛教六大聖地之一，供人朝拜遊覽。朝拜釋迦"涅槃"的遺址。《慈恩傳》三："城西北三四里，渡阿恃多伐底河（原注此言無勝，舊曰阿利跋提河，訛也。即《法顯傳》的希連河，《大唐西域求法高僧傳》的金河，今 Rapti 河）。河側不遠至娑羅林（義爲堅固，又有作娑羅雙樹或鶴林的）。有樹似槲而皮青葉白，甚光潤，四雙齊高，即如來涅槃處也。有大甎精舍，內有如來涅槃之像，北首而臥。傍有大窣堵波高二百餘尺，無憂王所造，又立石柱記佛涅槃事。"釋迦逝世情狀詳見《大涅槃經》四十、《長阿含經》四、《大般泥洹經》《根本說一切有部毗奈耶雜事》三八等。釋迦生卒年代衆說紛紜，不具引。茲據《房錄》十一引《衆聖點記》作公元前 486 年，壽八十。案玄奘雖進入尼泊爾國境，但是否到過加德滿都谷地，現尚未有定論，如以玄奘的行程與時間來推測，似未進入，茲從瓦特斯與雷格米（D. R. Regmi，見 *Ancient Nepal*, 1960, Calcutta）之說。《西域記》七載尼波羅國，疑爲傳聞筆錄，那麼玄奘也是第一個記錄尼泊爾風土的人了。從此在森林中經行七百餘里《慈恩傳》三作五百餘里，《西域記》同，《續傳》作七百餘里，以今從 Kasia 到 Banares 約爲一百五十哩，約當七百唐里。足立喜六《法顯傳考證》頁 170 謂"故拘尸那揭羅至婆羅痆斯間，可視爲七百里"。考《西域記》六云："拘尸那揭羅國……行二百餘里，至大邑聚……復大林中行五百餘里至婆羅痆斯國"，前後共計七百里，似以《續傳》所敍最當。**抵婆羅痆斯國**，一作波羅奈城、或波羅、或槃奈國、或婆羅那斯。因城在恒河畔故譯義江繞。《西域記》七："婆羅痆斯國周四千餘里，國大都城西臨殑伽河，長十八九里，廣五六里。"今印度北方邦貝拿勒斯。**渡婆羅痆斯河，東北行十餘里至釋迦"初轉法輪"的鹿野苑。**苑，一名仙人鹿野苑，又有仙人住處、仙人鹿園、仙園、鹿園等異名，今名莎羅那特，在貝拿勒斯北五英里的穆耳甘迪柯寺。宗教傳說參見《方廣大莊嚴經》十一、《增一阿含經》十四、《佛所行讚》三、《普曜經》七、《太子瑞應本起經》上、《出曜經》十四，又同本異譯的《六度集經》十六、《大毗婆沙論》一八三、《智度論》十七、《四分律》三二以及《西域記》七、《緬甸佛傳》、T. W. Rhys Davids-Bubdhism 等。《慈恩傳》三："鹿野伽藍，臺觀連雲，長廊四合。僧徒一千五百人，學小乘正量部（佛教小乘十八部之一，據說在釋迦逝世三百年從犢子部分裂成四部中的第三部。其義爲'刊定是非名爲量，量無邪謬爲正'，詳見《宗輪論述記》）。大院內有精舍，高百餘尺，石階甎龕，層級百數，皆隱起黃金佛像。室中有鍮石佛像，量等如來身，作轉法輪狀。精舍東南（《西域記》作西）有石窣堵波，無憂王所建，高百餘尺。前有石柱，高七十餘尺，是佛初轉法輪處。其側有梅怛麗（原注此言慈氏。舊曰彌勒，訛也），菩薩受記處……又度憍陳如等五人處"。憍陳如（拘驎）、頞鞞（馬勝）、跋提（小賢）、十力迦葉（走氣）、摩訶男拘利（摩訶男）五人，據說是釋迦成道後最初說化度的五個弟子。初轉法輪處，1834 年康寧翰開始作有系統的發掘，阿育王所建立的莊嚴華美的獅子石柱頂約高七英尺，今尚保存，石柱刻文已毀。（參見 A. Cunnigham《阿育王的刻文》，*Inseriptions of Asoka*, 1877，與 E. Hultzsch《阿育王碑文》，*Inseriptions of Asoka*, 1925。）此即玄奘所記載的"高七十餘尺，石含玉潤，鑒照映徹"和慧超所記載的"上有師子，彼幢極麗"的石柱，今印度國徽便取于此。**順恒河東行三百餘里經戰主國**今印度北方邦格齊普爾。**轉向東北，再渡恒河行一百四五十里到吠舍釐國**，有毗舍離、維邪離、維耶、毗舍利、毗耶離、薛舍離等異譯。漢語譯義爲廣嚴城。吠舍釐爲釋迦在世時中印十六大國之一，至玄奘時毀敗已久。其國境居恒河之北，南鄰摩揭陀，今印度比哈爾邦北部 Muzaffarpur 區，位于巴特那之北 Gandak 河東岸的巴莎爾（Basarh）地方，經近代考古發掘的證實，當地尚有廢壘一所，名 Raja Viśāl Kāgarh，傳說是吠舍釐王的故壘。**遊覽釋迦行化的宗教遺跡，以及耶舍等七百佛教徒重勘律典舉行第二次結集的遺跡。**《西域記》七："城東南行十四五里至大窣堵波，是七百賢聖重結集處。"案第二次結集據《毗尼母經》四《善見律》一《四分律》五四、錫蘭《島史》《緬甸佛傳》等作佛滅后一百年；據《西域記》七及《十誦律》五六、六十、《說一切有部毗奈耶雜事》四十等作佛滅後一百十年。**南沿恒河百餘里到濕吠多補羅城，得《菩薩藏經》。**

　　玄奘從此南渡恒河，《西域記》七作從此東北行五百餘里至弗栗恃國（注北人謂三伐恃國，北印度境），似未爲玄奘所經，故《慈恩傳》不載，茲據《慈恩傳》。**到達印度歷史上著名的古國——摩揭陀**《西域記》八："摩揭陀國周五千餘里。"其國境大體相當于今印度比哈爾邦的巴特那和伽耶地方。釋迦牟尼一生中大部分時間在摩揭陀國度過。他逝世後，佛教徒的四次結集中，第一次和第四次結集均在此國內舉行，有關釋迦牟尼的行跡大都在王舍城附近地區，故佛教徒視摩揭陀爲其"聖地"。《西域記》八、九詳載其國的歷史傳說。**的波吒釐子。**今巴特那西北至訂那浦爾的中途，業經近代的考古發掘所證實。摩揭陀孔雀王朝沙羅王之子阿育王因防御恒河北岸弗栗恃族的侵入，自王舍城遷都至此。見《西域記》八、《阿育王傳》一、《智度論》三等。麥克臨陀《麥伽賽因斯所描寫的古代印度》說："華氏城是印度最大的都市，長九哩半，寬一又四分之三哩。城的周圍有一道寬闊的壕溝，護城牆有五百七十座城樓和六十四座城門。"可是到玄奘旅行時僅"殑伽河南有故城，周七十餘里，荒蕪雖久，基址尚在"（《西域記》八）了。其地爲佛教聖地之一，釋迦死後二百年左右由目犍連子帝須所領導的一千名佛教徒即在此鷄園寺舉行第三次結集，刊定三藏（參見《善見律毗婆沙》二、《島史》《部執異論疏》等）。其遺址在今印度比哈爾邦的巴特那郊區。據趙樸初先生云："八納郊區孔伯拉爾地方掘得阿育王時建築，石柱長二十尺，細滑如脂，有柱礎百，礎後有平台甚寬廣，高二尺，必爲當日之大會堂無礙也。十餘步外，有屋址、浴室、起坐更衣室，皆顯然可辨。近處又有方形屋址，有磚砌佛座及供几，並掘得佛像，發掘工程仍在繼續中，錫蘭駐印高級專員謂余，此地當是阿育王結集三藏處。"（《現代佛學》1956 年 6 期，《印度紀行雜事詩選》附註）**停留七日，巡禮聖蹟。《慈恩傳》三。又西南行六七由旬至底羅磔加寺，**其地據康寧翰的實測比定爲那爛陀西二十一英里的 Tilana。**又南行百餘里，《慈恩傳》三。《續傳》**作從華氏城西南四百餘里至伽耶，又六里至伽耶山，其西南即成道處。《西域記》八作："從華氏城西南隅二百餘里有伽藍餘址。……故伽藍西南行百餘里至鞮羅釋迦伽藍，……西南九十餘里，至大山……山西北三十餘里……至德慧伽藍，二十餘里至正覺山，再西南行十四五里至菩提樹。"案今印度自巴特那至佛陀伽耶約一百十餘公里，其里程與《西域記》《續傳》所記大致相同。**觀禮釋迦"成道"處的菩提樹**佛成道處今稱爲佛陀伽耶距伽耶城約六英里，今又名摩訶菩提。案菩提樹爲孟加拉王沙桑加所所伐，後又在原根上新生樹苗，一八七〇年康寧翰修繕摩訶菩提寺時老樹毀圮，他切下一根枝，栽于原地，現高約一百公尺。**與金剛座。"時逢衆僧解夏，遠近軸湊數千人。""停八、九日，禮拜方遍。"《慈恩傳》三。**

　　約在十月初，案玄奘初抵那爛陀寺的時間，據《慈恩傳》在祿勤那國住一冬半春，當在本年春初起程，到秣底補羅歷半春一夏，當在夏季去羯若鞠闍國，住三月，已在八月左右，在恒河流域各地巡禮佛教遺跡約需時一月餘，已屆九月中旬，這與玄奘參觀菩提樹時"時逢衆僧解夏"（當在九月十五日以後），可相互印證，時間上亦吻合。梁啓超謂："案那爛陀爲奘師遊學之目的地，戒賢爲其傳法本師，故此行應以抵那爛陀爲一結束。《行狀》記戒賢問師'汝在路幾年'？答曰'過三年向欲四年'（本書作答云'三年'，蓋舉成數耳）。然則抵那爛陀寺當在本年秋冬間也。"（《佛學研究十八篇》下冊頁67）梁說是。《劉譜》作貞觀四年歲暮，似誤。又案《續傳》載玄奘到摩揭陀國"停止安居，迄于解坐"。然後觀禮鷄足山等地再往阿爛陀。查玄奘在向阿耶穆國途中遇險，《慈恩傳》三明載"彼羣賊素事突伽神，每於秋中覓一人質，狀端美，殺取肉血用以祠之，以祈嘉福"。既遇險，怎麼能在菩提寺坐夏呢？又怎麼能在禮菩提樹時"時逢衆僧解夏"呢？《續傳》記載顯誤。《續傳》又云"時有大乘居士爲奘開釋《瑜伽論》。據《慈恩傳》玄奘從勝軍居士問《瑜伽》、因明等疑是在聽戒賢《瑜伽》等論之後，道宣誤記于將至菩提寺之時"。印度當時最高學府那爛陀寺遺址在今印度比哈爾邦巴特那以東五十五英里處的巴羅貢村。僧眾聞玄奘已抵金剛座，特遣四位長老《慈恩傳》三"至第十日，那爛寺眾差四大德來迎"。《續傳》《行狀》作四十大德。前往迎接，到達寺莊。《續傳》："莊即目蓮之本村也。""更有二百餘僧與千餘檀越將幢蓋、華香復來迎引，讚嘆圍繞入那爛陀。"《慈恩傳》三。

那爛陀，據玄奘的解釋，其來源有二：一指此僧伽藍南面森林中有一大池，池中有龍名阿爛陀，建伽藍時因取以爲名；二認爲那爛陀的本義爲"施無厭"。也有人認爲"那爛"與"那拉"音近。那拉係蓮花名稱之一，而蓮花又是智慧的象徵，故"那爛陀"有"給予智慧"地方之義。在公元前六世紀的《儀軌經》曾提到它，但那爛陀寺的興建沿革，"沒有人知道它在什麼時候開始工作的，阿育王時代並沒有它的記載"（尼赫魯《印度的發現》頁 158）。《西域記》九謂："其地本菴没羅園，五百商人以十億金錢買以施佛，……此國先王鑠迦羅阿迭多（帝日）……建此伽藍。……其子佛陀毱多王（覺護）……次此之南，又建伽藍。呾他揭多毱多王（如來）……次此之東，又建伽藍。婆羅阿迭多（幼日）……次此東北，又建伽藍……伐闍羅（金剛）……復于此西，建立伽藍。其後中印度王，此北復建大伽藍。於是周垣峻峙，同爲一門，既歷代君王繼世興建，窮諸剞劂，誠壯觀也。"而西藏他拉那塔《印度佛教史》則謂始創于阿育王時，龍樹、提婆並在此學業、講法。惟法顯于四〇四年至王舍城時，《法顯傳》並無那爛陀寺的記録，只提到那羅聚落，即就自一九一五年發掘那爛陀寺遺址以來，就出土的銘文、印章等遺物看來，並無五世紀之前的記載。因此學者多認爲那爛陀寺建立于五世紀以後，即使在五世紀之前已經興建，其規模必甚小，故不爲人所注意。至五世紀中葉笈多王朝鳩摩羅笈多一世（四一五年繼位，四五五年卒）始經營擴大，以後帝王大都崇信佛教，陸續有所擴展。（參見《印度佛教聖蹟》頁 47）又潘尼迦謂："有一座銘刻上説：'為了能够使蓋拉莎山減色，婆羅迭多王在那爛陀地方建立了一座輝煌出衆的廟宇，獻給净飯王偉大的兒子（釋迦牟尼佛）。'這就是不久就成為國際聞名的偉大的大學。這所大學得到他的繼承者的大量資助款項，在第六世紀時極其興盛繁榮。聖哲安慧在第六世紀中葉時任校長職，在他主持之下，這所大學聲名大著。在這一世紀後半期，光輝地任校長職的護法，同樣是一位卓越的學者。事實上，我們很有理由説，從婆藪盤豆（世親）（公元四八〇年）到第七世紀的戒賢的時期是那爛陀的黄金時代。"（《印度簡史》中釋本，第九章頁 95）凡此均與《西域記》九所載"歷代君王，繼世興建"相符合。義净于六七四年（唐高宗上元元年）留學那爛陀寺時，盛況略如玄奘時，《寄歸傳》與《求法高僧傳》並有所載。此後在八至十二世紀巴拉王朝統治東印度時雖亦維護那爛陀寺（據德瓦巴德［815—854］的銅板刻文，就有以羅吉格爾地區五個村莊獻與那爛陀寺的記載），但在突厥的伊斯蘭教王穆罕默德‧基爾吉征服摩揭陀國時——一九七至一二〇三年（宋寧宗慶元三年至嘉泰三年）的兵燹，寺院夷為平地，一切經像圖籍、法物等蕩然無存。據西藏的傳説，自經這次兵燹後那爛陀寺又曾經重建過，而不久又遭到徹底破壞，從此埋没在荒原蔓草中，直到一八六一年根據《大唐西域記》所指的方向才找到那爛陀寺遺址，後來從一九一五年到一九三六年印度的歷史、考古學者從事發掘，并在遺址旁邊建立"巴利文和佛教研究所"，但規模與性質已無從和以前的那爛陀寺相比擬了。（參見 A. Ghosh《那爛陀簡介》，一九三九年出版。）在那爛陀寺附近有一座"中華寺"，由中國僧人管理。一九五七年在附近修建玄奘紀念堂，一九五七年一月，"中國政府捐贈印度三十萬元，作為在這裏建築玄奘紀念堂的費用，并且提供了這個紀念堂的設計圖。"（見一九五七年一月新華社北京二十三日電——加爾各答航訊。一九五七年一月二十四日《文匯報》。）

　　玄奘以隆重的禮節進謁戒賢法師。案戒賢梵名尸羅跋陀羅，生平已無從詳考，一說初來自印度東部地區，可能是阿薩密。原為婆羅門教徒，後改信佛教（潘尼迦《印度簡史》頁 103）。他繼承護法之學，窮《瑜迦》五分之奧，主持那爛陀寺，為戒日王時大乘佛教有宗的權威學者。其著作今亦無考，惟散見于《佛地經論》中，今尚存于德格版《丹珠爾》234—273。關于戒賢的年歲，玄奘參謁時《續傳》作一百六歲（《通載》《雙樹幻抄》同）、《行狀》作一百六十歲，目前尚無從考信。那爛陀寺以極優厚的待遇，禮事玄奘。

　　玄奘於那爛陀寺安置後，即向王舍城觀禮佛教遺跡。王舍城，梵名矩奢揭羅補羅城，地處摩揭陀國之中，為其國故都，古稱吉利巴貫和亘蘇摩帝，一名上茅城，今印度巴哈爾邦 Behar 西南約四十華里地方，今名 Rājgir，為一羣山環繞的小村，遺址現已為廢墟，有比哈爾邦的輕便鐵道經過。

　　由宮城東北行十四五里至釋迦常住說法的姞栗陀羅矩吒山，釋氏《西域記》謂在王舍城東北，與《西域記》同。其地在舊王舍城北門外，約二英里。也是五山環繞王舍城中的最高一座。《慈恩傳》三："其山連岡北嶺，隆崛特高，形如鷲鳥，又狀高台，故取為稱，泉石清奇，林樹森鬱，如來在世多居此山，說《法華》《大般若》等無量眾經。"據約翰·馬歇爾的發現考證，今負重山東面去印度教寺的一條小路右邊有一座奇怪的石建築，為巴利語典籍中的畢波羅山房現名貫羅桑陀克拜達克，面積達六八八五平方英尺，高二十二至二十八英尺。**從靈鷲山下參觀迦蘭陀竹園。**即迦陵竹園、竹林精舍。原係迦蘭陀長者的園林。迦蘭陀先以此園施與尼犍外道，後信奉佛教而為僧園。詳見《西域記》九、《中本起經》上、《因果經》四、《十誦律》三八等。竹園地處靈鷲山之西，在今舊王舍城遺址北門外與新王城遺址之間。學者認爲其附近的毗布羅山西南的薩達羅溫泉一百五十碼以外有一個坵坡即是竹園遺址，附近有個池塘即爲玄奘所說的迦蘭陀池塘，但無確證。**西南行五六里到釋迦逝世後，迦葉和阿難等五百佛教徒、上座部第一次結集佛教經典的大石室。**大石室即薩多般那求訶窟，漢譯結集靈地，《長阿含經》八《雜阿含經》三九《摩訶僧祇律》三十二等作刹帝窟，《法顯傳》訛略爲東帝石室，又名七葉窟。據約翰·馬歇爾與烏勒爾·斯丁的研究認爲在負重山盆地右邊山坡上，今在窟外已發現碑文。關于第一次結集，參見《善見律毗婆沙》一、《阿育王傳》三、《福蓋正行所集經》三、《佛般泥洹經》下、《付法藏傳》一《根本說一切有部毗奈耶雜事》三九、四十《大智度論》二、《毗尼母經》三、《阿育王經》六、《十誦律》六十以及《西域記》九、《島史》《大史》《西藏佛教及原始僧伽的歷史》《緬甸佛傳》等。近代 J. Przyluski《王舍城結集》敍述頗詳。**從此西行二十里到大衆部結集之處，又東北三四里到曷羅闍姞利呬多**《西域記》無"多"字，案《西域記》是。**城**考其名初見于漢末康孟祥譯《興起行經》，《增一阿含經》十一"音義"："羅閱城，梵語具名羅閱祇伽羅，此云王舍城。"據玄應《音義》三"羅閱義是料理，以王代之，謂能料理人民也。揭梨醯此云舍中，總名王舍城，在摩伽陀國中城名也。"案此爲王舍新城，關于頻毗沙羅王從上茅宮（王舍舊城）遷此的緣由，詳《西域記》九，其地在今比哈爾邦西南約十六英里的羅吉格爾地方，現已淪爲廢墟，係比哈爾邦輕便鐵道的終點。遺址即在鐵路附近。**參觀釋迦"行化"的遺跡。又東行三十餘里至因陀羅勢羅寠訶山**一作因陀羅求訶，《法華文句》

一上："因陀羅世求訶，此云蛇神山"一名帝釋窟，爲環繞王舍城的五山之一，今地康寧翰比定爲王舍城東六英里的吉里也克山。參觀亘婆窣堵波，《慈恩傳》三作僧娑，案即雁塔，其傳說詳《西域記》九《慈恩傳》三略同。玄奘返國後于六二五年在長安建造雁塔，即用這一宗教故事。

玄奘巡禮完畢，回返那爛陀寺，當已歲盡。

有關人物與大事

與玄奘論議翻譯《老子》爲梵文的道士成玄英字子實，陝州（治陝城，今河南三門峽市）人，早年隱居東海（治朐山，今江蘇東海），貞觀五年，召至京師。永徽中，流郁州。成玄英著有《注老子道德經》二卷，又《開題序決義疏》七卷，《注莊子》三十卷、《疏》十二卷。《新書》五九、《藝文志》著錄其《老子注》《莊子注》餘已散佚。《莊子疏》收入《道藏·洞神部·玉訣類》。清郭慶潘撰《莊子集釋》曾收錄《成疏》全文。《老子義疏》久佚，蒙文通先生于《道藏》唐人著述中輯成全本（蒙先生輯校理經過見《圖書集刊》第七期《校理老子成玄英疏敍錄》）。其學說以主靜去欲爲主。召至長安。《新書·藝文志》。

靜琬鐫刻《大涅槃經》石經告成。

禪宗牛頭系法融弟子曇璀生。《宋僧傳》八。

隋代習禪名僧僧邕俗姓郭，太原介休（山西太原市）人，僧稠弟子，與信行爲伍，係一三階教徒，開皇九年召入長安。卒于化度寺，年八十九。勅左庶子李百藥撰碑，歐陽詢書。《續傳》一九。

詔以慶善宮爲穆太后建慈德寺，爲皇太子承乾建普光寺。敕沙門法常居之，爲太子授菩薩戒。《統記》三九、《續傳·法常傳》。

敕在長女崇化坊立祆寺。據《兩足新記》長安有波斯寺二，胡祆祠四。宋姚寬《西溪叢語》上：“貞觀五年，有傳法穆護何祿將祆教詣闕聞奏，敕令長安崇化坊立祆寺，號大秦寺，又名波斯寺。”案姚寬似誤祆教與景教爲一，應以祆教是，參見武德四年譜大事。

康國（颯秣建）向唐請臣，俄又遣使餽獻獅子獸。《新書》二二一下，案《冊府》繫於九年，應以《新書》爲據。

三三歲　公元六三二年
唐太宗貞觀六年（壬辰）

譜主事略

　　玄奘三十三歲，還歸那爛陀寺後，戒賢不憚衰邁高年，重爲開講《瑜伽論》，即《瑜伽師地論》，據印度傳說爲彌勒論師所說的五部大論中最根本的一部。梵本共有四萬頌，玄奘譯成一百卷。瑜伽行宗認爲它是大乘毗曇中規模最大、法義最備、體系完整、組織嚴密、說理究竟的權威論著。據玄應《音義》二十二的解釋，瑜伽義云相應，三乘境、行、果等所有諸法均名瑜伽，一切都有善巧相應義故。三乘行者，由聞思等次第修習，隨分滿足，展轉調化諸有情類，均稱之瑜伽師。瑜伽師所行境界故名爲地，因之名爲《瑜伽師地論》。歷十五個月方了。《續傳》作九月。玄奘冒險犯禁，誓志西遊目的之一就是探求此《論》。故先後在此求學五年。共受聽三遍，此外又聽了《順正理》一遍，《因明》《聲明》《集量》等各二遍，《中論》《百論》各三遍，"其《俱舍》《婆沙》《六足》《阿毗曇》等已曾于迦濕彌羅諸國聽訖，至此尋讀決疑而已"；同時又學就婆羅門教經典以及梵書，對印度的語言學也下了一番工夫，以上均詳《慈恩傳》三。爲歸國後翻譯事業樹立良好基礎。

有關人物與大事

玄奘弟子法相宗的充實擴大、實際創立者窺基生。據《金石萃編》一〇三李宏慶《大慈恩寺大法師基公塔銘并序》與《宋僧傳》四永淳元年壬午（六八二）卒，年五十七推定。《廣清凉傳》與李乂撰碑作永淳二年壬午卒，二年顯誤。窺基京兆長安人（其先當爲于闐人），一名道洪，後人多有單作基的，其實應以窺基爲是（見張建木《祥金室雜俎》一，載《現代佛學》一九六四年二期，頁32），俗姓尉遲，唐初名將尉建敬德之姪。十七歲奉敕爲玄奘弟子，學習佛教經論和五印度語文，二十五歲應詔參與玄奘譯場工作，並從事著述。玄奘編總結瑜伽行宗學說的《成唯識論》，由窺基一人獨任筆受，又根據玄奘的講授和各家異說作《述記》，詳加解釋，再作《樞要》以補充之，發揮其宗教哲學理論。其後玄奘主譯《辨中邊論》《異部宗輪論》《唯識二十論》《阿毗達磨界身足論》等，均係窺基筆受，除《阿毗達磨界身足論》外，都作了《述記》；此外並著有《瑜伽略纂》《雜集論疏》《金剛般若經會釋》《百法論疏》《因明入正理論疏》《大乘法苑義林章》《法華經玄贊》《説無垢稱經贊疏》《彌勒上生經疏》等，時稱"百本疏主"，今存二十五部，一百二十卷。其中尤以《成唯識論述記》《大乘法苑義林章》等充實法相宗宗教哲學的內容，授徒講學而盛極一時。中國佛教的法相宗由玄奘而開創，至窺基而實際成立，因之佛教徒稱爲"慈恩大師"。自後慧沼、智周傳承兩代，各有闡揚。生平詳見《宋僧傳》四《玄奘三藏師資傳叢書》下、《廣清凉傳》《塔銘》《碑文》以及《統記》三十、

《釋門正統》三、《通載》十二、《稽古略》三等。

詔華嚴宗初祖杜順入京，唐太宗召見。《續傳·杜順傳》。

波頗于是年十月譯成《般若燈論釋》十五卷。據《論序》《辨正論》四、《開元録》八。《圖記》所釋作元年，《武周刊定衆經目録》作三年，均誤。

傅奕又上書排佛，令僧吹螺不合擊鐘。《廣弘明集》七。

天台宗第五祖章安灌頂卒于國清寺年七十二。《續傳》一九。

法喜俗姓李，襄陽人，其學“偏以《法華》爲宗”。年六十一。《續傳》一九。

伊斯蘭教創始人穆罕默德逝世，葬于麥地那，年六十三。穆罕默德在傳教過程中作爲安拉的啓示，陸續頒布《古蘭經》文，爲該教最根本的立法依據。卒後，經第一代哈里發艾卜·伯克爾派人整理，至第三代哈里發奧斯曼，又加以訂正，稱爲“奧斯曼定本”。《古蘭經》爲阿拉伯文，共三十卷，一百十四章，六千二百餘節，現世界上已有多種文字譯本。

西突厥肆葉護可汗爲部下所逐走死康居，國人立奚利邲咄陸可汗，遣使來附。《通鑑》一九四《唐紀》十。

于闐國王尉遲屋密遣使至唐。《新書》二二一上《冊府》九七〇。

三四歲　公元六三三年
唐太宗貞觀七年（癸巳）

譜主事略

　　玄奘三十四歲，在那爛陀寺聽戒賢講授《瑜伽論》，並探索諸部論典，學習梵書。

有關人物與大事

　　中天竺三藏明友來京，譯《大乘莊嚴論》，李百藥作序。《統記》三九。

　　波頗卒于京師勝光寺，年六十九。《續傳》三，詳前附錄。

　　慧嵩安陸人，三論學派名僧，蒼山明法師弟子。卒，年八十七。《續傳》十三。

　　唐太宗命顏師古考定五經，頒行天下，又命孔穎達等撰定《五經》義疏，名《五經正義》。令天下傳習。參見《舊書·太宗紀》《孔穎達》等傳、《舊書·儒學總論》。

　　辛謐信仰道教，設難二條以問紀國寺沙門。義净和法琳均著論回答所問難，此以見當時的佛道之爭。《法琳別傳》上、《集古今佛道論衡》丙。

　　西突厥咄陸可汗遣使至唐請降，唐太宗遣鴻臚卿劉善因至其國册授爲吞阿婁拔奚利邲咄陸可汗。《舊書》一九四下。贈鼓纛段綵巨萬，泥孰遣使來謝。《新書》二一五下。案泥孰莫賀設亦即咄陸可汗。《册府》九六四載劉善因出使在貞觀六年（六三二）八月，《通鑑》一九四作七月，而《册府》九七○則作貞觀七年十月西突厥奚利可汗遣使入貢。

三五歲 公元六三四年
唐太宗貞觀八年（甲午）

譜主事略

　　玄奘三十五歲，在那爛陀寺鑽研諸部經論，並學習梵書。

有關人物與大事

　　玄契弟子辯機案辯機僧傳不載，《新書·公主傳》《通鑑》一九九載永徽三年末，高陽公主與辯機亂，事發辯機被誅，又見于《藝文類聚·道家類》附釋氏。辯機長于文辭。貞觀十九年奉詔參與玄奘譯場，執筆文辭，後又在慈恩寺襄助玄奘譯事，曾筆受《西域記》並作後記，爲玄奘早期的得力門徒之一，因被誅故，當時人多不敢提及，致生平不詳。年十五出家爲大總持寺《唐兩京城坊考》四，大總持寺在長安西南的永陽坊。道岳法師弟子。據陳垣先生《大唐西域記撰人辯機》的假定。

　　智琰卒年七十一。《續傳》十四。

　　禪學名僧道昂魏郡人，靈裕著名弟子之一。卒，年六十九。案道昂年壽《華嚴經傳記》與《珠林》説法不一，兹據《釋氏疑年録》三。

吐蕃贊普棄宗弄贊布頓《佛教史》作松贊干布。始遣使至唐請婚，唐朝遣馮德遐報聘。《新書》三一六、《舊書》一九六。其後（貞觀十五年）唐朝以宗室女文成公主下嫁，進一步促進了漢藏兄弟民族的經濟、文化交流。參見王忠《新唐書吐蕃傳箋證》及《松贊干布傳》。岑仲勉《〈隋書〉之吐蕃一附國》（《中外史地考證》上册頁262—277）考訂較詳。

三六歲　公元六三五年
唐太宗貞觀九年（乙未）

譜主事略

玄奘三十六歲，在那爛陀寺研究佛學理論。

有關人物與大事

繼玄奘而去印度求法，歸國翻譯的佛教學者義净生。<small>生平詳見《宋僧傳》一、《開元録》九、《大唐龍興翻經三藏義净法師塔銘》等。</small>

禪宗金陵牛頭系四祖法持生。<small>《宋僧傳》八。</small>

道宣四十歲至魏郡訪法礪，咨決疑滯，並在沁部山中的僧坊，再治《四分律行事鈔》，又著《四分律删補隨機羯磨並疏》《四分律比丘含注戒本並疏》。

景教徒敍利亞人阿羅本至長安，唐太宗派房玄齡郊迎，引入內宮問道，特令傳教。<small>詳見馮承鈞《景教碑考》、日本佐伯好郎《景教碑文研究》。</small>

智首卒，年六十九。敕令百司供給，公卿款往吊祭，此爲隋唐前所未有的事。《續傳》二二，詳年譜附録五。

法礪卒，年六十七。《續傳》二二，詳年譜附録五。

曇藏卒于會昌寺，年六十九。《續傳》十三。

攝論學派道哲卒，年七十二。《續傳》二十。

三七歲　公元六三六年
唐太宗貞觀十年（丙申）

譜主事略

　　玄奘三十七歲，在那爛陀寺研習已歷五載，留印的目的雖已達到，但并不以此爲滿足。春初，又辭別戒賢，周遊五印度，隨處問學。《續傳》：“法師於那爛陀寺鑽仰《瑜伽》，經于五年，晨夕無輟，將事博義，未忍東旋。賢誡曰：‘吾老矣，見子殉命求法，經途十年方至。今日不辭朽老，力爲申明，法貴流通，豈期獨善，更參他部，恐失時緣。智無涯也，惟佛乃窮。人命如露，非旦則夕，即可還也。’便爲玄奘行調，付給經論。法師曰：‘敢聞命矣。意欲遍巡諸國，還途北指，以高昌昔言不得違也。’遂首途。”梁啟超謂：“又案：傳文于那爛陀條下‘凡經五歲’，只能作經五個年頭解，不能作滿五年解，不能作滿五年解（理由詳後）。故那爛陀留學，應截至貞觀九年爲止。”（《佛學研究十八篇》下冊附錄，頁69）案梁説是，《續傳》載戒賢之言云“經途十年方至”，指玄奘從長安啟程至本年已歷十載，其時間爲貞觀元年至貞觀十年，首尾十載。玄奘于貞觀五年冬初抵那爛陀寺。《慈恩傳》《續傳》《行狀》等均謂“凡經五歲”，至本年共爲五個年頭，是可推知玄奘辭別戒賢漫遊五印度當在本年春初。至于《通載》十一作貞觀七年“三藏法師遊天竺達于王舍城"。《稽古略》三"貞觀七年至中印度遇大乘居士受《瑜伽師地》，入王舍城，止那爛陀寺，⋯⋯留十年歸自王舍城。"係據唐人傳抄著録作貞觀三年首途之誤，故推遲二年；所謂"留十年"係泛指玄奘漫遊五印度後復返那爛陀寺並參與大會後起程返國而言。《印度佛教聖蹟·那爛陀》作玄奘在寺住了七年，係指漫遊後返寺開講《瑜伽論》、著《會宗論》等而言。又《珠林》九云貞觀十三年奘在中印度摩伽陀國那爛陀寺云云，似與《慈恩傳》《續傳》經于五年之説不合，但如果係玄奘于貞觀十三年回寺之時，正吻合。吕澂先生《關于玄奘法師的生卒時代與留學那爛陀寺的正誤》："玄奘法師在那爛陀寺戒賢處五年（約當 632—637），繼即離寺遊學各地，迨返國之前（約當 642），雖曾還寺講學，但爲時甚短。"（《現代佛學》一九五四年十一月號）係將玄奘停留迦濕彌羅、至那僕底等國的時間延長了些，故推遲了一年。

玄奘辭別戒賢在往伊爛拏鉢伐多國，據康寧翰的考定在今印度比哈爾邦的孟格爾地區。途中經過迦布德迦伽藍祈禱，以華鬘卜願。迦布德迦伽藍漢譯鴿園寺，其建寺緣起詳《西域記》九，在因陀羅勢羅窶訶山東北百五六十里。《慈恩傳》三："伽藍南二三里有孤山，岩巘崇萃，灌木蕭森，泉沼清澄，鮮花芬馥。⋯⋯最中精舍有刻檀觀自在菩薩像，威神特尊，常有數十人，或七日或二七日絶粒斷漿，請祈諸願。⋯⋯去像四面各七步（《行狀》作十步）許竪木鉤闌，人來禮拜，皆于闌外不得近像，所奉香華亦並遙散。其得華住菩薩手及掛臂者以爲吉祥，以爲得願。法師欲往求請，乃買種種華，穿之爲鬘，將到像所，志誠禮讚訖，向菩薩跪發三願：'一者⋯⋯二者⋯⋯三者，聖教中稱衆生界中有一分無佛性者，玄奘今自疑，不知有不？若有佛性修行可成佛者，願華貫掛尊頸項。'語訖，以華遙散，咸得如言。"佛教所謂"佛性"問題，是當時佛教徒爭論未決，也是無從證明的能否成佛的神學問題，但從玄奘的卜願舉動中，也可推見他之所以誓志西行的原因之一。到伊爛挐鉢伐多國都城今比哈爾邦孟格爾以東三英里處的 Pirpahar 山。從薩婆多部學者怛他揭多毱多（如來密）、羼底僧訶（師子忍）就讀《毗婆沙》《順正理》等一年。《慈恩傳》三。玄奘學習卒業，已將歲盡，在此度歲。

有關人物與大事

慧淨在紀國寺講道，"王公宰輔才辨有聲者，莫不畢集。"房玄齡"求爲法友，義結俗兄。"《續傳·慧淨傳》。

道岳卒，年六十九。《續傳》十三。

玄琬卒，年七十五。《續傳》二二，詳年譜附錄二。

道積卒，年六十九。《續傳》十三，詳年譜附錄三。

慧賾卒，年五十七。《續傳》三。

突厥阿史那社爾降唐。《舊書》一〇九本傳、《會要》九四、《冊府》一七。

三八歲　公元六三七年
唐太宗貞觀十一年（丁酉）

譜主事略

　　玄奘三十八歲，春初從伊爛拏鉢伐多國啟程，越大森林，脫野象羣之險，進入平原，順恒河南岸東行三百餘里經瞻波國，爲孟加拉古國鴦伽首都，位于瞻波河（今名 Chāndan）及恒河岸，該城遺址尚存，在巴迦爾普爾附近的 Campānagara 及 Campāpuni 兩村之間。佛教傳說釋迦牟尼曾行化此國（見《中阿含經》九、二九、五二等）。東行四百餘里經羯朱嗢祇羅國，原名 Kānkjol，今比哈爾邦拉吉馬哈爾地方。東渡恒河行六百餘里至奔那伐彈那國，東印度古國，領土包括孟加拉北部的大部分地區。其地望爲今孟加拉 Rajshahit 及 Bogra 一帶，國都遺址在今 Bogra 城以北七英里處的摩訶斯坦。**參觀跋始婆**《慈恩傳》四作跋姑婆，案《西域記》作跋始婆是。**伽藍**，遺址在今距摩訶斯坦城西北四英里地方。東南行九百餘里經羯羅拏蘇伐剌那國。其境當在今印度西孟加拉邦北部和孟加拉的巴拉白姆附近一帶，近年在西孟加拉邦恒河西岸穆爾昔達巴德縣的蘭伽瑪底距般德爾九十四英里，距奇拉底火車站一英里半處發掘遺址，證明玄奘的記載翔實。案《慈恩傳》此處行程與《西域記》不同，《西域記》十載自奔那伐彈那國東行九百餘里至迦摩縷波，經三摩呾吒國西北行七百餘里始至羯羅拏蘇伐剌國。而《慈恩傳》則略去迦摩縷波，從奔那伐彈那逕至羯羅拏蘇伐剌，再達三摩呾吒。《劉譜》云："按《西域記》載法師自此東行九百里至迦摩縷波國，見拘摩羅王。《慈恩傳》則載見拘摩羅王事在見戒日王之前，與此不同。但觀《西域記》中載，王言曰：'今戒日王在羯朱嗢祇羅國，將設大施，崇樹福慧，五印度沙門、婆羅門有學業者，莫不召集，今遣使來請，願與同往。'則此事固與曲女城會相接而《西域記》誤係于此也。"又《大唐西域記地理考證》云："蓋由辯機作記時自出肥見，紊亂奘師行程之次第，致此舛誤。"案《西域記》與《慈恩傳》雖同載玄奘的行程次第，但兩書性質不同，一以地理方位順序記載諸國的政教風土；一則爲玄奘的傳記，詳其旅行之所至。迦摩縷波在今印度上阿薩密，爲古代印度極東之國。《西域記》載五印各國大致順次由北而東而南而西，故敍奔那伐彈那（孟加拉）後，東向之國即爲迦摩縷波（阿薩密），印度東境至此爲止，從而記敍南印諸國。而《慈恩傳》則記載玄奘游蹤，當巡禮至奔那伐彈那後，因迦摩縷波"宗事天神，不信佛法，故自佛興以迄於今，尚未建立伽藍，招集僧侶"（《西域記》十）。既無佛教遺跡可以巡禮，又無高僧可以參謁，故玄奘未嘗即往，而折至羯羅拏蘇伐剌那以旅行南印諸國。羯羅拏伐剌那，《西域記》記其地在"耽摩栗底國西北七百餘國"，居奔那伐彈那與三摩呾吒之間，以地望衡之，玄奘從東印度轉向南印稍從西南方向行，經過此國。至于玄奘到迦摩縷波則在以後受其國王拘摩羅的邀請。始從那爛陀兼程前往，然後與王同會晤戒日王，故《慈恩傳》在卷五詳敍。《西域記》則記敍諸國政教風土，不以年次爲序，故在介紹拘摩羅王時補敍玄奘與王相見之詞；以方位言，其國在奔那伐彈那之東北，不能不繫于卷十奔那伐彈那之後。是故，兩書均不誤。《年譜》按年繫事，譜其行蹤事跡，當以《慈恩傳》爲據。**東南行至三摩呾吒國，今**孟加拉首都達卡市以南恒河下游 Sahsbḡhatt 一帶地方。國都當爲達卡西南的柯密拉以西十二英里處的巴德迦姆答。《慈恩傳》四："去城不遠有窣堵波，無憂王所建，昔佛爲諸人天於此説法處。去此不遠又有伽藍中有青玉佛像，高八尺，相好端嚴。"案此青玉佛像當爲緬甸所製玉佛，可知其國已距緬甸甚近。**西行九百餘里至耽摩栗底國。**其地爲今印度西孟加拉邦米德納浦爾縣恒河河口支流胡格里河與魯甫納拉揚那河會合處西岸的塔姆努克。據當地的考古發掘，其遺址今有一小港殘存，古代的城池湮没于水面下二十英尺。**本擬從此渡海到僧伽羅國（今斯里蘭卡），因聞海濤凶險，改取陸路經烏荼國前往。**耽摩栗底爲當時東印度唯一的海港。（見Sylvain Lévi《大孔雀經藥義名録輿地考》），凡到中國南海或斯里蘭卡，均經此出海，四〇九年（義熙五年）法顯即從此"載商人大船，汎海西南行，得冬初信風，晝夜十四日到師子國"。六七三年（咸亨四年）義净經廣州到達此國。《慈恩傳》四："聞海中有僧伽羅國，有明上座三藏及解《瑜伽論》者，涉海路七百由延方可達彼。未去間，逢南印度僧相勸云：往師子國者，不須水路，海中多惡風、藥叉、波濤之難。可從南印度東南角（即今之 Neḡapatm），水路三五日可到，雖復跋履山川，然用爲安穩，并得觀烏荼等諸國聖跡。"**玄奘即西南向烏荼國。**今印度奧里薩邦一帶地方。其國都經高桑駒吉考訂爲布巴湟斯瓦爾以南七英里處的陀武里村。附近山丘上刻有阿育王的羯餕伽敕諭的 Asvatama 摩崖石刻今尚存。其史實與玄奘所記載吻合。**自此西南大林中行一千二百餘里經恭御陀國，今印度**甘哲姆市北部，面臨孟加拉灣，位于奇爾加湖畔。其國都經高桑駒吉考定爲今甘賈姆市西北十八英里處的喬羯吒，即北緯十九度三十三分，東經八十四度五〇分。又西南行大荒林一千四五百里經羯㦷伽國，該國領域屢有變遷，大抵北起奇爾加湖西南，甘貫姆州西北部，南抵哥達瓦里河，背負東高止山。西臨孟加拉灣。其國都所在，異說頗多，高桑駒吉比定爲今之斯里迦古爛。自此西北行一千八百餘里，至南憍薩羅國，其領域包括納格浦爾以南，錢達全部及其以東康克爾一帶地區。參觀龍猛、龍猛即龍樹，其譯名有三：羅什譯《龍樹傳》作龍樹；般若流支譯《順中論》作龍勝；《西域記》八作龍猛，謂"唐言龍猛，舊譯龍樹非也"。其生平異說頗多，甚至成爲印度傳說中的多才多藝的神仙。提婆（聖天）提婆爲龍猛的著名弟子，發揚中觀宗的理論，據說着重在所謂"破邪"方面，著有《百論》（漢譯《藏經》存其前半部分）、《四百論》（漢譯《藏經》僅存其後半部分，西藏文《藏經》全）等。其生平傳說詳《提婆菩薩傳》《付法藏傳》《西域記》等。的傳聞遺跡，並從善解因明某婆羅門讀《集量論》，就停一月餘。《慈恩傳》四。

　　玄奘復從此南大林中東南行九百餘里至案達羅國，今印度安得拉邦以海德拉巴德爲中心的一帶地方。其國都爲今艾洛爾西北六英里處，附近的窟院尚有遺跡可辨。參見 K. R. Subramanian《案達羅的佛教遺物》，一九三三年出版。參觀阿折羅造石窣堵波與陳那著《因明論》處等遺跡。詳《西域記》十。又南越林野行千餘里至馱那羯磔迦國今印度馬得拉斯邦克里希那河河口兩岸地區。參觀弗婆勢羅（原注此言東山）僧伽藍和阿伐羅勢羅（原注此言西山）僧伽藍，及婆毗吠迦（清辯）論師約爲五、六世紀時人，與護法同生于南印度，本爲數論學派的學者，後改信大乘佛教。他在那爛陀寺繼承龍樹中觀宗的學説並參酌唯識學説，略變龍樹所謂的無相皆空的理論爲依自性説，著《大乘掌珍論》《中觀心論釋思擇焰論》以非難護法瑜伽行宗的所謂"依他起"説，印度大乘佛學空、有二宗的爭論由此更趨于激烈。的傳聞遺跡。詳《西域記》十。逢善解大眾部的蘇部底、又作蘇補底、須菩提，漢譯善視。蘇利耶慧琳《音義》上："蘇利耶者，此云日也。"二法師，"因就停數月，學大眾部《根本阿毗達磨》等論。彼亦依法師（玄奘）學大乘諸論，遂結伴同行，巡禮聖跡。"《慈恩傳》四。

　　玄奘自此西南《慈恩傳》四作西行，似訛，兹據《西域記》。行千餘里經珠利耶國。案其國境當在今印度馬得拉斯邦彭勒爾河和吠洛爾河之間，包括今丹卓爾縣與特利支諾波利縣等地。向南穿越大森林行一千五六百里到達羅毗荼國。境當今安得拉邦南部，泰米爾納德邦北部，以帕拉爾河流域爲中心，北抵佩内爾河，南至南阿爾柯提河的東海岸地區。達羅毗荼爲南印大國，玄奘訪問時適逢其全盛時期。國都建志補羅城。今馬德拉斯西南四十三英里帕拉爾河北岸的康契維臘姆猶有舊城遺跡。建志城有南印度的波羅奈之稱。自古以來爲宗教徒巡禮的聖地，也是佛教的學術中心之一，向東南亞諸國傳播印度文化。訪問大乘佛教瑜伽行宗大師達磨波羅（護法）爲瑜伽行宗十大論師之一，出生于達羅毗荼國建志城大臣之家。詳《西域記》《唯識述記》等。的降生處。詳《西域記》十。玄奘本擬與蘇部底、蘇利耶從此渡海到師子國，恰逢該國名僧菩提迷祇濕伐羅、阿跋耶鄧瑟唏羅與三百多僧人渡海前來，因知國内飢亂，相與談論、研討之下，其學識"亦不能出戒賢之解"，遂中止前往。《慈恩傳》四。

玄奘乃與師子國來的七十多名僧人，從南印度繞道西印度，一路巡視回返中印度。從此行二千餘里經恭建那補羅國。《慈恩傳》作建那補羅，奪一恭字。應以《西域記》爲據。關于此國今地的考證説各不一。兹據康寧翰的比定，認爲玄奘所記此國"周五千里"，其領域爲起自半島西海岸，越過西高止山脈深入半島腹地的一大片區域，北爲摩訶剌佗，南爲達羅毗茶。東爲馱那羯磔迦，西至于海，即在通加巴德臘河流域，安納貢底爲其國都舊址。從此西北經大林暴獸之野，行二千四五百里至摩訶剌陀國，摩訶剌陀爲西印度大國，印度史作馬哈拉斯圖拉，玄奘訪問時正當遮婁其王朝補羅稽舍二世在位，約在六二〇年擊敗戒日王南侵而稱雄一時。其國領域相當于今馬哈拉施特拉邦，國都似爲巴達密。向東北行參觀了印度佛教藝術的"聖地"阿旃陀石窟寺。案阿旃陀石窟位于達干高原文迪亞山麓，大彼帝河畔，幽谷懸崖，溪流彎環，作馬蹄形。在奧蘭伽巴德西北六十英里，布莎瓦爾以南約三十五英里，從高止山麓的小鎮法爾達普爾即可到達該地。今在石窟旁四英里有一小鎮即名阿旃陀。阿旃陀，源于梵語"阿謹提那"，漢譯"無想"。石窟的開鑿約始于公元前二世紀阿育王時代，止于七世紀。印度勞動人民以其神工巨斧在懸崖削壁上展現奇偉雄麗的藝術寶庫。阿育王最初所開鑿的，即今編號的第十窟，高五十七公尺，寬五十一公尺，深一百二十公尺的神殿。此後，歷代王朝，踵事增華，續又開鑿石窟，壁畫故事，雕塑造像，到玄奘參觀時已共開鑿了二十九個石窟。其中四個是塔形，餘爲精舍。造像和壁畫，布局和諧，形象生動，色彩鮮艷，技巧精湛，雖以佛教傳說爲題材，却能反映現實生活。但在八世紀後，隨着印度佛教的衰落，因石窟地處閉塞，漸無人過問，遂埋没于荒烟蔓草之中，直至現代考古學者根據玄奘的記載，始重新探查出來，馳名于世界。稱爲阿旃陀藝術。關于阿旃陀石窟的研究調查，有不少學者根據了中國的古代文獻，才得到線索，因而獲得重要的發現。中國文獻對于印度的古史和考古工作，貢獻很大，這是值得特別提出的。案玄奘爲歷史上第一個概括記載阿旃陀的地位、建築、雕刻、壁畫以及民間傳說的人。關于阿旃陀的旅行嚮導與內容介紹，詳見《印度佛教聖跡》十二；關于帕那瓦、遮婁其的歷史與藝術，參閱爾·克·馬朱達《印度人民的歷史和文化》第三卷"古典時代"，爾·高巴藏《建志的帕那瓦族史》等；關于阿旃陀諸石窟的記載與研究，參見 J. Fergusson《印度石窟寺誌》等。

　　玄奘遊覽阿旃陀石窟畢，西北行千餘里渡耐秣陀河（納巴達河），經跋禄羯呫婆國。其國在摩臘婆南，耐秣陀河北岸，今孟買邦西北布羅奇，爲其國都舊址。西北行二千餘里至摩臘婆國。國境頗大，約在今印度孟買邦 Cutch 灣以東到中央邦馬爾瓦一帶地區。從此西北至伐臘毗國。其地的比定，説各不一。一説在今孟買邦卡提阿瓦爾半島東部的瓦拉市，或在南部 Somnath 市，猶有殘址。一説今 Varawah 地區。國都即今瓦密拉普羅，在卡提阿瓦半島東岸，保納加爾西北十八英里，即北緯二十一度五十二分，東經七十一度五十七分地方。在該地發現遺址，出土碑銘、泥封、雕塑頗爲豐富，這些文物現保存于孟買威爾斯親王博物院。銘文中説明該地美麗富饒，與玄奘記載相符。

　　案《慈恩傳》《西域記》自摩臘婆至伐臘毗途經阿吒厘、契吒兩國，但此兩國以地望衡之，均在伐臘毗之北，既少佛教遺迹，又無參學之處，玄奘似不至迂迴往返，係傳聞之國，玄奘並未親往。據《西域記》與《釋迦方志》也可能此兩國所謂西北行其距離係指與摩臘婆而言，前人已有所懷疑。梁啟超謂："按諸地圖摩臘婆與契咤比壤，而契咤遠在阿咤厘東南，本書所記，極不合情實，當是錯簡。《西域記》則云'從摩臘婆西北行三百餘里，至契咤'，可據以校正。"（《佛學研究十八篇》下冊附錄三，頁81）張星烺云："阿咤釐國此地遠出路線外，似爲玄奘傳聞。"（《中西交通史料匯編》第六冊。輔仁大學本頁344）《劉譜》："竊疑阿咤釐、契咤、伐臘毗數國里數。皆指距摩臘婆而言。蓋《西域記》等書乃法師口述而弟子筆記之者。法師述摩臘婆時，偶語及距他國里數，弟子順序記之。遂宛如法師之行程者。惟《西域記》契咤條上尚有'從摩臘婆國西北行'數字以別之，至《慈恩傳》則並此刪去，遂不可了然矣。"

有關人物與大事

來唐朝創始佛教密宗的善無畏生。善無畏生平詳見《宋僧傳》二、《西域求法高僧傳》下《無行傳》、李華《翻譯三藏善無畏行狀》等。

道基卒，年六十餘。《續傳》十四。

三論學派慧頵俗姓張，清河（河北清河縣）人。卒于益都福成寺。年七十四。《續傳》十四。

二月勅"老子是朕祖宗，名位稱號宜在佛先"，《慈恩傳》九。詔"齋供行立，至于稱謂道士、女道士，可在僧尼之前"。沙門智實、法琳詣闕申理，詔不許。

罽賓_{克什米爾}。遣使至唐贈送名馬，唐朝餽以繒綵，後常有使節往來。《舊書》一九八、《新書》二二一上。

三九歲　公元六三八年
唐太宗貞觀十二年（戊戌）

譜主事略

　　玄奘三十九歲，從伐臘毗國北行千八百里經瞿折羅國，瞿折羅爲西印度古代大國，其轄境約在今印度孟買以北古吉拉地區一帶，其國都似在巴爾默爾。

　　案《西域記》十一云"從伐臘毗國北行千八百餘里，至瞿折羅國"，而《慈恩傳》敘至瞿折羅前經阿難陀補羅國、蘇剌佗國二國，以今地方位衡之，似亦不合，此二國疑玄奘傳聞，未親至，茲據《西域記》厘正。又《劉譜》云："《西域記》序此三國，皆至自伐剌毗似是。然蘇剌佗在伐剌毗之西，阿難陀補羅在其北，瞿折羅更在阿難陀補羅之北，法師本可先至蘇剌佗；還伐剌毗之後，再經阿難陀補羅以至瞿折羅。必無先至阿難陀補羅後至蘇剌佗之理。今以《紀》之不以次，可知法師本未至此二地，不過偶語及其距伐拉毗之里數。弟子聞而記之。遂若法師真有二返伐拉毗之事矣。"《劉譜》以情理推測，似是。

　　轉而東南行二千八百餘里經鄔闍衍那國，其地在頻闍耶山之北，相當今中央邦的烏賈因地區。從而東北行千餘里經擲枳陀國。《西域記》十一："擲枳陀國，周四千餘里，國大都城，周十五六里。"似今印度彭德爾甘德地區。國都在今布朱拉。**北行**《慈恩傳》作東北行。**九百餘里經摩醯濕伐羅補羅國。**今印度中央邦曼達拉市，一説在瓜廖爾地區。**途中又還至霍折羅國境。**《慈恩傳》四作"從此又西還蘇剌佗國"，以地望來説，似訛。兹從《西域記》。**北行荒野險磧凡千九百餘里渡信度河，**印度河。**經信度國境。**信度爲西印度大國，阿犎茶、臂多勢羅均爲其所役屬。其國境在今巴基斯坦德干高原、信德省北部，國都當爲今之阿洛爾。

案此處玄奘行蹤《慈恩傳》與《西域記》歧異。《劉譜》："按《西域記》以信度以前三國置于游鉢伐多之後，考法師在鉢伐多二年之久，又還摩揭陀。必無復返南行之事，是《西域記》之誤記也。"考信度爲西印度大國與瞿折羅等國接壤，玄奘西向阿點婆翅羅、狼揭羅諸國當經過信度國境。至于《西域記》與《慈恩傳》兩書性質不同，前已辨識，玄奘行蹤主要應以《慈恩傳》爲據，似從瞿折羅、經信度西行至阿點婆翅羅、狼揭羅又轉而東北行經臂多勢羅、阿犎茶，又東經信度國境再東行至茂羅三部盧、鉢伐多等國，從此復東向還歸摩揭陀國。**西行，經阿點婆翅羅國，**國都今巴基斯坦卡拉奇。**從此西行二千餘里至狼揭羅國，**其國境當在今巴基斯坦的俾路支東南部馬克蘭東部沿海一帶地方。**爲玄奘旅行五印度極西之處。**案玄奘行程西至狼揭羅爲止，並未再向西行至波剌斯（波斯）國境，至于《西域記》所記波剌斯國條，係傳聞之辭，故《慈恩傳》四謂"非印度國境，聞説之地"。又《西域記》在波剌斯國下云"自阿點婆翅羅國，北行七百餘里至臂多勢羅國"，是可明證玄奘到狼揭羅國後折還阿點婆翅羅國，再北向臂多勢羅國。**折還阿點婆翅羅**

國，北行七百里《慈恩傳》四作又從狼揭羅國東北行七百餘里。經臂多勢羅國，其地約當今巴基斯坦信德省的海德巴拉地區。東北行三百餘里經阿葷荼國《釋迦方志》作葷荼國。案此國今地説各不一，猶待進一步考定。如其國都康寧翰比定爲婆羅門巴德，海格則認爲應在開爾普爾附近。而堀謙德定爲拉健普爾附近。巡遊，從此又東行七百餘里復經信度國境，再北行案《慈恩傳》作東行，此據足立喜六的考定：“東行顯爲北行之誤，即沿信度河北行九百里（百二十哩）達 Sukur 附近，渡信度河，其東岸有茂羅三部盧國，自此東北行七百里（百〇七哩），則達鉢伐多國。”九百餘里渡河東岸，經茂羅三部盧國，其地望異説頗多，茲據康寧翰的比定，當爲印度河支流奇納布河與薩特累季河的三角洲上，今巴基斯坦木耳坦地區。東北行七百餘里至鉢伐多國，其地望説各不一，近代學者多比定巴基斯坦旁遮普省的哈拉巴。訪問慎那弗怛羅論師漢譯最勝子，護法門人，瑜伽行宗的十大論師之一，見《唯識述記》，製《瑜伽師地釋論》。和賢愛論師、德光論師的出家處，《慈恩傳》四。並在其國從二、三大德就學正量部《根本阿毗達磨》及《攝正法論》、原係觀無畏尊者從《正法念處經》中所説而集成的頌文，闡明佛教所謂“罪福業報”之説，爲正量部的中心主張。《教實論》，《續傳》作《成實論》。據《慈恩傳》四作《教實論》是。《教實論》即瞿沙所著的《聖教真實論》別名，相傳發揮“有我”的宗教理論，是犢子部的根本論典。在此度歲。

有關人物與大事

　　禪宗的南宗創始者慧能生。生平詳見《宋僧傳》八、《傳燈錄》三、法才《瘞髮塔記》、法海《壇經·略序》、王維《六祖能禪師碑銘》（《王右丞集》二五）、柳宗元《曹溪第六祖賜謚大鑒禪師碑並序》、劉禹錫《曹溪六祖大鑒禪師第二碑并序》、神會《語録·六祖傳》以及《歷代法寶記》《曹溪大師別傳》《楞伽師資記》《祖堂集》《宗鏡録》《五燈全書》等。慧能著作《壇經》，相傳由其弟子法海整理編纂而成，爲禪宗南宗的主要經典。禪宗是中國佛教史上對後世影響最深的一大宗派，可説是中國獨有的佛教宗派。中國佛教禪宗自達摩以下，經過六傳，故稱他爲六祖，又因他弘法于嶺南，以別于神秀的北宗，又稱爲南宗的開祖。並取得禪宗的正統地位。禪宗自慧能以簡易的修行方法弘教，自後迅速發展並壓倒其他宗派，對于宋、明理學的形成與發展影響綦鉅，并傳播于日本、朝鮮。南宗盛行于中唐以後，它以直接簡易的教義，既容易爲一些人所接受，故廣爲流行。

　　皇太子李承乾李承乾于貞觀十七年因謀反被廢爲庶人。召集百官及三教學士於弘文殿討論儒家學説與佛、道教理。沙門慧净與道士蔡晃、經學家孔穎達等相互非難。參見《續傳》三、《慧净傳》二五、《法琳傳》《通載》十三。《續傳》三、《統紀》三九作貞觀十三年，茲據《集古今佛道論衡》。

　　辛諝著《齊物論》與净慧、法琳辯論。《集古今佛道論衡》丙《太子中舍辛諝齊物論并净琳二法師抗拒事兩首第六》。

　　智實卒于大總持寺，年三十八。《續傳》二四。

　　成實、涅槃學派智徽卒，年七十九。《續傳》十五。

天台宗智璪俗姓張，清河人智顗弟子。卒，年八十三。《續傳》一九。

七月，詔于義寧坊建景教寺一所，度僧二十一人。《金石萃編》一〇二《景教流行中國碑頌》，又見《唐會要》四九，韋述《兩京新記》《兩京教坊考注》，案原名波斯寺，天寶四載（745）詔改爲大秦寺。

四○歲　公元六三九年
唐太宗貞觀十三年（己亥）

譜主事略

　　玄奘四十歲，在鉢伐多國學習完畢，東南行返抵那爛陀寺，案《慈恩傳》云在鉢伐多國"因停二年"，根據玄奘的行程時間來考核，所謂二年，僅指二個年頭而已，即去年到今年離去。《珠林》三九謂貞觀十三年玄奘在那爛陀寺，係指他再度回寺，可作旁證。參謁戒賢。玄奘聽說距那爛陀西三踰繕那由延或由旬，爲印度計算里程的數目，因時代、地域而異。《西域記》二："踰繕那者，自古聖王一日行軍也。舊傳一踰繕那四十里矣；印度國俗乃三十里。聖教所載唯十六里。"據足立喜六考定，玄奘所謂踰繕那指"聖教所載"，爲四、五英里。低羅擇迦寺的般若跋陀羅，善薩婆多部三藏及聲明、因明等，旋即前往，"就停兩月，諮決所疑"。《慈恩傳》四。復往杖林山一作洩瑟知林，在鷄足山東北一百三十餘里，今 Jethin 村附近猶存古迹。傳說是外道以竹杖量釋迦之身長處，見《西域記》九。從勝軍論師（梵名闍耶斯那）案勝軍博通印度的宗教哲學、天文地理、醫方術數，是當時與戒賢並峙的權威學者。他擅難陀（漢譯歡喜，著有《瑜伽論釋》等，瑜伽行宗的十大論師之一）之宗，對于因明之學尤有所獨造。學《唯識決擇論》《意義理論》《成無畏論》《不住涅槃論》據《行狀》。《十二因緣論》《莊嚴經論》，並詢問瑜伽、因明等疑問。

有關人物與大事

三論學派僧瑗生。生平詳見《宋僧傳》四、《六學僧傳》二十。茲據《宋僧傳》四考定。

傅奕卒，年八十五。《舊書》七十九《傅奕傳》。

靜琬卒。案靜琬生前所刊石經已滿七室，卒後，鐫刻石經事業由其門人導公、儀公、暹公、法公相繼五世，歷唐、宋得七十七種，二千三百餘石，而經尚未完成。遼聖宗時留公奏請續刻，道宗時楊遵勗、梁穎亦奏請賜錢續刻，均得統治者的支持，自太平七年到清寧三年間（1027—1057）將隋唐所刻《大般若經》五百二十卷補足成六百卷之數，計二百四十石，又續刻《大寶積經》一百二十卷，計三百六十石，以成佛教經典四大部之數，總成二千七百三十石。

律宗、地持學派曇榮卒，年八十五。《續傳》二〇。

二月，因高昌王麴文泰壅斷東西交通的商道，阻絕西域諸國使臣入唐，侵掠伊吾、焉耆，唐遣使責備。《通鑑》一九五《唐紀》十五、《冊府》九七三。

三月，薛延陀可汗請擊高昌，遣使與謀進取。《舊書》一九八《高昌傳》。

十二月，因高昌王麴文泰拒絕至唐，遣侯君集等出兵進擊。《通鑑》一九五《唐紀》十五、《舊書》一九八《高昌傳》。

四一歲　公元六四〇年
唐太宗貞觀十四年（庚子）

譜主事略

　　玄奘四十一歲，在杖林山從勝軍論師受學，因思念故國，形諸夢寐，乃決意東歸。《續傳》。案《慈恩傳》云玄奘以勝軍學"首末二年"。梁啟超云："所謂'首末二年'者，只能作頭尾兩箇年頭解。"梁說是。玄奘向勝軍受學係質疑性質，無需留帶二年之久。當爲貞觀十三年春末至杖林山，本年正月離去，首尾兼兩個年頭。正月初，玄奘與勝軍參觀菩提寺舍利，並巡禮菩提樹等遺迹，八日後，辭別勝軍，又還歸那爛陀寺。《慈恩傳》四："當此正月初時也，西國法以此月菩提寺出佛舍利，諸國道俗咸來觀禮，法師即共勝軍同往，……禮菩提樹及諸聖迹，經八日，復還那爛陀寺。"

　　戒賢遣玄奘爲寺衆開講《攝大乘論》《唯識決擇論》。這時中觀學派清辯一系的大師師子光已在寺中爲四衆中講《中》《百》論以破斥《瑜伽論》。日本學者深浦正文的《護法、清辯的爭論——唯識思想史之一斷面》（《龍谷大學論集》第三四五號）對于二者的爭論有所闡述。因戒賢爲護法弟子，而師子光爲清辯弟子，師承不同，各是其說。玄奘本通《中》《百》論又研究過《瑜伽論》，認爲先哲立論，各有發揮，並不違礙，學者不能融會貫通，遂是甲而非乙，互相非斥，這是傳法者的錯誤，就幾次訪問師子光，當面辯論。師子光往往詞屈，于是學徒漸散，轉來聽玄奘講學。《慈恩傳》四。玄奘爲了和會二派學說，以梵文著《會宗論》三千頌今佚。呈戒賢，並遍示四衆，莫不稱贊。師子光慚赧，就出住菩提寺。師子光不服輸，又請其東印度一同學旃陀羅僧訶來與玄奘論難，"既至，憚威而默不敢致言，法師聲譽益甚。"《慈恩傳》四。

這時戒日王親征恭御陀國，行次烏荼國，該國僧人多學小乘，譏諷大乘爲空華外道，向戒日王標榜南印度王灌頂師正量部據《寄歸傳》一。案印度小乘佛教的部派勢力足'以和大乘抗衡的，始于一切有部，後來屬于正量部。玄奘、義净時，小乘佛教四部，都以正量和上座并舉。正量部的理論主張"我空法有"，並未將物質世界的客觀存在全部否定，還帶有某些唯物主義的因素。大師般若毱多《唯識述記》四，"南印羅羅國正量僧，般若毱多，此云慧藏、安慧之學徒，三代帝王師，造七百頌緋謗大乘。"所著《破大乘論》七百頌，要大乘學者前來"對決是非"。戒日王即遣使修書與戒賢，囑派寺中高僧前來論難。戒賢乃決定以玄奘和海慧、智覺、《慈恩傳》作智光，《行狀》作智覺，兹從《行狀》。師子光四人應命前往論辯。案公元一世紀頃，印度大乘佛教興起，視原始佛教與部派分裂時代的佛教爲"小乘”，貶同外道。而小乘則以大乘爲非佛説，互相排斥、仇視，紛爭甚烈。從《西域記》《慈恩傳》的記載中已可概見。在中國則小乘佛教無甚地位，成實學派稍盛即衰，未有發展，俱舍學派則蔚爲法相宗的附庸。以故大小乘的對抗不多。梁啟超《佛教教理在中國之發展》：“然我國自始即二乘錯雜輸入，兼聽並信，後此雖大乘盛行，然學者殊不以傍習小乘爲病，故大小之爭，在印度爲絕大問題，在我國則幾無有。其揭小乘之幟與大乘對抗者，惟劉宋時有竺法度其人，此外則慧導疑《大品般若》、曇樂非撥《法華》，僧淵誹謗《涅槃》，皆可謂在我國佛教史中含有懷疑精神之一種例外，然其學説今不可考見，其勢力更絕不足輕重也。”（《佛學研究十八篇》上册）**“後戒日王復有書來云，前請大德未須即發，待後進止。”**《慈恩傳》四。

玄奘待命出發時，有位順世論者意謂恨基于世間的學説，在佛教典籍中被貶爲所謂九十六種外道之一，譯作“順世外道”或“世論”“世間行”，或譯“路迦耶陀”“路哥夜多”“盧迦史多”等。一説係這一學派的始祖名。一説其意義爲追求肉體之愉快，一説其代表地、水、風、火四大；Brihaspati 則爲倡導這派學説的古賢者名。順世學派反對吠陀和祭祀、業報法則、靈魂觀念，肯定物質世界的真實性，成爲印度古代唯物主義的代表。這一學派的文獻今已散失殆盡。在我國漢譯、藏譯的佛教經論以及其他史籍和佛教徒的著述中尚保存一部分資料，其著者如吳支謙譯《佛説梵網六十二見經》，晉法護譯《舍頭太子二十八宿經》《正法華經》七，東晉竺曇無蘭譯《寂志果經》，僧迦提婆譯《那先比丘經》《中阿含經》《阿攝愁經》，佛陀耶舍、竺佛念譯《長阿含·梵動經》《長阿含·阿晝摩經》《長阿含·種德經》、失譯《大寶積經》中二一、一二一。菩提留支《入楞伽經》六、梁真諦譯《金十七論》等均有所載。尤其在玄奘所譯的《成唯識論》《大乘廣百論釋論》《阿毗達磨大毗婆沙論》《顯揚聖教論》《阿毗達磨發智論》以及窺基所撰《成唯識論述記》《法苑義林章記》、智周所撰《成唯識論演秘》中記載尤多。此外，義净《求法高僧傳·玄照傳》與所譯《根本説一切有部毗奈耶》三五中亦有所載。在印度的典籍中見于商羯羅的《攝一切悉檀》（新譯作《各派學説概要》）、黑君的《智月的興起》、摩陀婆的《攝一切見論》（新譯作《哲學體系綱要》）、伽耶拉希的《各派學説的顛倒》中。關于順世學派學説的研究，各國學者迄未有一致的結論，近黄心川同志在《印度古代的唯物主義——順世論》一文中歸納爲八點："從印度和我國保存的史料中大致可以給順世論鈎出一個輪廓。它的基本特征是：（1）承認世界的基礎是物質，物質最小的分子或元素是地、水、風、火，并且承認物質具有着内在的力量；（2）意識是從物質中産生出來的；（3）感覺經驗是認識的唯一來源；（4）心和身是統一的，没有不朽的靈魂；（5）没有超自然的實體或神；（6）業（Karma——因果報應）的規律是不能被證明的；（7）神聖的文獻、祭司、宗教儀式等都是騙人的把戲；（8）禁慾主義是和生活的目的不符的。"（《新建設》一九六三年第八期，頁 76）上述八點除將"業"簡單譯爲"因果報應"尚可商權外，餘均概括簡當。關于順世學派的資料與研究，參見印度達斯古普塔《印度哲學史》第三卷、德比普拉沙德·恰托帖德耶耶《路伽耶佗——印度古代唯物主義研究》、奢薩怛哩《印度唯物主義、感覺論與享樂主義》、蘇聯弗·依·謝爾巴茨柯伊《論印度唯物論史》（《東方札史》第一卷）、尼·彼·阿尼凱也夫《古印度哲學中的唯物主義流派》、意大利托驥《印度唯物主義概要》、繆勒《印度六派哲學》、達·薄泰恰里雅《東西方哲學史》中的《砍婆伽哲學》、日本龍山真章《有關順世論研究》（《大谷學報》十一卷一期）、宇井伯壽《印度哲學研究》第二卷以及摩爾主編《印度哲學史資料》拉德哈克利希南《印度哲學》等。婆羅門"來求論難，乃書四十條義懸於寺門，曰：'若有難破一條者，我則斬首相謝。'經數日，無人出應。"《慈恩傳》四。玄奘出而應命與順世論者婆羅門在戒賢和大衆面前辯論。順世論者婆羅門提出"四大爲人物之因的主張"。案"四大爲人物因"爲順世學派的基本哲學觀點，它認爲地、水、火、風四大自然現象是構成世界的統一的物質基礎。《廣百論釋》二："大種爲性，四大種外，無有別物。"《成唯識論述記》六："此唯執有實計四大生一切有情，稟此而有，更無餘物，死後滅時，還歸四大。"玄奘在佛教徒的立場、觀點上對于順世學派是敵視的，對于他的主張無法從正面回答，只好以詭辯方式同時列舉印度當時的一些所謂"外道"宗派加以分析、批判，尤其對于具有唯物主義傾向的數論學派案數論，梵語謂僧佉，發端于奧義書時代，爲印度哲學派別中最古的一派，相傳創始人爲刼比羅，事蹟見于《大博羅紀事詩》中，固難以置信，據說曾著《僧佉經》。其實《僧佉經》至十四五世紀頃始輯出。據《唯識述記》刼比羅立二十五諦，論生死涅槃，其後諸門徒分爲十八部。約當三世紀時，黑自在著《數論頌》闡明其哲學觀點。近代印度發現 *Math ra-Vrtti* 一書，據考定即爲《數論頌》的梵語原本。《數論頌》有幾個譯本。在我國《藏經》中真諦譯《金十七論》，即其中之一。數論學派的學說主要由神我自性的二元對立，而演爲二十五諦。《百論疏》三："僧佉此云制數論，明一切法不出二十五諦。故一切法攝入二十五諦中，名爲制數論。"《唯識述記》四："僧佉此翻爲數，即智慧數。數度諸法，根本立名。從數起論，名爲數論。論能生數，亦曰數論。"勝論學派案勝論學派在佛典中譯作吠世師迦、或鞞崈迦、衛世師、鞞世師、衛生息，均梵語 vaiśeṣika 音之轉。據《百論疏》及《唯識述記》謂義理殊勝，諸論罕匹，故意譯爲勝論。其學說約成立于二世紀頃，相傳迦那陀（一作優樓迦）造《勝論經》爲這一學派的始祖。《勝論經》現存有三百七十經，釐爲十卷。四、五世紀時鉢羅奢塞多波陀著《攝句義法論》爲經作疏解，闡揚其學説，六世紀時慧月未抵旃陀羅所作注疏，玄奘爲之翻譯名《勝宗十句義》，其最著者爲商羯羅密色羅所著的釋論。勝論學派的學説主要在于分析宇宙的起源，世界的發展是極微（原子）的聚合，分析綜合爲六句義（一實、二德、三業、四同、五異、六和），亦即六個基本範疇。“實”指實體，“德”指屬性，“業”指作用，以此來代表世間所説的種種法相，是一種極微聚合的印度古代唯物主義學説。其觀點于順世學派、耆那教、佛教的説一切有部均有所影響。詳見《勝論經》《勝宗十句義論》和鉢羅奢塞多波陀、商羯羅密色羅的疏釋外，參見《百論疏》三《成唯識論述記》五《廣百論》六、八《俱舍光記》十九《顯宗論》七《順正理論》十二以及近代摩爾主編《印度哲學史資料》、達斯古普塔《印度哲學史》、繆勒《印度六派哲學》、宇井伯壽《印度哲學研究》（宇井伯壽據梵本有英譯本《勝宗十句義理》、據巴利語原文著有《勝論解記》）、謝爾巴茨柯《古印度的哲學成就》、湯用彤先生《印度哲學史略》等。予以歪曲和誹謗。玄奘最後以所謂“大乘義法”折服順世論者婆羅門，並從玄奘服役。

這時玄奘准備應命前往烏荼國去辯論，乃訪得《破大乘義》七百頌，反復研究，遇有疑義之處，虛心向順世論者婆羅門請教，遂“備得其旨”，“尋其謬節”，引伸大乘之義予以辯駁。呈正戒賢，並宣示徒衆，無不嗟賞。同時玄奘對順世論者婆羅道：“仁者論屈爲奴，於恥已足，今放仁者去，隨意所之。”婆羅門歡喜辭出，即往東印度迦摩縷波國，其境爲今印度阿薩密邦北部（上阿薩密), 尚有 Kamrup 之名存在, 國都今之阿薩密邦的高哈提。**向鳩摩羅王**《西域記》十: "今王, 本那羅延天之祚胤, 婆羅門之種也。字婆塞羯羅伐摩 (原注唐言日冑), 號拘摩羅 (原注, 唐言童子), 自據疆土, 奕葉君臨, 逮于今王, 歷千世矣。國王好學, 眾庶從化, 遠方高才, 慕義客遊, 雖不淳信佛法, 然敬多學沙門。" 訴說玄奘的學說深廣, 國王深爲嘆服, 立即遣使來邀請。

順世論者婆羅門去後, 玄奘即准備東還故國, 向那爛陀寺師友辭行, 案《續傳》作奘欲淹留, 戒賢誡東返, 與《行狀》《慈恩傳》歧異, 亦與玄奘初志相背。前後矛盾。《續傳》所記似有訛誤。但歷年來玄奘所搜集的經論佛像, 異常豐富, 歸途千山萬水, 運送維難。正在爲此躊躇時, 鳩摩羅王使者至, 戒賢一再婉辭。鳩摩羅王大怒, 更遣使堅請, 並以武力威脅, 玄奘遂與使者兼程奔赴迦摩縷波國。既會見鳩摩羅王, 王迎請入宮, 言談之下, 嚮往唐朝。玄奘爲之講經說法一月有餘, 並爲酬答鳩摩羅王有關 "佛德" 之問, 以梵文著《三身論》三百頌。案《三身論》久佚, 無以詳考。惟佛教徒爲神化教主, 當釋迦卒後便出現種種本生、瑞應的故事。在宗教理論上便產生所謂 "佛身" 說。大乘佛教認爲佛有三身: 一 "法身", 即所謂 "覺體", 將釋迦神化爲宇宙本體; 二 "報身", 即所謂 "覺相", 將釋迦描繪成徧滿一切處無所不在的神; 三 "應身", 即所謂 "覺用", 指釋迦牟尼的肉體, 以世間的 "聖人" 出現。大乘佛教天台、法相、華嚴等各有其佛身說。

戒日王征討恭御陀國回來, 聽說玄奘已在鳩摩羅王處, 即發使促王急送支那僧來, 遭王拒絕。戒日王怒, 再遣使責促，鳩摩羅王悔懼，"即命嚴象軍二萬，乘船三萬（此萬字疑偽）艘，共法師（玄奘）同發，泝恒河以赴王（戒日王）所"，抵羯朱嗢祇羅國，戒日王親來禮謁，倍極尊敬。會晤時戒日王垂詢中國政治形勢，談及當時流行的"秦王破陣樂"歌舞曲。案劉餗《隋唐嘉話》中："太宗之平劉武周，河東士庶歌舞於道，軍人相與爲《秦王破陣樂》之曲，後編樂府云。《破陣樂》，披甲持戟，以象戰事。《善慶樂》廣袖曳屣，以象文德。"《舊書》二八《音樂志》一："（貞觀）七年，太宗制破陣舞圖，左圓右方，先偏後伍，魚麗鵝貫，箕張翼舒，交錯屈伸，首尾迴互，以象戰陣之形。令呂才依圖教樂工百二十人，被甲執戟而習之。凡爲三變。每變爲四陣，有來往疾徐擊刺之象，以應歌節。"《志》又載立部伎內"破陣樂"五十二遍，但修入雅樂的只有兩遍，名曰"七德"。"七德""九功""上元"爲唐代著名的三大樂章。參見《唐六典》一四"協律郎"條注，郭義倩《樂府詩集》八十引"歷代歌辭""破陣樂歌曲"以及近人王國維《唐宋大曲考》等。玄奘因而陳述唐太宗的英武。詳《慈恩傳》五《西域記》五。戒日王欣慕之下即遣使節訪問，于翌年冬抵達長安。參見《新書》二二一上，《舊書》一九八，《冊府》九七〇。關于玄奘與戒日王會晤的時間，《劉譜》："按《新唐書》載：唐浮屠玄奘至其國，尸羅逸多（即戒日王）召見曰：'而國有聖人出，作秦王破陣樂，試爲我言其爲人。'玄奘粗言太宗神武平禍亂四夷賓服狀。王喜曰：'我當東面朝之。'貞觀十五年，遣使者上書。'則法師之見戒日王，當在十五年之前，與此正合。"案戒日王使節至唐，各書均作貞觀十五年，未載月份。惟《冊府》九七〇列于貞觀十五年的最後一項，《冊府》列外國遣使均按年月先後敍列，其列在最後，或未詳其日期，或爲十二月間，以此可見玄奘與戒日王在貞觀十四年秋會晤，戒日王即遣使入唐，至十五年冬抵達長安。《通載》十一："（貞觀）十六年玄奘發王舍城入柢祇羅國，國主郊迎之。已而問曰：'而國有聖人出世，作小秦王破陣樂，試爲我言其爲人。'"《通載》據玄奘貞觀三年啟程故後移二年，如元年首途則正當十四年，與各文獻著録吻合。

翌日晨，戒日王又派使者來迎，索閱玄奘所著《制惡見論》，譽爲"日光既出則螢燭奪明，天雷震音而鎚鑿絶響"，乃決定在曲女城舉行論辯大會，通知五印度各國不同宗教、不同學派的僧俗齊來集會，瞻聆玄奘的議論風采。《慈恩傳》五，《行狀》《續傳》略同。

大會準備就緒，玄奘"自冬初共王逆河而進，至臘月方到會場"。《慈恩傳》五，《行狀》《續傳》同。會議時，計到五印度十八國國王，諳知大小乘的佛教徒三千餘人，婆羅門及尼乾外道二千餘人，那爛陀寺也有千餘人參加。這些人大都"博蘊文義，富贍辯才"，而遠近來觀禮的，加上國王隨從等，更屬人山人海。當時會場上"或象、或輿、或幢、或旛各自圍繞。峨峨岋岋，若雲興霧湧，充塞數十里間"，《慈恩傳》五。盛況空前。待人衆到齊，當已歲盡。案《續傳》："自冬初泝流，臘月方到。爾時四方翕集，乃有萬數"，待四方人衆陸續到齊，當已歲盡。

有關人物與大事

法琳"殉道"死。道士秦世英奏法琳所著《辯正論》誹謗皇室，唐太宗下詔沙汰僧尼。勅刑部會同有司勘問，流放法琳于蜀郡，死于道中。見《法琳別傳》《續傳》二五，《集古今佛道論衡》丙《太宗文皇帝問沙門法琳交報顯應事第七》。

華嚴宗初祖杜順卒，年八十四。詳年譜附錄五。

靜琳卒，年七十六。《續傳》二十。

玄會卒，年五十九。《續傳》。

成實、毗曇學者法恭卒，年七十三。《續傳》十四。

三論學派慧瑜俗姓岑。卒，年七十九。《續傳》十四。

二月，擴充國子監生徒多至八千餘人，四方學者云集，高句麗、百濟、新羅、高昌、吐蕃等國亦遣子弟來學，令孔穎達等撰定《五經正義》以資講習。《通鑑》一九五《唐紀》十五。

八月，侯君集軍至磧口，麴文泰憂懼死，子智盛立，唐軍圍城猛攻，智盛出降，得城二十二，戶八千四十六，口一萬七千七百，《舊書》作戶八千口三萬七千七百。分立西、庭二州。九月置安西都護府于交河城。今新疆吐魯番西北五公里有古城。高昌麴氏歷九世，共統治一百三十四年，遂亡。《舊書》一九八、《新書》二二一下、《通鑑》一九五、《冊府》九八五，參見《舊書》一〇九《阿史那社爾傳》《契苾何力傳》。至顯慶三年（658）移置安西都護府于龜茲，參見大谷勝真《關于安西四鎮建置與異同》（《白鳥博士還曆紀念·東洋史論叢》頁271）統龜茲、焉耆、于闐、疏勒四鎮。

四二歲　公元六四一年
唐太宗貞觀十五年（辛丑）

譜主事略

　　玄奘四十二歲。春初，論辯大會開始，儀式極爲隆重。戒日王恭請玄奘爲論主。玄奘當時講論的內容已無從考見，今僅知立"真唯識量"，《因明入正理論疏》卷五："且如大師周遊西域，學滿將還，時戒日王王五印度，爲設十八日無遮大會，令大師立義。徧諸天竺，簡選賢良，皆集會所；遣外道、小乘，競申論詰。大師立量，時人無敢對揚者。大師立唯識比量云：'真故極成色，不離於眼識宗；自許初三攝，眼所不攝故因；猶如眼識喻。'"又見宋延壽《宗鏡錄》，明智旭有《唐玄奘師真唯識量略解》。但也可推知當以《制惡見論》爲主。《圖記》五謂法師以所造二論書於大施場門。案《慈恩傳》《行狀》《開元錄》均載玄奘在曲女城揭示大小乘衆者爲《制惡見論》，似《圖記》誤記。玄奘講論完畢，由"那爛陀寺明賢法師讀示大衆，別令寫一本懸會場門外，示一切人，'若其間有一字無理能難破者，請斬首相謝'。如是至晚，無一人致言。"五天以後，"小乘'外道'見毀其宗，結恨欲爲謀害"，但在戒日王衛護下，未有得逞。經過一十八天的辯論，玄奘和各教派各學派的學者相互駁議，取得勝利。案《慈恩傳》《續傳》《行狀》《圖記》等所謂"凡一十八日，莫敢當者"，或"無人發論"，係誇大之詞。當時赴會的"乃有萬數，能論義者數千人，各擅雄辯，咸稱克敵"。(《續傳》)包括五印度的各教派、各學派，其間必經反復論難，祇不過是玄奘在統治者的支持下和他的三支因明推論較爲周密而已。《慈恩傳》七載玄奘歸國後，永徽七年（654）復印度菩提寺小乘宗師慧天函云，昔因游方在彼，遇瞻光儀，曲女城會，又親交論。當對諸王及百千徒衆，定其深淺。此立大乘之旨，彼豎半教之宗，往復之間，詞氣不無高下。務存正理，靡護人情，以此輒生欻觸。罷席之後，尋已豁然。今來使猶傳法師寄申謝悔，何懷固之甚也！"從這封回信中可以想見當年曲女城大會的情景，是有一番商榷的。惜論辯的內容文獻失載，無從考見。大會結束，戒日王與十八國國王紛贈珍寶服物，玄奘一概辭謝。最後，僅允許依據印度傳統的論勝規矩，請玄奘乘坐莊嚴大象，由大臣陪衛，巡行宣唱："支那國法師立大乘義，破諸異見，自十八日來無敢論者，普宜知之！"于是萬衆騰歡，爭爲玄奘贈立榮譽稱號，大乘衆稱他爲摩訶耶那提婆（大乘天）；小乘衆稱他爲木叉提婆（解脫天），從此玄奘的聲名震邁五印度。《慈恩傳》五。

由于玄奘在赴曲女城會前已決定返國，辭別了那爛陀寺諸師友，而攜帶經像也都準備就緒，遂於散會後翌日（十九日）向戒日王辭行。戒日王堅請玄奘參與其第六次的七十五天"無遮大施"後啟程。玄奘無奈就在第三天（二十一日）偕戒日王向鉢羅耶伽國大施場進發。大施會畢，玄奘又辭行，戒日王又請留連十餘日後；玄奘再辭行，戒日王始不再留。戒日王本擬發使相送玄奘從海道歸國，但玄奘爲了不負與高昌王麴文泰的前約，寧捨近就遠，取道北路，訪問高昌，以謝當年一路相送的盛情。臨行，玄奘對戒日王等所餽贈珍寶服物一概辭謝，僅接受途中實際需要的曷剌氂帔，《翻譯名義集》沙門服相篇第六十一：“褐賴縭，《西域記》云：‘織野獸毛細輭，可得緝績。故以見珍而充服用。’”案係途中遮雨馭經之用。戒日王等相餞數十里，嗚咽而別。“王更附烏地王大象一頭、金錢三千、銀錢一萬，供法師行費。別三日，王更與鳩摩羅王、跋吒王等各將輕騎數百復來送別，其殷勤如是。仍遣達官四人，名摩訶怛羅。原注，類此散官也。王以素氎作書紅泥封印，使達官奉書送法師所經諸國，令發乘遞送終至漢境。”《慈恩傳》五。沙畹《中國之旅行家》：“玄奘之別戒日王，頗難詳其年月，然若計其歸途中在各國之居留時間，首途似在六四一年。”（《西域南海史地考證譯叢·八編》頁 22）《劉譜》同。案沙畹説是。梁啓超認爲在十六年冬曲女城大會“十七年春末夏初師遂東歸”。考戒日王因與玄奘會晤即遣使入唐，至貞觀十五年年底到達，此史籍所明載。玄奘和戒日王相晤，旋即赴論辯大會，“自冬初共王逆河進，臘月方到會場”，可知會晤時間在十四年秋末。玄奘歸國的行程時日，據各記載，在沿途停留，約計非二年以上不可，始能在于闐停滯七、八個月，到年終抵達長安西郊。故梁説似舛，《曾譜》沿用梁説，同未深考。夏初，案本年歲首玄奘在曲女城參與大會，歷十八日會畢，會畢後第三日赴鉢羅耶伽國大施場參與七十五日大會，會畢一再辭行又留連十餘日，連同行程約需時一百天左右，故啟程當在夏初。玄奘自鉢羅耶伽國啟程返國，在西南大林野中行七日經憍賞彌國，轉西北一月餘經歷數國至毗羅那拏國，《西域記》四作毗羅刪拏國。遇那爛陀寺同學師子光、師子月在此講學，因被邀"又開《瑜伽決擇》及《對法論》等，兩月訖，辭歸"，《慈恩傳》五。復西北行一月餘，經數國至闍蘭達那國《西域記》四作闍爛達羅國。停留一月。"烏地王遣人引送，西行二十餘日，至僧訶補羅國"，當已歲暮。案玄奘約於夏初啟程，計其在路與停留時日，本年行程當止於此。

有關人物與大事

正月丁丑，文成公主與吐蕃棄宗弄贊聯姻，詔江夏王道宗持節護送，築館河源王《新書·吐谷渾傳》："詔封諾曷鉢河源郡王，號烏地也拔勒豆可汗。"之國，弄贊率兵次伯海（青海鄂陵湖和扎陵湖）據趙生琛報導：文成公主經玉樹入藏，館地為今青海省玉樹藏族自治州首府結古南面約五十里的巴唐。當地有一山溝名"百南巴"，現仍存有一座以文成公主石刻像為主的寺院。據當地藏民傳說，文成公主入藏時曾在此停留一個時期並教藏民種植（《文物參考資料》第五期）。近新疆發現的吐蕃文書也有吐谷渾王及貴族迎接文成公主的記載。（參見《新唐書吐蕃傳箋證》頁 31）親迎。婚後，稍革舊俗，遣子弟至長安入國學。《通鑑》一九六、《新書·吐蕃傳》。

四月，呂才等上所刊定陰陽雜書。《通鑑》一九六。

魏王泰唐太宗第四子。在洛陽伊闕山麓龍門賓陽洞外，爲其母文德皇后鑿石室造像。岑本文《伊闕三龕碑記》，參見歐陽修《集古錄》、顧炎武《金石文字記》。案龍門石窟始鑿於北魏，造像銘記最早的爲太和十九年（495）丘穆陵亮夫人造像記。其後，歷經東魏、西魏、北齊、隋、唐迄於宋代，續有營造，是我國古代勞動人民智慧結晶的著名佛教藝術寶庫之一，一九五三年成立龍門保管所專司其職，進行了有計劃的調查清理和修建、研究工作，使祖國珍貴的文化遺產日臻完善。

唐太宗臨弘福寺爲穆太后追福，稱菩薩戒弟子。據《集古今佛道論衡》丙《釋氏六帖》八《通載》十三，惟《廣弘明集》二八、《統記》三九、《稽古略》三作貞觀十六年。

净土宗善導至長安光明寺說法，造《彌陀經》十餘萬卷，畫《净土變相》三百餘壁，"滿長安中并受其化"。《續傳》三七、《往生西方净土瑞應傳》《統記》三十九。

戒日王遣使至長安，唐朝命梁懷璥持節慰撫。《新書》二二一上。

何國遣使至唐。《新書》二二一上。

四三歲　公元六四二年
唐太宗貞觀十六年（壬寅）

譜主事略

　　玄奘四十三歲，從僧訶補羅國啟程，山澗中行二十餘日。又歷二十餘日至呾叉尸羅國停七日。又西北行三日在渡信度河時，因風浪驟起，船傾欲覆，"遂失五十夾經本及花種等，自餘僅得保全"。《慈恩傳》五。

　　這時，迦畢試王在烏鐸迦漢荼城聞訊，親自到河邊迎接，遂同往烏鐸迦漢荼城。玄奘至城暫寓寺內，派人到烏仗那國去補抄渡河失落的迦葉臂耶部三藏，因停留五十餘天。同時，迦濕彌羅國王聽說玄奘在此，"亦忘遠躬來參拜，累日方歸"。《慈恩傳》五。

　　經文補抄齊全，玄奘偕迦畢試國王繼續向西北進發。行一月餘至藍波國境，國王"遣太子先去，敕都人及眾僧莊辦幢旛出城迎候"。玄奘與國王徐徐行進，在道俗數千人"前後圍遶讚詠"下進城，寄寓大乘寺。迦畢試國王倣效戒日王之所為，並為向玄奘表示敬意，在此舉行七十五天"無遮大施"。會畢，玄奘偕迦畢試國王由此正南行十五日經伐剌拏國，《西域記》十一："伐剌拏國，周四千餘里，國大都城周二十餘里"，今 Harana（Harnai）地方。巡禮佛教遺蹟。從此西北行經阿薄健國案此國《西域記》失載，《慈恩傳》五"又西北往阿薄健國"，據比耳英譯本《慈恩傳》作 Avakan，《西域記》十一作從伐剌拏國西北行"踰大山，涉廣川，歷小城邑"可能指阿薄健國。行二千餘里，出印度境，至漕矩吒國。據《西域記》十一。Jāguḍa, Jāguda 即阿達羅支與 Arachosie 的同名異地（詳見白鳥庫吉《西域史研究》上頁 446）。《西域記》十二："漕矩吒國周七千餘里，國大都城，號鶴悉那，周三十餘里，或都鶴薩羅城，周三十餘里，並堅峻險固也。"據藤田豐八之說，當是以鶴悉那爲中心之地者（《西域研究》頁 166）。案鶴悉那，即《北史》的伽色尼、《嶺外代答》的吉慈尼、《元史·西北地理附錄》的哥疾寧。其地經烈維《大孔雀經藥叉名義與地考》、康寧翰以及馬迦特《伊蘭考》、瓦塔斯等考定爲今阿富汗的 Ghazni 地方。又北行五百餘里經佛栗恃《慈恩傳》作氏。薩儻那國。《西域記》十二："佛栗恃儻那國，東西二千餘里，南北千餘里，國大都城號護苾那，周二十餘里。"其地約當今阿富汗迦布羅附近。從此始東出迦畢試國境。國王又爲之舉行七天大施會，會畢東行至瞿盧薩謗城，才與玄奘告別。國王又派一大臣率領一百餘人護送玄奘度過艱險的大雪山。即今之興都庫什山有名的塔瓦克山口，亦即《西域記》十二所載的婆羅犀那大嶺。逾嶺至安呾羅縛國。《慈恩傳》五作安怛羅縛婆國。《西域記》十二："安呾羅縛國，覩貨邏國故地也，周三千餘里，國大都城，周十四五里，無大君長，役屬突厥。"其國爲吐貨羅屬二十七國之一，地處羣山之中，約當今阿富汗安多羅卜地區。逗留五天，已進入西突厥的勢力範圍，本年行蹤當止於此。案玄奘本年從僧訶補羅國啓程經十國，停留二百六十天左右，翻山越嶺，跋涉數千里，需時三月左右，估計時日，到此一年將盡。

有關人物與大事

道宣四十七歲，入住終南山豐德寺。《宋僧傳》十四。

慧滿禪師行化洛州，攜四卷《楞伽》以爲心要。《景德傳燈録》三。

三論學派名僧慧持卒，年六十八。《續傳》十四。

慧遠弟子行等卒，年七十三。《續傳》十五。

烏萇王達摩因陁那訶斯遣使至唐餽龍腦香。《新書》二二一上。

罽賓（迦畢試）遣使餽贈褥特鼠。《舊書》一九八。

史國（佉沙）君沙瑟畢遣使餽贈方物。《新書》二二一下。

十二月庚子，唐太宗宴諸國使節於兩儀殿。《册府》九七四。

四四歲　公元六四三年
唐太宗貞觀十七年（癸卯）

譜主事略

　　玄奘四十四歲，從安呾羅縛西北下山行四百餘里經闊悉多國。玉耳考定"在塔里干及安呾羅縛之間，今阿富汗庫拉姆河流域之南，仍有闊悉多地區。"則其地約當今阿富汗東境闊斯特地方。西北山行三百餘里至活國，"因見葉護可汗案即統葉護。孫王覩貨羅，自稱葉護。至衙停一月，葉護遣衛送"，《慈恩傳》五。東行二日經瞢健國，今阿富汗東北巴達克山麓達雷姆附近。再向東行，便進入帕米爾高原的外圍。

　　玄奘山行三百餘里經呬摩怛羅國（義爲雪山下）。其境當在今阿富汗開胥姆與菲察拔德的中間地帶。玉耳考定謂即今達雷姆，似舛。案《西域記》十二從瞢健國至訖栗瑟摩國（今 Kishm 地方）再到呬摩怛羅國。據《慈恩傳》五則瞢健國"其傍又有阿利尼（其地在阿富汗北部 Oxus 流域，據玉耳考定謂即昆度斯北二十英里的 Hazrātimam 附近）、遏邏胡國（玉耳考定謂即巴達克山北麓骨克察河及阿姆河間的拉曷地方）、訖栗瑟摩國、鉢利曷國（今 Farokhar）"，均非玄奘親踐之國，以《慈恩傳》所云"自瞢健復東行入山三百餘里至呬摩怛羅國"爲當。東行二百餘里至鉢鐸創那國。《慈恩傳》五作鉢創那國。沙畹以爲即今之巴達克山，當係指其地所據山崖。玉耳考定在今菲察拔德地區。因天寒大雪，被阻月餘，風雪稍停，玄奘繼續進發，東南山谷中行二百餘里經淫薄健國。沙畹以爲今阿富汗 Kokcha 河流域，其地據河上游在 Faizubad 東南。玉耳謂骨克察河流域，自哲爾姆（Jerm）以上古代名曰雅姆干，即淫薄健之原名。則其地當在帕米爾高原西南部，Yamgan 相當 Hamakan Jerm Kokcha 諸地。東南履躡嶮行三百餘里至屈浪拏國。今阿富汗 Kokcha 河上游苦蘭、拉其瓦特附近地區。從此又東北山行五百餘里至達摩悉鐵帝國案此國所在地，學者論說甚繁，不詳列。沙畹據馬迦特 Eransahr 的考訂，則爲今阿富汗東北境的瓦罕南山間一帶（見《宋雲行紀箋注》頁 26、《西突厥史料》頁 122），藤田豐八《往五天竺國傳箋釋》以及馮承鈞《西域地名》等均同。都城昏馱多城。今 Kandout，在 Pandj 河左岸。參觀石佛像後，一路北行逾尸棄尼國，爲 Karrtogiu 南方山岳地區。今錫克南。越商彌國。今麻斯多。在帕米爾高原向東溯峽谷而上行七百餘里，至波謎羅川，今帕米爾。高原有大龍池，今卡拉庫爾湖，一名大帕米爾湖。東北登危履雪，行五百餘里至竭盤陀國。今新疆維吾爾自治區喀什專區的塔什庫爾幹一帶，其全境稱色勒庫爾。參觀訪問佛教遺跡，逗留二十餘日，《慈恩傳》五："至竭盤陀國……北背徙多河。其河東入鹽澤（今羅布泊），潛流地下，出積石山爲此國河源也。"案徙多河爲今葉爾羌河和塔里木河的梵名，古代葉爾羌河支流塔什庫罕河統名爲徙多河。原含弱水之意，指塔里木河上源，與歐洲古地理家Ktesias 所記 Sidi 合。此處當爲塔里木河的上源，這是玄奘囿于黃河導源崑崙出積石（《水經注》一“河自蒲昌潛行地下南出積石”）舊説，今已證明根據地勢高低來推測是錯誤的。**玄奘從此“東北行五日，逢羣賊，商侣驚怖登山，象被逐溺水死。”**《慈恩傳》五。**乃冒寒履嶮東行八百餘里，出葱嶺經烏鎩國，**今新疆維吾爾自治區喀什專區慕士塔格山東麓之南的英吉沙縣一帶地方。**北行五百餘里經佉沙國，**今新疆維吾爾自治區喀什、專區喀什市、疏附縣、疎勒縣一帶。**東南行五百餘里渡徙多河，踰大嶺至斫句迦國。**今喀什專區葉城縣治的哈爾噶里克，現名喀拉里克。斫句迦爲一大乘佛教國，“大乘經典部數猶多，佛法至處，莫斯爲盛也。十萬頌爲部者，凡有十數，自兹已降，其流實廣。”又見《房録》。**向東踰嶺越谷，行八百餘里，**《新書》：“朱俱波……直于闐西千里，葱嶺北三百里，西距喝槃陀北九百里。”**抵瞿薩旦那國**古代史籍多作于闐，今新疆維吾爾自治區的和田。《塔里木盆地考古記》（頁 51）：“和闐爲古于闐國地，包括今之于闐、和闐、濟浦、策勒、墨玉、皮山、民豐七縣，現爲一專區，以和闐爲中心。……在古代又當中國通西域南道之要衝，西接大月氏，西南近印度，南鄰西域，東接甘肅，故在東西文化交流上，于闐實起轉輸作用。”其建國的傳説詳《西域記》十二。**境，已將歲終。**

有關人物與大事

　　華嚴宗的實際開創者法藏生。生平詳見崔致遠《唐大薦福寺大德康法藏法師之碑》《法界宗五祖略記》《宋僧傳》五等。

涅槃、地論學者志寬卒，年七十八。《續傳》十五。

毗曇、成實學者神素卒，年七十二。《續傳》十三。

攝論學派名僧法護卒，年六十八。《續傳》十三。

正月，薛延陀、康國遣使至唐。《冊府》九七〇。又《通鑑》作六月，《會要》九四《冊府》九七八《舊書》八〇《褚遂良傳》均同。

三月，衛尉李義表、融州黃水縣令王玄策奉命送印度來使從吐蕃尼婆羅道返國，十二月至摩揭陀國。《珠林》二九引《王玄策傳》云："粵以大唐貞觀十七年三月內，爰發明詔，令使人朝散大夫行衛尉寺丞上護軍李義表，副使前融州黃水縣令王玄策等，送婆羅門客還國。其年十二月至摩伽陀國。"案貞觀十五年唐朝與吐蕃聯姻以後三四十年間，河源故道唐朝與吐蕃交通頻繁，開創了從唐朝通往尼泊爾、印巴次大陸捷徑的國際新道——吐蕃尼波羅道。《釋迦方誌》上《遺跡篇》稱爲東道，詳載其路程云："其東道者，從河州西北度大河，上曼天嶺，減四百里至鄯州。又西減百里至鄯城鎮，古州地也。又西南減百里至故承風戍，是隋互市地也。又西減二百里至清海，海中有小山，海周七百餘里，海西南至吐谷渾衙帳。又西南至國界，名曰蘭羌，北界至積魚城，西北至多彌國。又西南至蘇毗國，又西南至敢國，又南少東至吐蕃國，又西南至小羊同國。又西南度呾倉法關，吐蕃南界也。又東少南度末上加三鼻關，東南入谷，經十三飛梯、十九棧道。又東南或西南，緣葛攀藤，野行四十餘日，至北印度尼波羅國（此國去吐蕃約爲九千里）。"新道的開闢不僅"比者國命並此國而往還矣"，而西行的佛教徒亦多捨西域故道而改由吐谷渾、吐蕃一途，逕趨尼婆羅捷徑，而至印度，今可考者計有玄照、通希、玄太、玄恪、玄會、道方、道生、師子慧、慧輪等人。惟尼婆羅道創通三四十年即遭封閉，自有其政治與社會原因，但入印的道路險阻也是一個原因。《新唐書吐蕃傳箋證》（頁33）引十一世紀時之瑪巴譯師云：“最因難是莫八塘，到了一個大荒原，連牛馬也困頓難行。行經喀那，氣候奇寒，雖在盛夏也要凍裂指膚。絨和泥婆羅又氣候炎熱。恒河洪流，驚濤駭浪，令人畏怖！加以途徑邊荒，旱災時聞，盜匪遍地也。”

十一月，薛延陀、婆羅門、同娥、西蕃處般綴等國各遣使至唐。《冊府》九七○。

四五歲　公元六四四年
唐太宗貞觀十八年（甲辰）

譜主事略

　　玄奘四十五歲，歲初到于闐國境勃伽夷，今和田西帕爾漫附近。"停七日，于闐王聞法師到其境，躬來迎謁。後日發引，王先還都，留兒侍奉。行二日，王又遣達官來迎"，《慈恩傳》五。玄奘至都城。故都在今和田縣治額里齊（Uchi）西七英里 Borazan 區中的今玉瓏哈什、哈喇哈什二河之間。唐時都西山城，在和田縣西。于闐爲大乘佛教國家，又當中西交通的衝會，佛典傳入于闐甚早，三國時魏甘露五年（260）朱士行所獲梵本《般若經》即得自于闐。印度佛教係從迦濕彌羅傳入于闐。據《西域記》十二："王城南十餘里有大伽藍。此國先王爲毗盧折那（原注唐言遍照）阿羅漢建也。昔者此國佛法未被，而阿羅漢自迦濕彌羅國至此林中……"《慈恩傳》略同。玄奘行至離都城四十里就宿，明日，國王與道俗"將音樂香華接於路左。既至，延入城，安置於小乘薩婆多寺。"《慈恩傳》五。于闐王堅請玄奘留住説法，爲之開講《瑜伽》《對法》《俱舍》《攝大乘論》，一月四遍，聽者千餘人。同時，因高昌人馬玄智來知道麴文泰已死，玄奘就中止去高昌，從天山南路直接回國。一面因渡河失落經本，更派人到屈支、疏勒一帶訪求；一面因玄奘原係違禁出國，今雖載譽返歸，但經本眾多，不克運致，遂遣馬玄智隨商隊前往長安上《表》，報告"私往天竺"，"歷覽周遊一十七載"，"還達於于闐"，案玄奘上表云"歷覽周遊一十七載"，如從貞觀三年出遊到十八年，以首尾計為十六年，實足計為十五年，如元年出發則適為十七年。聽候發落。玄奘在于闐待命約七八月之久，始奉到敕令，即辭別于闐國王出發，東行三百餘里經古戰地，《西域記》十二："王城東三百餘里大荒澤中，數十頃地，絕無藥草，其土赤黑。聞諸耆舊曰，敗軍之地也。"東行三十餘里至媲摩城。據斯坦因的調查，其地在今和田東北約五十五哩的烏邨塔第村落，當塔里木流域之南為入西域的交通孔道（Ancient Khotan, pp52—59）。參見《解說西域記》（頁 1048）、《西域研究·扞彌與 Dandan-Uilik》（頁 12）。從此向東進入戈壁大沙漠，"望人畜遺骸以為標幟"，行二百里經泥壤城，斯坦因考定古泥壤城故址，即今之 Niya，發現公元三世紀的佉樓虱底文字（Kharoṣtht）（Ancient Khotan, p.154）。其地即今新疆維吾爾自治區和田專區民豐縣城北約一百五十公里的沙漠中，玄奘所記與今考古發掘相似。隋唐時泥壤城在今尼雅遺址以南或東南，以今地理考之，當在伊瑪目扎法沙狄克村和亞通古子村一帶。詳見《文物》一九六五年七、八月合刊史樹青《談新疆民豐尼雅遺跡》（頁 24）。又行四百里經覩貨羅故國。藤田豐八《月氏故地與其西遷年代》："據《魏志》卷三十注，所引用之《魏略》載：'敦煌西域之南山中，從嫭羌西至蔥嶺數千里，有月氏餘種……'《史記》所謂南山羌中保有月氏餘種，蓋沿南山蔓延於西方之謂。《西域記》所云覩貨羅故國，豈非即此月氏餘類所建之國耶？若然，則月氏又名 Tokhâra，愈益確實，蓋即其區分大小月氏名稱以前之稱謂也。於是此地沙漠中有 Takla Mahan 一名，亦得說明其所以矣。"（《西北古地研究》，楊鍊譯本，頁89—90）斯坦因考訂以爲即且末縣的安得悅。**又行六百餘里經折摩馱那故國。**《西域記》十二："折摩馱那故國即沮末地也，城廓歸然，人煙斷絕。"李光廷《漢西域圖考》一："由鄯善已西爲且末國，在尉犁之南，今淪爲戈壁，……至唐康艷典築城樓蘭，開鎮且末，今亦不知何在矣。"其地據瓦塔爾斯所考，當爲今新疆維吾爾自治區的且末縣治車爾成或其附近（《玄奘行紀論》頁343—344）。**又東北行千餘里至納縛波故國，即樓蘭地，**《釋迦方志》上《遺跡篇》：自沙州"又西南入磧，七百里至納縛波故國，即婁蘭地，亦名鄯善。"鄯善，樓蘭的遺址所在，因久已湮沒於窮沙荒漠，中外學者論説紛紜，主要有羅布淖爾之南與之北兩説：黃文弼《羅布淖爾考古記·緒論》認爲鄯善國都之伊循城在南道，樓蘭國都在北道，已明白可信。其地據斯坦因的考定，則約當今新疆維吾爾自治區巴音郭楞蒙古自治州的米蘭、樓蘭間。**展轉以達沙州。**武德五年改瓜州爲西沙州，貞觀七年改爲沙州，治敦煌，今甘肅敦煌西。**玄奘又上《表》報告行蹤，聽候發落。這時唐太宗在洛陽，"表至，知法師漸近，敕西京留守房玄齡**《隋唐嘉話》上："征遼之役，梁公留守西京，敕以便宜行事不請。"**使有司迎待。"玄奘聞唐太宗將出征，"恐稽緩不及，乃倍途而進"，**《慈恩傳》五。**將近長安已屆年終。**

有關人物與大事

西域利涉來唐，途中遇玄奘，遂師事之，後成為奘門高足之一。據《宋僧傳》十七，利涉西域人，婆羅門種姓，後來唐遊學，至東梭嶺恰逢玄奘歸國，遂師事之，爾後研竅群經眾論，遂為奘門高足之一，在光（普光）、寶（法寶）季孟之間。案利涉著述頗多，今可考見的有《立法幢論》一卷（見《宋僧傳》）、《與壽珽論》一卷（見圓仁《入唐進求目錄》）、《唯識論同異義》一卷（見《東域錄·藏俊錄》）、《因明入正理論鈔》一卷（見《東域錄·藏俊錄·謙順錄》）、《梵網經疏》一卷（見《謙順錄》，但以上均題作太平寺利涉）。利涉生平不詳，《貞元錄》著錄《大唐安國寺大法師釋利涉紀傳》十卷，已亡佚。其逢玄奘的年代，茲據常盤大定《支那佛教的研究》第二，《安國寺利涉法師》的假定。

李大亮卒，年五十九。《新書》九九《舊書》六二本傳。大亮曾嚴禁玄奘越境。

九月，安西都督郭孝恪率師滅焉耆。《通鑑》一九七、《冊府》九八五。

火辭彌《魏書·西域傳》作呼以密，《新書·康國傳》作火尋，或貨利習彌，《元史》作花剌子模。與摩羅游即木鹿城，《元史·西北地名附錄》作鹿里兀。使者抵唐。《新書》二二一下。

四六歲　公元六四五年
唐太宗貞觀十九年（乙巳）

譜主事略

　　玄奘四十六歲，正月，"倍途而進"，二十四日行抵長安西郊漕上，雖"官司不知迎接"，而民衆聞訊"自然奔湊，觀禮盈衢，更相登踐，欲進不得"，就留宿於漕上。《慈恩傳》五。關於玄奘到長安的日期，《劉譜》云："按《續高僧傳》《開元錄》俱作正月二十四日入京城。《慈恩傳》作正月丙子，丙子初七日也，《慈恩傳》後又載'壬辰謁文武聖皇帝於洛陽宮'，壬辰二十三日也，二十三日至洛陽，則二十四日始入京師之説不確矣。"《劉譜》提出問題，未有解決。案《慈恩傳》六作"貞觀十九年春景（丙）子"。據《二十史朔閏表》貞觀十九年正月庚午朔，丙子爲初七日，而《慈恩傳》十又云："以今十九年春正月二十五日還至長安。"已顯見二者矛盾，此其一；《慈恩傳》六，於正月景子後即云"翌日大會于朱雀街之南"，又云"限明二十八日旦並集朱雀街"，據上述記載，亦可證前文景子之誤。此其二。考《行狀》《續傳》《開元錄》皆云正月二十四日屆于京都，以人衆擁擠，憩於亭驛，第二天入城，送經像於弘福寺，是可知《慈恩傳》所云翌日、明旦，似是指二十五日而言，故明二十八日，當爲二十五日之誤。而卷十所云"二十五日還至長安"，當是指大會朱雀街迎送經像而言，廉得其實。是亦可見《塔銘》作"春三月景子留守自滻奉迎於都亭"，《大唐新語》作"二月十五日到長安"，都是錯誤的。**房玄齡遣右武侯大將軍侯莫陳實、雍州司馬李叔眘、長安縣令李乾祐前往歡迎，玄奘從滻上"入舍於都亭驛"。**《慈恩傳》六。《續傳》作朱雀街，似以都亭驛爲當。

二十五日玄奘進入長安，攜回從中亞、印巴次大陸所得的佛經、佛像有：

大乘經二百二十四部；

大乘論一百九十二部；

上座部經、律、論一十五部；《西域記》作十四部。案《西域記》是。

大眾部經論一十五部；此《慈恩傳》失載，據《西域記》補入。

三彌底部經、律、論一十五部；

彌沙塞部經、律、論二十二部；

迦葉臂耶部經、律、論一十七部；

法密部（即法藏部）經、律、論四十二部；

說一切有部（即薩婆多部）經、律、論六十七部；

因明論三十六部；

聲明論一十三部；

共五百二十夾，六百五十七部；據《慈恩傳》所載共爲六百三十三部，與"六百五十七部"數目不符，顯有脫誤，據《西域記》補入。

如來肉舍利一百五十粒；

摩揭陀國前正覺山龍窟留影金佛像一軀，通光座高三尺三寸；據《西域記》證知《慈恩傳》摩揭陀國上脫金佛一軀通光座高尺有六寸擬十四字。影下脫像字。

擬婆羅疤斯國鹿野苑初轉初輪像刻檀佛像一軀，通光座高三尺五寸。

擬憍賞彌國出愛王思慕如來刻檀寫真像刻檀佛像一軀，通光座高二尺九寸。

擬劫比他國如來自天宮下降寶階像銀佛像一軀，通光座高四尺。

擬摩揭陀國鷲峯山說法華等經像金佛像一軀，通光座高三尺五寸。

擬那揭羅曷國伏毒龍所留影像刻檀佛像一軀，通光座高尺有五寸。

擬吠舍釐國巡城行化刻檀像等。以上據《慈恩傳》，《續傳》又有金佛像一軀，通光座高尺有六寸，《行狀》則云佛像七軀。

大會於朱雀街，送往弘福寺《長安誌》十：「修德坊西北隅興福寺本王君廓宅。貞觀八年，太宗爲太穆皇后追福立爲弘福寺，神龍中改爲興福寺。」院宇壯麗美奐，爲京中首刹。據嘉慶《長安縣誌》寺在縣南大趙村，則遺址當在今西安市南部。寺落成後，太宗親臨爲佛像開眼，並廣攬名僧以智首爲上座，大開講會（《續傳·智首傳》），徵召僧辯、玄會、靈潤等來寺（參見《續傳》各本傳），又勅慧雲居此（《慧傳·慧雲傳》），令慧斌爲寺主（《續傳·慧斌

~221~

傳》），一時各學派名僧齊集，儼然成爲長安的佛教學術中心。安置。闔城百姓聞聲奔集，"始自朱雀街内，終屆弘福寺門，數十里間，都人士子、内外官僚列道兩傍，瞻仰而立"，"所司恐相騰踐，各令當處燒香散華無得移動，而煙雲讚響，處處連合"，《慈恩傳》六。盛況空前。而玄奘"雖逢榮問，獨守館宇，坐鎮清閑，恐陷物議，故不臨對"。《續傳》。

經像安置既畢，玄奘兼程趕赴洛陽。二月一日，《慈恩傳》六："壬辰，法師謁文武聖皇帝於洛陽宮。"案是年正月庚午朔，壬辰爲二十三日，玄奘在二十四日到長安城外，安得於二十三日謁帝於洛陽宮，顯然誤載。據《舊書·太宗紀》，唐太宗於十八年"十一月壬寅，車駕至洛陽宮"，"十九年春二月庚戌，上親統六軍發洛陽"，《通鑑》卷一九七作"甲寅，車駕行幸洛陽"，十九年春二月"庚戌，上自將諸軍發洛陽"，庚戌爲二月二十二日，則玄奘謁唐太宗必須在二月二十二日之前，《慈恩傳》六下文云"二月己亥，見於儀鸞殿"，是可推知，玄奘抵長安後，兼程至洛陽，謁見于洛陽宮當在二月一日左右。謁唐太宗於洛陽宮，己亥復見於儀鸞殿。《續傳》作別敕引入深宮之内殿。唐太宗迎慰慇懃，廣詢中亞、五印情狀，玄奘一一酬答，因此，唐太宗謂"佛國遐遠，靈跡法教，前史不能委詳。師既親覩，宜修一傳，以示未聞"。《慈恩傳》六。所修書即《大唐西域記》。並力勸玄奘還俗輔政，固辭乃止。這時唐太宗因親麾大軍伐遼又相邀同行，復爲玄奘以律制不得觀看兵戎戰鬥辭謝。惟請求敕許在環境清幽的嵩嶽少室山少林寺。少林寺爲我國著名的古寺之一，在今河南省登封縣北二十五里，建于北魏太和二十年（496），隋文帝改名陟岵，唐復名少林。佛陀扇多在此首弘禪業，菩提留支在此譯經，相傳菩提達磨曾在寺中面壁九年，唐開元《少林寺碑》敍次頗詳，《大明一統誌》二九《河南通志》等從同。翻譯經論。《慈恩傳》六：“法師又奏云：‘玄奘從西域所得梵本六百餘部，一言未譯。今知此嵩嶽之南少室山北有少林寺，遠離廛落，泉石清閑……玄奘望爲國就彼翻譯，伏聽敕言。’”唐太宗不許玄奘入山，乃命在長安弘福寺禪院譯經，“諸有所須，一共房玄齡平章”。玄奘與唐太宗會晤，“從卯至酉，不覺時延，迄於閉鼓”。《續傳》。

三月己巳，《行狀》作一日，案許敬宗《瑜伽師地論新譯經序》作二月六日還長安（金陵刻經處本），因誤奉敕翻譯之日，爲還至長安的日期。據《唐書》和《通鑑》唐太宗於三月九日至定州，如果玄奘在二月六月回到長安，則房玄齡怎麼能發使定州啟奏呢？故知許序偶誤。今從《慈恩傳》。玄奘在“頻又固請，乃蒙降許”下，自洛陽返長安入居弘福寺，決心獻身于佛教的翻譯事業，疏請選派諳解經義，富有學識的佛教徒組織譯場，以收集中人力，分工合作之效。

四月一日，《劉譜》：“案《慈恩傳》作六月戊戌，考法師於五月已譯經數種，不應六月諸人方至也。六月疑爲四月之訛。”案《續傳》《開元錄》皆云法師五月始翻譯，故《慈恩傳》六所云：“六月戊戌”，當爲四月戊戌，是年四月戊戌朔，則譯場人員彙集是四月一日。玄奘推舉的“證義”十二人：弘福寺靈潤、文備，羅漢寺慧貴，實際寺明琰，寶昌寺法祥，静法寺普賢，法海寺神昉，以上長安。廓州法講寺道琛，汴州演覺寺玄忠，蒲州普救寺神泰，綿州振音寺敬明，益州多寶寺道因；"綴文"九人：普光寺栖玄，弘福寺明濬，會昌寺辯機，以上長安。終南山豐德寺道宣，簡州福聚寺静邁，蒲州普救寺行友，棲巖寺道卓，幽州照仁寺慧立，洛州天宫寺玄則；"字學"一人：京師大總持寺玄應；"證梵語梵文"一人：京師大興善寺玄謩，《續傳》作玄模。大都齊集。《慈恩傳》六："自餘筆受書手所司供料等並至。"《續傳》略同，《圖記》四："仍敕左僕射房玄齡廣召國内碩學沙門慧明、靈潤等五十餘人助光法化。"又據許敬宗《瑜伽師地新譯序》尚有靈會、靈雋、智開、知仁、玄度、通觀、明覺、道智、處衡等人。又據《開元錄》以後還有大乘巍、大乘光、大乘欽、大乘林、大乘詢、大乘諲、大乘雲、大乘基、慧朗、嘉尚、元瑜、神泰、神察、釋詮、義褒、弘彦及信士杜行顗等人。其中慧净據《續傳》三本傳"下召追赴，謝病乃止"；法藏據《宋僧傳》五則因見識不同既預而又出譯場者。

五月，譯場準備就緒，玄奘即開始創譯。案《續傳》《開元錄》《塔銘》均作五月，《慈恩傳》作丁卯，兹從《續傳》。

玄奘從本年五月起首翻譯，直至逝世前一月止，致力一十九載，始終不懈，故綜其生平顯然劃分兩個時期。四十六歲以前則"乘危遠邁，杖策孤征"，篤志問學；四十六歲以後則盡瘁於翻譯，并講學、著作，交流宗教文化。若從學術文化上着眼，玄奘的不朽業蹟，還在譯著事業上。十九年中共譯出大小乘經、律、論以及勝論學派的典籍共七十四部一千三百三十五卷,《內典錄》五作六十七部一千三百四十四卷,《行狀》作七十五部一千三百四十卷,《唐新語》十三作六百五十七部。並撰《大唐西域記》十二卷,還譯《大乘起信論》,翻譯《老子》爲梵文,介紹於印度。他在譯經同時並爲弟子講解經義,湯用彤先生謂:"蓋古人之譯經也,譯出其文,即隨講其義。所謂譯場之助手,均實聽受義理之弟子。"(《漢魏兩晉南北朝佛教史》)培養出一批青年學者并影響及日本、朝鮮,至窺基而確立中國佛教史上的法相宗(亦稱慈恩宗、唯識宗)。案玄奘門下當時號稱三千,達者七十,但素位而不傳其名的居多,其中惟窺基、圓測爲傑出,普光、神昉、辯機、法寶、神泰、靖邁、懷素、順璟、道世、慧立、彥悰、宗哲、嘉尚、利涉等均有所建樹,著名於世,而圓測、順璟之學,影響及朝鮮古代佛學,道昭爲日本法相宗的開祖,迄今法系流傳。即就玄奘翻譯的質量來說,其卷帙之浩繁,譯筆之精粹,態度之謹嚴,均超越他前後的譯經大師。據《內典錄》《圖記》《開元錄》和《貞元新定釋教目錄》的著錄唐代譯經大約有譯者四十六人左右,譯經四百三十五部、二四七六卷左右,而玄奘却翻譯了七十五部,一三三五卷,約佔一半以上,數量是驚人的,而質量也是高的。《行狀》:"然譯經之事,其來自文起漢摩騰迄今三藏,前後道俗百餘人。先代翻譯,多是婆羅門法師,爲初至東夏,方言未融,承受之者,領會艱阻,每傳一句,必詳審疑迴,是以倒多說毗。今日法師,唐梵二方,言詞明達,傳譯便巧,如擎一物掌上示人,了然無殊,所以歲月未多而功倍前哲。至如羅什稱善秦言,譯經十有餘年，唯得二百餘卷，以此校量，難易見矣。"尤其他在"舊譯"長期積累的經驗基礎上，懲前代繙經之失，陳寅恪先生謂："玄奘譯經，悉改新名，而以六朝舊譯爲謬誤。"熊十力先生謂："佛法東來，在奘師未出世以前，所有經論，總稱舊譯（亦云舊學……）。奘師主譯之一切經論，是謂新譯（亦稱新學）。舊學自後漢至唐初，代有翻譯，而罕能達旨。惟羅什介紹般若宗大典，足資研討。真諦傳入唯識宗，頗有端緒，而苦不完（……）。總之，舊譯自羅什以外，都不曾作有計劃與有體系的介紹，而大典復太少，偶有大典，其能達原著義旨者，蓋不多見，奘師以舊譯多闕多誤爲恨，而遠走天竺，……回國……以餽國人。"（《中國哲學史論文初集》頁 101）改進翻譯的程式，改善翻譯的方法，關於音和義的問題，提出"五不翻"論，宋周敦義《翻譯名義集序》引"唐玄奘法師論五種不翻：一秘密故，如陀羅尼。二含多義故，如薄伽梵具六義。三此無故，如閻浮樹，中夏實無此木。四順古故，如阿耨菩提，非不可翻，而摩騰以來，常存梵音。五生善故，如般若尊重，智慧輕淺，而七迷之作乃謂釋迦牟尼，此名能仁。能仁之義，位卑周孔，阿耨菩提，名正徧知。此土老子之教，先有無上正真之道，無以爲異。菩提薩埵，名大道心衆生，其名下劣，皆掩而不翻。"這是玄奘在道安"論五失三不易"和彥悰"明八備"的基礎上所提出的經驗之談，希望譯文達到"既須求真，又須喻俗"的標準。作爲楷式。同時玄奘精嫻梵、漢語文，深究原典，開始自任譯主，不再依靠外人，案我國翻譯事業，如自 151 年（東漢桓帝元嘉元年）安清譯《明度五十校計經》始，其後見於《內典錄》凡七九四部、《開元錄》凡一千零三十七部，《大明三藏聖教目錄》與《大清三藏聖教目錄》凡一千四百六十部，日本《大正新修藏經目錄》凡一千六百九十二部。周一良先生《論佛典翻譯文學》謂："嚴格說起來，當然沒有一部翻譯作品能代替原文。但中國翻譯佛典從後漢到北宋，有一千多年的歷史。參加的人那樣衆多，所譯佛典的內容那樣廣泛。同時，這些經典原本存在的更是鳳毛麟角，完全靠譯本流傳。世界上任何語言裏，恐怕都沒有這樣性質的一堆翻譯文學。"（《魏晉南北朝史論集》）這許多翻譯作品前後主其事的二百餘人，起先大多爲中亞、印巴僧人或僑民，由于語文的隔閡，依賴傳語的"轉譯"，不但有譌誤和不盡不實之處，也難把原作的意義與風格確切地表達出來，爲中國人所不能接受。《出三藏記集》一胡漢譯經文字音義同異記第四："自前漢之末，經法始通，譯音胥訛，未能明練。……是以義之得失由乎譯人，辭之質文繫於執筆。或善胡義而不了漢旨，或明漢文而不曉胡意，雖有偏解，終隔圓通。"此類事例，見於《高僧傳》與《出三藏記集》的甚多。當時還用舊有的哲學名詞、概念去比附和解釋佛教哲學名詞的"格義"方法，從事譯經。它既不忠實於原文，譯文也粗糙拙劣，從東晉到隋末開始有組織地大量譯經，如道安、趙整的主持譯場，分工較周密，考校亦認真，爲鳩摩羅什的大規模譯場打下了基礎。其間譯師輩出，著名的如鳩摩羅什、求那跋陀羅、法顯、寶雲、真諦、闍那堀多等還不能精嫻雙方語文，通過助手才以暢達的文字，傳達原作的精神，初步建立了我國翻譯文學的基礎，從此在翻譯方面有了急遽的發展，但這還是翻譯史上的"舊譯"時代。到了唐初，才開始了翻譯史上的"新譯"時期，玄奘即"新譯"的創始人。故《宋僧傳》三《滿月傳·論》云："初則梵客華僧，聽言揣意，方圓共鑿，金石難和，盌配世間，擺名三昧，咫尺千里，覿面難通，次則彼曉漢談，我知梵說，十得八九，時有差違。……後則猛、顯親往，奘、空兩通，器請師子之膏，鵝得水中之乳，……印印皆同，聲聲不別，斯謂之大備矣。"《續傳》《開元録》均謂："自前代已來所譯經教，初從梵語倒寫本文，次乃迴之，順同此俗，然後筆人亂理文句，中間增損，多墜金言。今所翻傳，都由奘旨，意思獨斷，出語成章，詞人隨寫，即可披翫。"譯出中國前此未有的新經典，或捨舊譯本，重出新譯文。**開創了"新譯"時期，**案我國翻譯事業，自東漢末開始是"隨天竺沙門所持來經，遇而便出"(《出三藏記集》十道安《道地經序》)，三國、西晉，所譯大都限于零星小品，可謂翻譯史上的草創時期，從東晉到隋末，可謂翻譯史上的發展時期，唐代可謂極盛時期，宋以後即轉入衰微時期。其中譯師可謂至鳩摩羅什而翻譯始"大"，至玄奘而翻譯始"備"。（梁啟超《佛典之翻譯》略分爲三期）《出三藏記集》列舉新舊譯二十四個不同的重要名詞，以鳩摩羅什所譯爲新經，以區別於草創時期的舊經。唐代則又以玄奘所譯爲新經，以區別於六朝的舊譯。近代日本學者境野黃洋以鳩摩羅什之前爲古譯時期（見所著《中國佛教精史》），小野玄妙略同境野之說，惟將舊譯區分爲前後兩期（見所著《經典傳譯史》）。參見 P. C. Bagchi《中國佛教經典的翻譯者及其翻譯》。**使唐代譯經事業超越前代，在中國翻譯史上寫下了劃時代的一頁。**玄奘主持的譯場和翻譯程序：一、譯主，是主譯人，也是譯場的總負責人，須精通漢、梵文，透澈理解大小乘經典，而爲全場所信服，遇有翻譯上的疑義，負判斷的責任；二、證義，是譯主的輔助者，凡是已譯成的文字，審查其意義與梵本有無出入或錯誤，和譯主斟酌決定；三、證文，在譯主宣讀梵本時，注意他所宣讀的和原文有無舛誤；四、書手，一稱度語，把梵文的字音寫成中文；五、筆受，把梵文的字義翻成中文的字義；六、綴文，因爲漢、梵文字的結構不同，由他加以整理，以符合漢文結構；七、參譯，校勘原文是否有錯誤，同時再將譯文回證與原文是否有歧異之處；八、刊定，由于梵文和漢文體製不同，刊定所譯成的每句、每節、每章須去蕪存菁，使它簡要明確；九、潤文，對已經譯好的文字，加以潤色，使它流暢優美；十、梵唄，經過以上九道手續，翻譯完畢後，還須用唸梵音的方法唱唸一遍，修正音節不夠諧和的地方，以便傳誦。李思純《譯經工序考》：“譯經的情況與工作制度，是逐漸發展的。初由中印間許多居間的民族國家人士們轉述，然後到印度梵僧學習漢文漢語後試譯，而更由漢族文士們修飾，然後到漢族僧侶們學習梵語後自行翻譯。以人數言，從一二人對譯，到七八人合譯，更從此產生了翻經道場集體合作的工作制度，然後才有所謂工序。這種集體合作的工作，始於隋唐，實爲翻譯制度的最高發展階段，不是短期所能造成的。”（《江村十論》頁 79）

五月二日創譯《大菩薩藏經》二十卷，智證筆受，道宣證文，九月二日譯畢。《大菩薩藏經》，大乘經，據《慈恩傳》玄奘得之於中印度吠舍釐國吠多補羅城。其後菩提流志收入所編譯《大寶積經》內，爲其第十二菩薩藏會。玄奘承學大乘佛教的瑜伽行宗，認爲瑜伽之學統攝三乘，從佛教徒的修持來說，其歸趨乃在於所謂的“菩薩乘”。玄奘爲有系統的傳譯瑜伽行宗的神學理論，故首先翻譯開示所謂菩薩行綱領的《大菩薩藏經》。

六月十日譯無著《顯揚聖教論頌》一卷，辯機筆受。《開元錄》八：“《顯揚聖教論頌》一卷，見《內典錄》，無著菩薩造，貞觀十九年六月十日於弘福寺翻經院譯，沙門辯機筆受。”十月一日譯無著《顯揚聖教論》二十卷，至二十年正月十五日畢，智證等筆受。《開元錄》八。《顯揚聖教論》爲法相宗所依據的“十論”之一，它概括瑜伽行宗的所謂法義，闡明染淨以立教之旨，故玄奘先標舉而譯出之。

七月十四日譯《六門陀羅尼經》一卷，辯機筆受，當日即了。《開元錄》八。陀羅尼意爲真言，密咒。《六門陀羅尼經》係短篇經咒，佛教徒認爲日夜六時，誦此陀羅尼，則能解救所謂六道之苦，故名爲六門。

七月十五日譯《佛地經》一卷，辯機筆受。《開元錄》八。案《佛地經》相傳是釋迦牟尼爲妙生菩薩所説的所謂清净法界與四智的佛地五相。瑜伽行宗頗注重宗教的修踐，而其所謂"極果究竟"在於佛地，故玄奘在譯出《大菩薩藏經》的同時譯出《佛地經》，使二者相輔而行。今已發現梵本原文，見 J. Rahder《十地經菩薩地》（*Daśabhūmikasūtra et Bodhisattvabhūmi*, 1926）。

有關人物與大事

新羅圓測始從玄奘受學。宋復《塔銘》："奘公一見契合莫造，即命付《瑜伽》《成唯識》等論。……羽翼秘典，耳目時人，所以贊佐奘公，使佛法東流，大興無窮之教者也。"

道宣五十歲被召於弘福寺譯場掌綴文，襄助玄奘譯事，並開始撰《續高僧傳》。《續高僧傳自序》，參見《佛教史籍概論》。是年撰成《比丘尼鈔》三卷。今作本六卷。參見《宋僧傳》十四，《隆興佛教編年通論》十三。

道洪、義褒召赴弘福寺譯場，襄助玄奘譯事。《續傳》十五、《道洪傳》《義褒傳》。

懷素出家爲玄奘弟子。《宋僧傳》十四："釋懷素，姓范氏，其先南陽人也。……貞觀十九年，玄奘三藏方西域迴，誓求爲師。……受具已來，專攻律部。"

玄奘弟子新羅元曉落髮於皇龍寺。《三國遺事》四。

法常卒，年七十九。《續傳》十五，詳年譜附錄。

道綽卒，年八十四。《續傳》二十，詳年譜附錄。

唐初義學、翻譯名僧慧淨卒，年六十八。《續傳》三。

三論學派法敏卒，年六十七。《續傳》十五。

三論學派世瑜卒，年六十三。《續傳》二十。

弘福寺寺主慧斌卒，年七十二。《續傳》二十。

正月，王玄策等在王舍城登耆闍崛山勒銘其地。案出《珠林》二九，參見烈維《王玄策使印度記》、馮承鈞《王玄策事輯》。岑仲勉《王玄策〈中天竺國行紀〉》又據《釋迦方志》三所載云“《志》成於永徽元年，曰經今五載，則是貞觀十九年正月登鷲嶺勒銘時也。”（《中外史地考證》上冊，頁303）

二月，王玄策立碑於摩訶菩提寺。《珠林》二九“依王玄策傳云：‘比漢使奉勅往摩伽陀國摩訶菩提寺立碑至貞觀十九年二月十一日，於菩提樹下塔西建立，使典司門令使魏才書。’”參見《全唐文》二六二。

四七歲　公元六四六年
唐太宗貞觀二十年（丙午）

譜主事略

玄奘四十七歲，居弘福寺譯經。

正月十七日至閏三月二十九日譯成安慧釋《大乘阿毗達磨雜集論》十六卷，玄頤筆受。《開元錄》八。案《論》為無著所著，安慧糅合無著門人師子覺（佛陀僧稠，或作覺師子，據說他密行通達，高才世聞，詳《西域記》五）所釋並雜集《俱舍》諸論，發抒己見來總括瑜伽法門。它廣陳體義，宗教理論較為詳盡，并以三科為宗而建立法相學，故玄奘先行譯出。《大乘阿毗達磨集論》梵語原本今已發現，見 P. Pradhan, *Abhidarmasamuccaya of Asaṅga, Sanskrit Text.*（Visva—Bharati Studies, 12）Santiniketan, 1950。

五月十五日起，玄奘集中力量，翻譯瑜伽行宗學說的根本、主要論典——相傳為彌勒所說的《瑜伽師地論》，至貞觀二十二年譯畢，共一百卷。據《開元錄》八，許敬宗序文作二十一年，一字係衍文。許敬宗《瑜伽師地論新譯序》："召諸名僧二十一人，學通內外者共譯持來三藏梵本，至二十一年五月十五日筆譯《瑜伽師地論》。論梵本四萬頌，頌三十二字，凡有五分。宗明十七地義。三藏法師玄奘敬執梵本，譯為唐語。弘福寺沙門靈會、靈雋、智開、知仁，會昌寺沙門玄度、瑤臺寺沙門道卓、大總持寺沙門道觀、清禪寺沙門明覺、承義筆受。弘福寺沙門玄謩證梵語。大總持寺沙門玄應正字。大總持寺沙門道洪、實際寺沙門明琰，寶昌寺沙門法祥，羅漢寺沙門惠貴，弘福寺沙門文備，蒲州栖巖寺沙門神泰、廓州法講寺沙門道深詳證大義。本地分中五識身相應地、意地，有尋有伺地、無尋唯伺地、無尋無伺地，凡十七（按七字衍）卷，普光寺沙門道智受旨綴文。三摩呬多地、非三摩呬多地、有心無心地、聞所成地、思所成地、修所成地凡十卷，蒲州普救寺沙門行友受旨綴文。聲聞地、初瑜伽種姓地、盡第二瑜伽處，凡九卷，玄法寺沙門玄賾受旨綴文。聲聞地、第三瑜伽處、盡獨覺地，凡五卷，汴州真諦寺沙門玄忠受旨綴文。菩薩地、有餘依地、無餘依地，凡十六卷，簡州福眾寺沙門靖邁受旨綴文。攝抉擇分凡三十卷，大總持寺沙門辯機受旨綴文。攝異門分、攝釋分，凡四卷，普光寺沙門處衡受旨綴文。攝事分十六卷，弘福寺沙門明濬受旨綴文。銀青光禄大夫行太子左庶子高陽縣開國男臣許敬宗奉詔監閱，至二十二年五月十五日絕筆。"案《瑜伽師地論》是一部闡述所謂境、行、果、證的佛教神學理論書。其前一部分詳說十七地，故又名《十七地論》。所謂"地"者，指修行所達到的境界和位次。據印度的傳說，《論》爲彌勒所說的五部論中最根本的一部，梵文共有四萬頌，瑜伽行宗的佛教徒認爲它係大乘毗曇中規模最大、法義最備，而體系完整、組織嚴密、說理究竟的權威論著。最勝子等所作論釋謂："理無不盡，事無不備，文無不釋，義無不詮，疑無不遣，執無不破，行無不修，果無不證。"玄奘冒險西行的原因之一即爲求取此《論》，藉以見佛教義學之全而求其所謂的"真"，故歸國後謝絕諸緣，初期翻譯即以此《論》爲中心。從許敬宗的序文看來，玄奘翻譯此《論》幾乎動員了當時全國著名的義學僧人，他是全力以赴，審慎再三的。《瑜伽師地論》的第一部的原文殘卷，不久以前在西藏發現，其中有備忘的歌訣，分析性的說明，也有議論，惟現尚未刊行。近人把《瑜伽師地論》的梵文殘本對勘玄奘所譯，"就五體投地的佩服漢譯本是那麼謹嚴，近代翻譯少有趕得上的"（張建木《論吸收古代的翻譯經驗》，《翻譯通報》第二卷，五期，頁 54）。又案《瑜伽師地論》曇無讖曾譯其中一小部分爲《菩薩地持經》十卷，求那跋摩曾譯其中一小部分爲《菩薩善戒經》十卷，真諦曾譯其中一小部分爲《十七地論》五卷和《決定藏論》，至玄奘始補足舊譯，成爲首尾完整的一百卷本，實現了他西行求"法"的願望。玄奘在傳譯此《論》時，並日述真義，在稍後窺基、神泰、文備、遁論所撰述的《略纂》《疏》《記》等均有所記錄，茲不繁引。

七月，完成《大唐西域記》十二卷。並上《進〈西域記〉表》。案《西域記》是玄奘口述，辯機筆錄，最後由玄奘修潤、審定的著作。此書爲玄奘奉詔撰述，唐代經錄本無疑詞，但由於今本《西域記》結銜爲"三藏法師玄奘奉詔譯，大總持寺沙門辯機撰"，遂産生了所謂"譯"與"撰"的問題。岑仲勉《唐以前之西域及南蕃地理書》認爲："《新唐志》又著錄辯機《西域記》十二卷，實同一書，意當日奘以梵文寫出而機任轉漢也。"（《中外史地考證》頁316）考玄奘奉詔撰述，非在印土必無以梵文寫出之理，岑説似過於拘泥。據賀昌羣先生《大唐西域記之譯與撰》（《圖書季刊》一九三六年，第三卷，第三期，頁89—96，收入 1955 年文學古籍刊行社影印嘉興藏本《西域記》附冊頁 21—30）的考證，唐代載籍，無一作玄奘譯者，其誤始於宋開寶藏。緣《内典錄》五將《西域記》與玄奘所譯經並列，遂誤爲"玄奘譯"，同時因卷末附有辯機的《記贊》，鎸板時又誤將《記贊》與《西域記》連書，因而有"譯"與"撰"分題的結銜，而《開寶藏》又爲宋以後佛經雕板的祖本，各本也就沿襲莫辨了。案《慈恩傳》《内典錄》《珠林》《開元錄》《貞元錄》均作玄奘撰，《大唐新語》十三《記異》第二十八謂"《西域記》十二卷，見行於代，著作郎敬播爲之序"，故知唐人作玄奘撰。而《新書・藝文志》作玄奘《大唐西域記》十二卷,辯機《西域記》十二卷,就把一書誤爲兩書了。辯機奉命綴緝,怎麼能云撰述,可知今本《西域記》作玄奘奉詔譯,大總寺沙門辯機撰,其誤自宋人始。

七月十三日癸卯,據《行狀》與《大唐三藏玄奘法師表啟》。《慈恩傳》六作辛卯,誤。將譯成的佛經五部和《大唐西域記》上表於唐太宗,并請爲所譯的經論作序。表文詳見《慈恩傳》六、《廣弘明集》二十二。

七月十三日玄奘上表進新譯經論,并請唐太宗作經序,再求,始蒙允許。《慈恩傳》六"秋七月辛卯法師進新譯經論現了者,表曰……"《行狀》"至二十年秋七月十三日進新翻譯經并請仰製經序"。據《二十史朔閏表》貞觀二十年辛卯朔,據《玄奘上表記》及《玄奘法師表啟》載進經論等表,末署貞觀二十年七月十三日。

有關人物與大事

王玄策等齎梵本經論六百餘部返國。《釋氏六帖》八作貞觀二十一年。

印度婆羅門僧五人至長安。《珠林》七六:"唐貞觀二十年,西國有五婆羅門來到京師,善能音樂呪術雜戲,走繩續斷。"

六月,西突厥乙毗射匱可汗遣使請婚,許之。《通鑑》一九八、《冊府》九七八。

章拔求王羅利多菩伽因悉立國遣使至唐。《新書》二二一上。

識匿在唐蔥嶺守捉所,今新疆維吾爾自治區塔什庫爾干塔吉克自治縣西五六百里。與似没、役樂二國使者至唐。《新書》二二一下。

俱羅那國王忽提婆遣使至唐，附表云："如雪如珠，如雲如月，潔白高遠，是文夫枝。清凉一切，如須彌山，又如大海，威力自在，如那羅延，如日光明。大王中王大漢國勝天子，名流四海，俱羅那國王忽提婆謹修。"《全唐文》九九九。案《新書》二二一下《吐火羅傳》云其王忽提婆遣使者來獻書，類"浮屠"語。

四八歲　公元六四七年
唐太宗貞觀二十一年（丁未）

譜主事略

玄奘四十八歲，在弘福寺譯經。

二月二十四日譯世親《大乘五蘊論》一卷，大乘光等筆受。《開元錄》：“《大乘五蘊論》一卷，見《内典錄》，世親菩薩造。第二出與《五陰論》同本。”案《五蘊論》係闡明大乘佛教所謂的“五蘊”，攝九十四法；詮述佛教所謂的十二處、十八界等名義而攝百分，同時用以解釋《瑜伽師地論·本地分》的名數、境事，故玄奘與《瑜伽師地論》同時譯出。本論的解釋安慧有《大乘廣蘊論》一卷，日照譯，共計解釋色蘊十五種，受蘊八種，想蘊八種，行蘊七十三種，識蘊八種。案《内典錄》六、合《掌珍論》等爲八論，並云貞觀二十一年玄奘從駕於翠微宮内譯之，《大周刊定衆經目録》六同。據《慈恩傳》《續傳》貞觀二十一年玄奘並未隨從唐太宗至翠微宮，又據《通鑑·唐紀》貞觀二十一年五月戊子上幸翠微宮，僅兩月餘，在此短時間内譯成八論，殊不可能，這是道宣的誤記。《大周刊定衆經目録》乃因襲《内典錄》，即智昇所云：“雖曰刊定，繁穢猶多；雖見流行，實難憑準。”這話是有所據的，今從《開元錄》。大乘光，即普光。《宋僧傳》四：“釋普光明敏爲性，爰擇其木，請事三藏奘師，勤恪之心，同列靡及。至於智解，可譬循環，聞少證多，奘師默許。末參傳譯，頭角特高，……時號大乘光。"

三月一日起譯無性的《攝大乘論釋》十卷，大乘巍、大乘林等筆受，至二十三年六月十七日譯訖。《開元錄》八。《內典錄》六云永徽年譯，《大周刊定衆經目錄》同，今從《開元錄》。案無著攝集一切大乘學説的要義而著《攝大乘論》，開創唯識學，爲瑜伽行宗的主要論典。世親、無性各撰釋論，通解其義學。有 Etienne Lamotte 的法譯本。

五月十八日譯《解深密經》五卷，大乘光筆受，七月十三日譯畢。《開元錄》八："《解深密經》五卷，見《內典錄》全本第二譯與《深密解脱解節相續解脱》等同本，貞觀二十一年五月十八日於弘福寺譯，至七月十三日畢，大乘光筆受。"案《解深密經》爲法相宗主要依據的六部經典之一，佛教徒認爲這部經組織謹嚴，論議精闢，爲瑜伽行宗抉擇所謂境、行、果的依據，號稱"經中之論"，故玄奘將本經重譯完全。《解深密經》共八品，以"無自性相品"爲其宗教哲學的理論中心。此《經》在玄奘以前已有零種譯本：一、劉宋求那跋陀羅譯《相續解脱地波羅密了義經》一卷，《相續解脱如來所隨順處了義經》一卷，二書相當於玄奘譯本中的地波羅密品第七與如來成所作事第八的二品；二、後魏菩提留支譯《深密解脱經》五卷，相當於玄奘譯本中對分勝義諦相品第四品；三、梁真諦譯《佛説解節經》一卷，相當於玄奘譯本中的勝義締相品一品。《解深密經》有藏語原本，E. Lamotte，有《解深密經》法譯本（ *Saṃdhinirmocana Sūtra. L'explicationdes Mystéres, Texte Tibétain.* Paris, 1935 ）。

八月六日譯陳那弟子商羯羅主關於邏輯推理的著作《因明入正理論》一卷，知仁筆受。《開元錄》。《內典録》作貞觀二十一年從駕翠微宮，《大周刊定衆經目録》六同，似誤。案《因明入正理論》爲研討陳那《因明正理門論》的入門階梯，故云"入正理"。因明一詞，梵本原無，玄奘加在書名前以顯示本論的内容性質。它詳論新因明學的三支作法，并以真（正確）能立（指論斷的成立，意即證明）、真能破（指論斷的不成立，意即反駁）、真現量（度量決定之謂）、真比量（推理）、似（錯誤）能立、似能破、似現量、似比量八門，概括了因明學的全部内容，爲研究因明學的重要著作之一。因陳那久在南印度案達羅國講學，此《論》的主要内容後來被吸收於南印度泰彌爾語的文學作品 *Manimekhalai* 中，由於耆那教徒的重視，其梵本今猶保存，並爲之作注釋。1930 年 A. B. Dhruva 出版了校勘本論與師子賢注本以及脅天的復注本。(*Nyāy upravesa, Part 1. Sanskrit text with Commentaries*, Gaekwad's Oriental Series, No. 38, Baroda, 1930.) 1933 年宇井伯壽又校勘各梵本釐成定本，並翻譯爲日語。本論除漢語玄奘譯本外，尚有藏語譯本二種，均收入丹珠爾經譯部第五十五函。玄奘注重思辨真似，論議破立之學，故在印度隨處參問，於因明學的造詣頗深。玄奘在宣譯本論與《因明正理門論》時反復講説，發揮隱義，口授"大明立破方軌，現比量門"，門下弟子"譯寮僧伍，競造文疏"，日本《四相達記》卷末及《瑞源記》卷末附記《支那·本因明章疏目録》，惜多已失傳，今僅存神泰的《因明入正理門論述記》一卷，窺基《因明入正理門論疏》八卷以及文軌《疏》三卷而已。窺基門下慧沼又撰《續疏》二卷（佚上卷），《義斷》三卷，《纂要》一卷；再傳智周又作《前記》三卷，《後記》二卷，《略記》一卷，傳承不輟。因明邏輯推理并成爲法相宗方法論的要籍。

又奉敕將《老子》譯爲梵語，交流於印度。《舊書》
一九八《天竺傳》："有伽没路國（即《西域記》迦摩縷波國）其俗開東門以向日，王玄策至，其王（《新書》二二一上作尸鳩摩，爲尸利摩羅的省譯，即《西域記》《慈恩傳》的拘摩羅王）發使貢以奇珍異物及地圖，因請老子像及《道德經》。"《新書》同。《續傳》："及是西使再返，敕二十餘人隨往印度，前來國命，通議中書。敕以異域方言，務取符會，若非伊人，將論聲教。故諸信命，並資於奘，乃爲轉唐言，依彼西梵，文辭輕重，令彼讀者尊崇東夏。尋又下敕，令翻《老子》五千文爲梵言，以遺西域。奘乃召黃巾，述其玄奧，領疊詞旨，方爲翻述。"玄奘與道教徒蔡晃、成英 成玄英。 往復參議，"窮其義類，得其旨理，方爲譯之"。見《集古今佛道論衡》丙《文帝詔令奘法師翻〈老子〉爲梵文事第十》。案據《續傳》與《集古今佛道論衡》丙，玄奘在奉敕譯《老子》爲梵語時，因宗教立場的不同，反對以佛教理論比附《老子》本義，和道士蔡晃、成英等齟齬。故玄奘曾否將《老子》譯成梵語，學者意見不一。但從文獻著錄看來，玄奘"遂即染翰綴文，既依翻了"，且唐朝徇外國之請，玄奘奉勅傳譯，是翻譯了的，祇有序文未翻而已。此事《慈恩傳》失載，適見宋佛教徒排他性的壁壘森嚴，《佛祖統記》四十："上令翻《道德經》爲梵文以遺西竺，師曰：'佛老二教其致大殊，安用佛言以通老義？且《老子》立義膚淺，五竺觀之，適足見薄。'遂止。"似誤。至於翻譯的《老子》是否傳到印度？考迦摩縷波國爲稍後佛教金剛密乘的發源地，我國道家的哲學思想與印度原始的密宗在天道觀上有相通之處。《老子》譯成，當隨唐使去印，故印度歷史學者薄泰恰里雅認爲印度密教的中心在阿薩密，在七世紀曾有《道德經》的梵本，可以想見玄奘的《老子》梵本，在當時當地曾發生了相當的影響。

　　又將《大乘起信論》從漢語還譯爲梵語。《續傳》："又以《起信》一論，文出馬鳴，彼土諸僧思承其本，奘乃譯唐爲梵，通布五天，斯則法化之緣東西互舉。……前後僧傳往天竺者，……取其通言華梵，妙達文筌，揚導國風，開悟邪正，莫高於奘矣。"《續傳》未著翻譯年月，姑編述於是年。案《大乘起信論》有梁真諦和唐實叉難陀二種譯本，提出"真如緣起"（真如隨緣而生起萬法）之説，與隋唐佛教義學的關係甚密，天台、華嚴、禪宗均受其影響。祇是"真如緣起"説與法相宗的阿賴耶緣起是對立的。但《起信論》的來歷不明，《法經録》入"衆論疑惑部"，近代日本佛學研究者對其真偽問題，於 1919 年至 1921 年，1926 年至 1929 年，曾兩度展開學術争論，如松本文三郎、望月信亨、村上專精等認爲《起信論》是中國的著作；常盤大定、羽溪了諦等則主張係印度作品，迄今未有定論。近吕秋逸先生《〈起信〉與禪》以爲"它大約是在北周隋代之間（約公元 577—588）僞托馬鳴所造而以譯本的形式於北方出現的"（《學術月刊》一九六二年，第四期，頁 30）。因不在本年譜討論之列，兹從略。但《起信論》道宣已深信不疑，在唐初已廣爲佛教各學派、教派所信用，故玄奘還譯爲梵語。

有關人物與大事

戒日王卒。《四裔年表》作"貞觀二十二年，戒日王溺死於恒河"。此據王玄策第二次使印事蹟推定，當在本年（647）左右。印度自戒日王殁後至十二世紀末穆罕默德教徒攻入印度斯坦以前，五百五十年間，分裂爲許多小國，此起彼伏，戰亂不已。

以王玄策爲正使、蔣師仁爲副使，再使印度、尼泊爾諸國。時因戒日王殁，國中大亂，阿羅那順據《金石萃編》一一三昭陵石像所刻其全稱應爲"婆羅門帝那伏帝國王阿羅那順"。伯希和考定帝那伏帝對音爲 Tirabhukti，其地即今之 Tirhut。自立爲王，發兵拒王玄策等。王玄策請得吐番、泥婆羅（尼伯爾）的援兵，大破之。參見《王玄策事跡蹟》，《新唐書吐蕃傳箋證》。

三論學派僧侶靈睿卒，年八十三。《續傳》十五。

十一月，突厥餘部乙注車鼻可汗遣使至唐。《通鑑》一九九。

十二月，龜茲王代疊死，弟訶黎布失畢立，侵漁鄰境，詔郭孝恪等擊之。同上。

摩揭陀王遣使者至唐，餽波羅樹，唐朝遣使取熬糖法。《新書》二二一上。《續傳》："王玄策等二十餘人，隨往大夏……并就菩提寺僧召石蜜匠二人、僧八人，俱到東夏。尋敕往越州就甘蔗造之，皆得成就。"陸游《老學庵筆記》六："沙糖中國本無之，唐太宗時外國貢至，問其使人此何物，云以甘蔗汁煎。用其法煎成，與外國者等。"李時珍《本草綱目》三三："此紫沙糖也，法出西域，唐太宗始遣人傳其法入中國。"案《元和郡縣圖志》載蜀州貢沙糖，青州貢糖，足見製糖法經傳入後即流傳於各地。

波斯王伊嗣侯一本作俟。遣使至唐。《冊府》九六六，《通典》一九二波斯條，"其國又獻活褥蛇，形類鼠而色青，身長八九寸，能入穴取鼠"。健達王即健馱羅國。遣使餽佛土菜，莖五葉，赤華紫鬚。《新書》二二一下。

泥婆羅王那陵提婆遣使至唐，餽贈波稜（波菜）、酢菜（苦菜屬植物）、渾提葱《唐會要》一百："尼波羅國獻波稜菜，類紅藍花，實似蒺藜，火熟之，能益食味。又酢菜，狀如菜，闊而長，味如美酢苦菜，狀如苣，其葉闊，味雖少差，久食益人。胡芥狀如芹，而味香。渾提葱，其狀如葱而白。辛嗅藥，其狀如蘭，凌冬而青，收乾作末，味如桂椒，其根能愈氣疾。"等物。《新書》二二一。

四九歲　公元六四八年
唐太宗貞觀二十二年（戊申）

譜主事略

玄奘四十九歲，在弘福寺譯經。

三月二十日，譯《天請問經》一卷，辯機筆受。《開元錄》八。

五月十五日，譯訖《瑜伽師地論》一百卷。詳前許敬宗《瑜伽師地論新譯序》。

五月十五日，譯慧月《勝宗十句義論》。《開元錄》八："《勝宗十句義論》一卷，見《翻經圖》，貞觀二十二年五月十五日，於弘福寺翻經院譯，沙門靈雋筆受。"案此係印度勝論學派的論典。慧月，事蹟不詳，約爲六世紀時人，演譯勝論學派嗢露迦仙的六句義（六諦）而成十句義以盡一切法，來說明宇宙之萬有。

五月二十九日，譯世親《唯識三十論頌》一卷，大乘光筆受。《開元錄》八《唯識三十論頌》，一名《三十唯識》，即《成唯識論》的本頌，係概括唯識法相宗的理論之作，爲瑜伽行宗的主要論典。世親死後，各家論師爲之作詮釋的相繼不絕，以護法、安慧等十大論師解釋所成的一百卷爲最著。《唯識三十論頌》已發現梵語原本，H. Jacobi 有德語譯本《唯識三十頌安慧釋論》（*Vasubandhu's*

Trimśikāvijñapti mit Bhāsya des Acārya Sthiramati, 1933 ）。

六月十一日，案《慈恩傳》六："六月庚辰，敕追法師赴宮。……"既至，見于玉華殿，甚歡。"據陳援庵先生《書內學院校本慈恩傳》云："貞觀二十二年六月庚戌朔，無庚辰，庚辰爲七月朔，故此庚辰非錯簡即誤字。"按陳說是，但據《慈恩傳》《續傳》《行狀》《開元錄》均云六月，是六月不誤，可是庚辰乃庚申之誤，辰申以音同而致誤，庚申爲六月十一日。唐太宗敕玄奘至坊州宜君縣鳳凰谷玉華宮。案玉華宮據《舊書·太宗記》及《唐會要》十三，創造于貞觀二十一年七月十三日。《元和郡縣志》三宜君縣下云："玉華宮，在縣北四里。"既至，又勸逼還俗，"翊贊功業"，玄奘"捫誠堅辭"。詳《慈恩傳》六。又《象教皮編》載玄奘的唐太宗命理朝政書，係從《慈恩傳》略出，茲不具引。褚遂良亦從旁助玄奘進言，唐太宗知玄奘的翻譯與弘揚佛法之志不可奪，允予支持；又詢問《瑜伽師地論》，玄奘爲之講述大意，即遣使至京取《論》，親自詳覽。覽論畢謂侍臣曰："佛教廣大"，"世云三教齊致，此妄談也。因敕所司簡秘書省手寫新翻經論爲九本，與雍、洛、并、兗、相、荊、揚、涼、益等九州，展轉流通。使率土之人同稟未聞之義。"這時長孫無忌、褚遂良等也希旨標舉玄奘，唐太宗遂更爲重視。詳《慈恩傳》六、《續傳》及《廣弘明集》二十二。至此，玄奘重又請唐太宗作經序。《慈恩傳》六。

七月十三日，唐太宗"施玄奘衲袈裟一領，價值百金，觀其作製，都不知鍼線出入所從"。《慈恩傳》七。《劉譜》："按《慈恩傳》作七月丙申，丙申十七日也，與《表啟》不合，今誌于表啟前一日。"劉説是。

八月，按唐太宗撰《聖教序》，《行狀》云"八月四日製序訖"，玄奘謝太宗表及太宗答書末均署八月五日，惟《通載》十一云："貞觀二十二年六月帝撰《大唐三藏聖教序》成。"又據懷仁集王羲之書《聖教序》原碑拓本《述聖教記》，東宮答書後作貞觀廿二年八月三日內外，是知八月四日必有誤載，今作八月以概之。唐太宗撰《大唐三藏聖教序》凡七百八十一字，《西域記》誤爲七百六十字。成，并命上官儀對羣僚讀之，敕貫衆經之首。皇太子李治又作《述聖記》，《慈恩傳》六："時弘福寺主圓定及京城僧等請鐫二序文于金石，藏之寺宇，帝可之，後寺僧懷仁等乃鳩集晉右將軍王羲之書勒于碑石焉。"按弘福寺僧懷仁集王羲之書在高宗咸亨三年（672）十二月八日，由京城法侶建立，諸葛神力勒石，朱靜藏鐫字，距當時已二十五年。玄奘均上表啟謝。見《表啟》。九月十八日，上《請經出流行啟》，又上東宮所寫《六門陀羅尼經》及題《菩薩藏經》等。

十月一日，玄奘在玉華宮弘法台譯《能斷金剛般若波羅蜜多經》一卷，直中書杜行顗筆受。見《開元錄》八《內典錄》作永徽年於慈恩寺譯。《大周刊定衆經目錄》同。據《慈恩傳》七，係唐太宗在玉京宮向玄奘問比經，則《開元錄》的記載是。《圖記》云："清信士杜行凱，京兆人，明天竺語，兼有文藻。諸有翻傳，妙參其選。"案此爲第五譯，與羅什譯《金剛般若波羅密經》、菩提流支譯《金剛般若波羅密經》、真諦譯《金剛般若波羅密經》、達摩笈多譯《金剛能斷般若波羅密經》，均爲同本異譯。《開元錄》作第四譯，誤。奏上，並論舊譯之失。

十月十六日癸亥，玄奘隨從唐太宗返長安，居紫微殿弘法院，"畫則帝留談説，夜乃還院翻經"。《慈恩傳》七。

十一月十七日，譯世親《大乘百法明門論》一卷，玄忠筆受。見《開元録》八、《武周刊定衆經目録》六作貞觀二十一年，似舛。案《大乘百法明門論》相傳爲世親五百大論之一，法相宗所依據的十論之一。它自《瑜伽師地論·本地分》中略録百法的名數、境事，分別以明一切法無我和無我法義。窺基《大乘百法明門論解》："略録名數者，于六百六十法中，提綱絜領取此百法名種數目。此論急于爲人，而欲學者知要也。"計名心法八種，心所法五十種，色法十一種，心不相應法二十四種，無爲法六種，實際即簡略地闡明百法分類的意義。但據普光《大乘百法明門論疏》："此論原有廣文，今所傳者係廣論中本地分之略録，而非《瑜伽師地》之略録。"由于此論爲法相宗的重要依據，自譯出後，窺基作《論解》二卷、《疏》一卷、附科文一卷，又作《賛言》一卷，普光撰《論疏》二卷，從方纂《百法論顯函鈔》二十卷。

十二月八日，譯世親《攝大乘論釋》十卷，至二十三年六月十七日譯成，大乘巍等筆受。《開元録》八，案此爲第三譯，前有真諦譯十五卷本，笈多譯十卷本。

慈恩寺落成，令玄奘充上座，進啟辭之。啟文見《慈恩傳》七。慈恩寺爲唐高宗李治爲紀念其母而建。《慈恩傳》七："令所司於京城内舊廢寺妙選一所，奉爲文德聖皇后即營增寺。寺成之日，當別度僧。……於是有司詳擇勝地，遂于宫城南晉昌里面曲池，依淨覺故伽藍而營建焉。"（據《唐會要》四八，謂慈恩寺原爲晉昌坊隋無漏寺廢址。）其寺址當爲淨覺伽藍（參見《酉陽雜俎》續集《塔寺記》下，《古今圖書集成》一〇七《僧寺部·寺塔記》），在晉昌坊東面（《長安志》八），今西安市城南八里許連曲江之地。文廷式《純

~246~

常子枝語》十八："唐沙門窺基《西方要訣科注》云:'慈恩寺在晉昌坊，本名淨景寺，高宗爲母文德皇太后長孫氏敕造大慈恩寺。'按淨景之名不類釋教所有，豈即碑所述貞觀中阿羅本至長安所建立歟？碑云三一淨風，則寺名淨景，亦固其理。惟貞觀所造寺在義寧坊，此在晉昌坊與彼差異，蓋當時景教之寺，固甚多耳。"考貞觀十二年七月詔于義寧坊建景教寺一所，度僧二十一名，《景教流行中國碑頌》記載明確，參證《唐會要》四九、《長安志》十、《兩京新記》等與之符合。而慈恩寺所在，《慈恩傳》七明言"依淨覺故伽藍而營建焉"。故窺基《科注》明指在晉昌坊，所謂"本名淨景寺"，"景"疑刊本之誤。景教時甫傳入，即如日本佐伯好郎《大秦寺所在考》(《東方學報》東京第三册，頁97—140)，也不過在醫屋有大秦寺而已，安得"當時景教之寺固甚多耳"。文說似望文生義。

慈恩寺在會昌五年（845）詔毀全國寺院時明令保留，圮毀于五代（《寶刻叢編》七"五季寺廢，惟塔巍然獨存"），故宋人記載多提到雁塔，而未于寺。今寺規模據明刻碑文，當定于明代，解放後修繕一新，曾并開闢玄奘展覽室，供人參觀。

十二月戊辰，敕太常寺卿江夏王道宗等將九部樂及京城諸寺旛蓋聲樂送玄奘及所翻經像與衆僧等入住慈恩寺。唐太宗和皇太子妃等在安福門樓，執香爐臨送，路旁觀衆達數萬人，典禮極爲隆重。詳見《慈恩傳》七。《酉陽雜俎》續集《塔寺記》下:"初，三藏自西域回，詔太常卿江夏王道宗設九部樂，迎經像入寺，綵車凡千餘輛，上御安福門觀之。"

閏十二月二十六日，譯無著《攝大乘論本》三卷，二十三年六月十七日譯成，大乘巍筆受。據《開元錄》八，《內典録》六及《大周刊定衆經目録》作譯于玉華宮，誤。案此爲第三譯，前有後魏佛陀扇多譯《攝大乘論》二卷，梁真諦譯《攝大乘論》

三卷，詳見前。

有關人物與大事

窺基十七歲，奉敕出家爲玄奘弟子，先住廣福寺，不久又奉敕選入大慈恩寺，從玄奘受學經義並五印度語文，"識解大進"。《宋僧傳》四，《續藏經·史傳部》李宏慶《慈恩寺大法師基公塔銘並序》："三藏法師玄奘者多聞第一，見玄道頗加諫敬，曰：'若得斯人傳授釋教，則流行不竭矣。'因請于鄂公，鄂公感其言奏報。天子許之，時年一十七。既脫儒服，披緇衣，服膺奘公，未幾而冰寒于水矣。"

道因至慈恩寺與玄奘證譯梵本。《金石萃編》五四《道因法師碑》："追赴京邑止大慈恩寺與玄奘法師證譯梵本。……（玄奘）以法師凤望，特加欽重，瑣義片詞，咸取刊正。"

房玄齡卒。

道宣在終南山重訂所著五大部疏鈔，南山律宗的主要義學至此完備。《宋僧傳》十四、《通鑑》一九八。

四月，西突厥葉護阿史那賀魯（五咄陸部）率衆來降，唐朝置瑤池都督府，以賀魯爲都督居庭州治金滿縣，新疆維吾爾自治區吉木薩爾縣北。莫賀城（阜康縣東）。《通鑑》一九八、《唐會要》九四、《册府》一七〇。

五月，王玄策奉使天竺歸來，擄阿羅那順，俘一萬二千人，並術士那羅邇娑婆寐。使那羅邇娑婆寐於金飈門內，造延年之藥。令兵部尚書崔敦禮監主之。參見《通

《鑑》一九八、《舊書》三《太宗紀》下及一九八、《新書》二二一、《冊府》九七三、《酉陽雜俎》七、《唐會要》一〇〇。

天竺伽没路國請老子像及《道德經》。《舊書》一九八："有伽没路國，其俗開東門以向日，王玄策至，其王發使貢奇珍異物及地圖，因請老子像及《道德經》。"

九月一日，詔令京城及天下諸州寺宜各度僧五人，弘福寺五十人。總計全國有寺三千七百一十六所，度僧尼一萬八千五百餘人。詔見《慈恩傳》七，"秋七月己卯"據《二十史朔閏表》貞觀二十二年九月己卯朔，《統記》三九。

十二月，阿史那社爾平龜兹。參見《舊書》一九八、《新書》一一〇《阿史那社爾傳》《冊府》四四五。

下詔焚毀道教《三皇經》。參見《珠林》六十九、《集古今佛道論衡》丙、《通載》七。

五〇歲　公元六四九年
唐太宗貞觀二十三年（己酉）

譜主事略

玄奘五十歲，住慈恩寺翻經院譯經。

正月初一日譯《佛説緣起聖道經》一卷，大乘光筆受。小乘經，相傳是釋迦牟尼初坐菩提樹下觀十二因緣流轉還滅的道理而忽然開悟（成正覺）的經文。《開元録》八："《緣起聖道經》一卷，見《內典録》第六出，與《貝多樹下經》等同本，貞觀二十三年正月一日於西京北闕内紫微殿右弘法院譯，沙門大乘光筆受。"

正月十五日至八月八日譯成小乘一切有部六足論之一的提婆設摩《阿毗達磨識身足論》十六卷，大乘光筆受。《開元録》八："《阿毗達磨識身足論》十六卷，見《內典録》，提婆設摩造，貞觀二十三年正月十五日於北闕弘法院譯，至八月八日於慈恩寺畢，沙門大乘光等筆受。"《內典録》七與《大周刊定衆經目録》十作顯慶年於宮中譯，誤。

二月六日譯小乘經《如來示教勝軍王經》一卷，大乘光筆受。據《開元録》八，此爲第三出，與宋施護譯《勝軍王所問經》，沮渠京聲譯《諫王經》同本，與義净譯《佛爲勝光天子説王法經》亦大同小異。相傳此經係釋迦牟尼爲波斯匿王講説佛教所謂的"十二因緣"教法。

四月二十五日，玄奘陪從唐太宗至翠微宮，《舊書·太宗紀》，"（貞觀）二十三年四月己亥，幸翠微宮"，據《二十史朔閏表》，貞觀二十三年四月乙亥朔，是知己亥爲二十五日。《新書》三十七《地理志》，長安南五十里有太和宮，武德八年置。貞觀十年廢，二十一年復置曰翠微宮。這時唐太宗有病，長安四月天氣已熱，故去長安南郊翠微宮休養。**爲説佛法及五印度見聞，至五月己巳太宗疾篤，猶留玄奘于宮中。**

五月十八日譯大乘《甚希有經》一卷，大乘欽筆受。《開元錄》八："第三出，與《未曾有經》同本。"

五月二十四日譯出《般若波羅蜜多心經》一卷，知仁筆受。《開元錄》八："見《内典錄》，第二出，與《摩訶般若大明呪經》等同本。"案此經説《大般若經》之心要，故名《心經》。内容簡述五蘊、三科、十二因緣、四諦，除玄奘譯本外，尚有鳩摩羅什《摩訶般若波羅蜜大明咒》、菩提流支《般若波羅蜜多那提經》、般若、利言《般若波羅蜜心經》、法月《普遍智藏般若波羅蜜多心經》、智慧輪《般若波羅蜜多心經》、施護《聖佛母般若波羅蜜多心經》以及空海、義淨《般若波羅蜜多心經》等異譯，但以羅什譯本最爲流通。玄奘譯此經後，法藏作《心經略疏》，窺基著《般若心經幽贊》。《心經》梵語原本已發現，見 F. Max Miiller, *Prajña Paramitā hṛ daya Sūtra*, 1884。**自唐太宗卒後，玄奘還居慈恩寺專務翻譯。**《慈恩傳》七："法師還慈恩寺，自此之後，專務翻譯，無棄寸陰。"

七月十五日譯大乘《菩薩戒羯磨文》一卷，大乘光筆受。《開元錄》八："《菩薩戒羯磨文》一卷，見《内典錄》……

於大慈恩寺翻經院譯。"《内典録》《大周刊定衆經目録》六謂"於翠微宮譯",誤。案此文出《瑜伽師地論》中《本地分·菩薩地》,内分受戒、懺罪、得捨差別。瑜伽行宗頗重宗教的踐行,故玄奘譯出此文與《菩薩戒本》。

　　七月十八日譯彌勒《王法正理論》一卷,大乘林筆受。據《開元録》八、《内典録》六、《大周刊定衆經目録》六謂"貞觀二十一年從駕於翠微宮譯",誤。此論係《瑜伽論·決擇分》中《尋伺地》之別行,内容説帝五十種過失,十種功德,五種衰損法,五種方便法,五種可愛法,五種能行可愛法。其後不空譯《王法正論經》即與此同本。

　　七月十九日譯《最無比經》一卷,大乘光筆受。據《開元録》八,第二出,與隋譯《希有校量功德經》同本。

　　七月二十日譯《菩薩戒本》一卷,大乘光筆受。據《開元録》八、《内典録》六、《大周刊定衆經目録》六云"貞觀二十一年於翠微宮譯",誤。案此爲第三譯,與曇無讖等所譯同本。佛教極重清規戒律,大乘戒律,總名三聚净戒,有二種:一出于《梵網經·律藏品》,此則出于《瑜伽師地論·本地分·菩薩地》。

　　九月八日譯清辯《大乘掌珍論》二卷,大乘暉筆受,十三日譯畢。據《開元録》八、《内典録》六、《大周刊定衆經目録》云"貞觀二十一年,從駕於翠微宮譯",誤。本論上卷從敘述製此論緣起開始,提出此論的要義"真性有爲空,如幻緣生故,無爲無實有,不起似空華"頌文,上卷論證前二句,並附内外大小乘來論難的十八條,並悉予斥破;下卷論證後二句,並附毗婆沙論師、自部、他部、有部、經部、銅鍱部、相應論師、數論師等來論難,並斥破其説。案清辯既繼承龍樹的"無相皆空"學説,又雜用唯識之説,將龍樹的"皆空"之説,轉變爲依自起説。此論闡明"諸法無相"之義，以反對護法的"諸法有相"，爲非難法相宗的根本論典，故玄奘譯出以供參考。此後爲之作解釋的有靖邁《疏》二卷、文備《疏》五卷、通溫《疏》一卷、神泰《疏》一卷《古迹》一卷《料簡》一卷，元曉、寶雲亦各有撰述，可見法相宗門徒對此論的重視。近 N. Alyaswamr Sastri 將《大乘掌珍論》從漢語譯本還原爲梵語本，見 *Karatalaratna of Bhavaviveka，Tr. from a Chinese Version into Sanskrit*（Visva Bharati Studies 9），Santiniketan, 1949。

十月三日，譯親光《佛地經論》七卷，至十一月二十四日畢，大乘光筆受。《開元録》八。案本論比較西藏譯本，知玄奘所譯以戒賢的註解爲依據，故玄奘極爲重視，譯完《瑜伽師地論》後，隨即翻出本論，以發揮其師説戒賢所謂的法界轉依説理論。《慈恩宗》上："無異是替瑜伽學説做了一個總結，就可知他是在怎樣的用意之下來介紹瑜伽學了。"

十二月二十五日，譯陳那《因明正理門論》一卷，知仁筆受。《開元録》八："《因明正理門論》本一卷，見《内典録》，大域龍（陳那）菩薩造。初出，與義浄出者同本。貞觀二十三年十二月二十五日於慈恩寺翻經院譯，沙門知仁筆受。"《内典録》六、《大周刊定衆經目録》六作貞觀二十一年，從駕於翠微宮譯，誤。案此論爲陳那前期的代表作，英語譯本作《邏輯入門》。論分上下兩篇，從"立""破"的角度，詳述新因明的理論。上篇專論能立及似能立，下篇詳論能破及似能破；在"真能立"部分的"九句因"，"似能破"方面的"十四過類"提出了作者的精湛見解。玄奘譯出此論，門下文備、定賓、普光等各爲《疏》或《述記》。日本則通過道昭、玄昉至唐留學而傳入，其後爲之作疏解的尤衆，據《四相違私記》卷末所列書目竟達百五十部，數百卷之多。近代宇井伯壽的《因明正理門論解説》，對它的研究尤爲精博。

有關人物與大事

　　春，辯機因與高陽公主（合浦公主）通姦被殺，年三十左右。參見《通鑑》一九九《新書·公主傳》《房玄齡傳》。案辯機爲玄奘早期得意弟子之一，其被殺之年史無明文，據陳援庵先生的考證："是辯機被殺之年，必在太宗未死之前……太宗以貞觀二十三年五月卒，辯機之被戮，蓋在貞觀二十二年七月後，廿三年五月前。"（文學古籍刊行社影明嘉興藏本《大唐西域記》附册《西域記撰人辯機》）兹假定於是年春。參見《新書》八十三《合浦公主傳》、九十六《房遺愛傳》。

　　道世從玄奘受學，並參預譯場。案道世生卒不詳，據《宋僧傳》四，俗姓韓，字玄暉，京兆人，因避太宗諱，以字行，早年出家于青龍寺，研覈律宗，貞觀末預玄奘譯事，後又詔居西明寺從道宣遊。生平著作頗富，《開元録》九謂："綴緝爲務，兼有鈔疏，注著衆經。"著録其《諸經集要》一部二十卷。《宋僧傳》四："編《法苑珠林》一百篇（嘉興藏改爲一百二十卷），始從劫量，終乎襍記，部類之前，各序別論，令學覽之人就門隨部，檢括所知，如提綱焉，如舉領焉。"《法苑珠林》爲著名的佛教類書，"將佛教故實，分類編排，凡百篇。篇各有部，部又有小部，均以二字爲題。總六百四十餘目，引經、律、論分隸之"。道世又輯有《善惡業報論》等，都一百五十二卷。

　　宗哲請益於玄奘之門。《宋僧傳》四："釋宗哲，西河平遙人也，屬玄奘三藏新翻諸經論，哲就其門請益無替，凡幾周星，備窮諸典，若指于掌，於奘門下號爲得意。"

　　玄應從玄奘參預譯事。據《續傳》三十《智果傳附》及《内典録》五、《開元録》八。玄應博通字書，周涉古今，以貞觀末曆敕召參傳，懲北齊道慧一切經音之失乃著《一切經音義》(《內典錄》作《衆經音義》)二十五卷。《開元錄》謂：“因譯尋閱，捃拾藏經爲之音義，註釋訓解援引羣籍，證據卓明，煥然可領。”

彦悰至長安，受學於玄奘之門。《宋僧傳》四：“貞觀之末，觀光上京，求法于三藏法師之門。然其才不逮光（普光）、寶（法寶），偏長綴習學耳，於玄儒之業，頗見精微，辭筆之能，殊超流輩。有魏國西寺沙門慧立……著傳五卷，專記三藏。……數年流散他所，搜購乃獲。弟子等命悰排次之、序引之，或文未允，或事稍虧，重更伸明，曰箋述是也。”案彦悰所編著的除箋《慈恩傳》外，《內典錄》《開元錄》著錄其《集沙門不拜俗議》六卷，今可考見的尚有《法琳別傳》(《廣弘明集》二五所引即此傳的總論)和《佛頂最勝陀羅尼經序》。

道生從吐蕃泥波羅道至中印度菩提寺。《大唐西域求法高僧傳》上。

義淨年十五仰慕玄奘，立志遊西域。《宋僧傳》一：“義淨……年十有五，便萌其志欲遊西域，仰法顯之雅操，慕玄奘之高風。”案義淨于公元 671 年（咸亨二年）出國，是年立下志願。他生于公元 635 年（貞觀九年），是年爲十五歲。參見前譜。

新羅名僧普耀禪師攜大藏經返國。《三國遺事》。

玄奘譯經助手道洪卒，年七十六。案《續傳》作卒年七十九，據傳云“年十三以開皇六年出家”，則卒年應爲七十六。據《續傳·本傳》初爲涅槃學派僧侶，後爲地論師，“弘福譯經，選充證義，慈恩創起，又敕徵臨。”

三論學派茅山明法師、栖霞慧布弟子慧璿卒，年七十九。《續傳》十五。

律宗名僧慧旻卒，年七十七。《續傳》二二。

五月二十六日，唐太宗卒于含風殿，年五十三。參見《新、舊·本紀》《通鑑》一九九、《唐會要》"五月二十六日帝崩于翠微宮含翠殿"。六月，高宗李治即位，詔罷遼東之役。《通鑑》一九九。

七月，于闐王伏闍信來唐。同上。

十月，以突厥諸部置十一州，分隸雲中、定襄二都督府。同上。

五一歲　公元六五〇年
唐高宗永徽元年（庚戌）

譜主事略

　　玄奘五十一歲，自去年還慈恩寺後，專心致志於翻譯事業，"既知上座之任，僧事復來諮稟。復有內使遣營功德，前後造一切經十部，夾紵寶裝像二百餘軀，亦令取法師進止。" <small>案玄奘歸國後造一切經與印經像，有功于我國印刷事業的發展。唐馮贄《雲仙散録》印普賢引《僧園逸録》："玄奘以回鋒紙印普賢象，施於四衆（僧、尼、善男子、善女子），每歲五馱無餘。"《寄歸傳》四、三十一《灌沐尊儀》："造泥制底及拓模泥像，或印絹紙，隨處供養，或積或聚，以甎裹之，即成佛塔。"這種雕板印象，或泥制底及拓模泥像一類的印刷品，當爲刊書的先導。"至唐代印度佛印傳入中國，摺佛之風一時大盛，一紙中動輒印百千佛像，一印或數百千張，而後印刷方告萌芽，遂有後日之盛"（《唐代長安與西域文明·唐代刊書考》頁 122），其後見于記載的如太和九年（835）"勅諸道明府不得私置曆日板"（《舊書·文宗紀》）、馮宿《禁版印時憲書奏》（《全唐文》六二四），以及王讜《唐語林》七、葉夢得《石林燕語》八、《柳玭家訓序》（《愛日齋叢鈔》卷一引）等的記載，可知唐代印刷業在廣泛應用的情況下發展着，從現存的唐</small>

咸通本《金剛經》（這一印本書發現于敦煌千佛洞莫高窟爲斯坦因所竊去，現藏倫敦不列顛博物院，其介紹見斯坦因《中國西陲考古記》與卡德《中國印刷術之發明及其西傳考》）和近年在四川成都市唐墓中出土的印本陀羅尼經咒一方的實物看來，足證唐末印刷技術已達相當高的水平，這與玄奘歸國後“録造俱胝畫像彌勒像各一千幀，又造素像十俱胝”（《慈恩傳》十），施於四衆也不無關係。

又《慈恩傳》謂：“夾紵寶裝像。”案《一切經音義》七七引《釋迦方志》云：“夾紵者，脱空像，漆布爲之。”《西域記》十二原註“夾紵今稱脱沙”，就是用漆塗裹麻布而制成的各種佛像，其製作據虞集《道園集古録》七《劉正奉塑記》與鈔本《圓明園內工佛作現行則例》等的記載，在造像時先搏制泥模，再在泥模上裹縫紵布，用漆塗凝光飾，然後將泥除去，脱空而成像。這一工藝品原是我國古代勞動人民的創制發明，漢人寫作夾紵如漢王盱墓夾紵杯銘，或作夾紵如夾紵盤銘。由于佛教的傳入，即將這一技藝用來造像，成爲我國特創的夾紵像，據《續傳》十九《舊書》二二及《朝野僉載》五等的記載，到唐代夾紵造像的技藝有驚人的發展。八世紀時鑒真及其弟子如寶、思託等把這一技藝傳入日本，並在奈良唐招提寺制造了丈六本尊盧舍那佛、丈六藥師、千手觀音等夾紵像，至今日本奉爲國寶。

正月初一日，譯《稱讚净土佛攝受經》一卷，大乘光筆受。《開元録》八。第三譯，與鳩摩羅什譯《阿彌陀經》同本，惟舊譯内容爲所謂六萬方佛之勸信，而玄奘譯本則謂所謂十方佛之勸信。又《開元録》以安世高《無量壽經》爲此經的第一譯，但不見于《祐録》。

二月一日，譯最勝子《瑜伽師地論釋》一卷，大乘暉筆受。《開元録》八。

二月三日至八日譯《分別緣起初勝法門經》二

卷，大乘詢筆受。《開元録》八。第二譯，與隋達磨笈多《緣生經》同本，闡明所謂十一種"殊勝"之事故。

二月八日，譯《説無垢稱經》六卷，八月一日畢，大乘光筆受。《開元録》八："《説無垢稱經》六卷，見《内典録》第七譯，與羅什《維摩經》等同本。"案此經先後經七次重譯：一、東漢嚴佛調譯《古維摩經》一卷；二、吳支謙譯《維摩詰説不思議法門經》二卷；三、西晉竺法護譯《維摩詰所説法門經》一卷；四、西晉叔蘭譯《毗摩羅詰經》三卷；五、東晉祇蜜多譯《維摩詰經》四卷；六、後秦鳩摩羅什譯《維摩詰所説法經》三卷；七、即玄奘譯本。藏語譯本有法戒譯《聖無垢稱所説大乘經》六卷，共三十品，收入丹珠爾。據陳寅恪先生考證《維摩詰經》之作者，必爲一在家居士（見中央研究院《歷史語言研究所集刊》第二本《敦煌本維摩詰經文殊師利問疾品演義跋》）。

五月五日，譯《藥師瑠璃光如來本願功德經》一卷，慧立筆受。《開元録》八："《藥師琉璃光如來本願功德經》一卷，見《内典録》第二出，與隋笈多等出者同本。"案此爲第四譯：一、東晉帛尸黎密多羅譯《佛説灌頂拔除過罪生死得脱經》一卷；二、宋慧簡譯《藥師琉璃光經》一卷；三、隋達摩笈多譯《佛説藥師如來本願經》一卷；四、即玄奘譯本。其後義淨又重譯《藥師瑠璃光七佛本願功德經》二卷。前四譯單譯出藥師如來之部，義淨譯本譯出七佛，較前完備。玄奘譯此經後，窺基曾作《經疏》一卷，其後淨挺、靈耀、新羅太賢、日本善珠、亮汰等又相繼作疏解。

六月十日《武周刊定衆經目録》六作貞觀二十一年，似舛。譯聖天（提婆）《廣百論本》一卷，大乘諶筆受。《開元録》八。案《廣百論》爲大乘中觀學派的要典，皆五言偈頌，凡二十品，所謂破我見等之一切法。玄奘所譯只是論本的後半部十品，藏語譯本完全。

六月二十七日譯護法《大乘廣百論釋論》十卷，十二月二十三日譯訖，敬明等筆受。據《開元釋教錄》八。《內典錄》六與《大周刊定衆經目錄》六作顯慶年譯。案此釋論以瑜伽行宗的觀點來解釋《廣百論》，與《成唯識論》的破我、法二執相表裏，玄奘譯出《廣百論》與護法的《釋論》係從反面用以建立其法相宗的學說。似應在譯出《廣百論》後，即譯《釋論》。

九月十日譯小乘《本事經》七卷，十一月八日畢，靜邁、神昉筆受。《開元錄》八。

九月二十六日譯大乘《諸佛心陀羅尼經》一卷，大乘雲筆受。《開元錄》八。

有關人物與大事

道宣再入弘福寺參與譯經並編竣《釋迦方志》。《釋迦方志·序》《開元錄》八。

伽梵達磨譯經一卷。案《宋僧傳》二載伽梵達磨此云尊法，西印度人，遠踰沙磧，來抵中華，永徽之歲，譯經一卷，後不知所終，永徽凡六載，其譯經一卷的確切年代今不可知，茲姑繫于本年。

詔天宮慧威禪師補四大師朝散大夫。《統記》三九。

玄照西行，道經吐蕃，由文成公主送往天竺，新羅僧玄恪、慧輪等隨往。《大唐西域求法高僧傳》上。

五月壬戌，吐蕃贊普棄宗弄讚卒。《通鑑》一九九。年三十四。棄宗弄讚（松贊干布）的年壽，頗有異説，兹據王忠《新唐書吐蕃傳箋證》與《松贊干布傳》。

六月，高侃與突厥戰于金山，敗之，俘車鼻可汗。《通鑑》一九九，《新書》本紀三，參見《唐會要》九四。

八月壬午詔以龜兹舊王布失畢歸國復位。《通鑑》一九九。

吐火羅遣使至唐餽駝鳥。《新書》二二一下。

波斯（伊朗）爲突厥所侵迫來朝于唐，唐置波斯都督府。

五二歲　公元六五一年
唐高宗永徽二年（辛亥）

譜主事略

　　玄奘五十二歲，在慈恩寺譯經。正月初八日壬寅，瀛州刺史賈敦頤、生平詳《舊書》一八五上"良吏"，《新書》一九七"循吏"。蒲州刺史李道裕、生平見《新書》九九附《李大亮傳》。穀州刺史杜正倫、生平詳《舊書》七〇、《新書》一〇六本傳。恒州刺史蕭銳生平詳《舊書》六三附《蕭瑀傳》。"因朝集在京，公事之暇"，請玄奘爲受菩薩戒，並爲之廣説菩薩行法。《慈恩傳》七。

　　正月九日，譯大乘《受持七佛名號所生功德經》一卷，大乘光筆受。《開元録》八。

　　正月二十三日譯《大乘大集地藏十輪經》十卷，六月二十九日畢，大乘光等筆受。《開元録》八："是大集第十三分與舊《方廣十輪》同本。"略名《地藏十輪經》，相傳係釋迦牟尼應地藏菩薩之問而説所謂十種佛輪（力）的經文。

　　四月五日譯衆賢《阿毗達磨顯宗論》四十卷，至三年十二月二十日畢，慧朗、嘉尚等筆受。《開元錄》八。案玄奘在永徽、顯慶年間所譯以《俱舍論》及其有關有部的諸論典爲中心，因俱舍學說關係到有部的各種毗曇，故同時譯出，企圖窮源竟委地給以解決。《顯宗論》一名《光三摩耶論》，爲顯揚其反對《俱舍論》而著《順正理論》的宗教哲學論典。玄奘與《俱舍論》同時譯出，以供正反兩方面的參考。《宋僧傳》四："釋嘉尚，勤在進修，務於翻譯，遠棲心於奘三藏門，久稽考《瑜伽師地》《佛地論》旨，《成唯識論》深得義趣，隨奘於玉華宮譯《大般若經》，充證義綴文，多能傑出。"

五月十日譯世親《阿毗達磨俱舍論本頌》一卷，元瑜等筆受。《開元錄》八，未載年月，疑與《阿毗達磨俱舍論》同時譯出，故定爲五月十日。案《俱舍論》總結小乘毗曇之學，據《婆藪槃豆傳》、圓暉《俱舍頌疏》，世親自罽賓學成歸國後講《毗婆沙》，日輯一頌，後造長行，便成《俱舍》，本頌凡六百頌，但以其文義幽深，世親又作論以疏解之。此與真諦譯《俱舍論偈》一卷同本。

同時又譯《阿毗達磨俱舍論》三十卷，于五年七月二十七日畢，元瑜筆受。《開元錄》八："《阿毗達磨俱舍論》三十卷，見《內典錄》，世親造，第二出，與真諦出者同本，永徽二年五月十日於大慈恩寺翻經院譯。"《內典錄》七與《大周刊定眾經目錄》十作顯慶年於宮中譯，誤。案《俱舍論》于永徽五年七月二十七日譯畢，故玄奘在這一年報智光書云"其《俱舍》《正理》見譯未周，今年必了"。《開元錄》著錄年月與玄奘致函相合，故知《開元錄》所載譯經的年月頗確，是以爲據。又案《論》即爲釋《本頌》者，與真諦譯《阿毗達磨俱舍釋論》二十二卷同本。真諦所譯稱舊俱舍，玄奘所譯，名新俱舍。

閏九月五日譯世親《大乘成業論》一卷，大乘光筆受。據《開元録》八、《内典録》六與《大周刊定衆經目録》六云貞觀二十二年譯，誤。第二出，與《業成就論》同本。此論闡明瑜伽行宗的"愛非愛緣起説"。

有關人物與大事

禪宗北宗神秀的嗣法弟子普寂生。《宋僧傳》九。

道宣于翻譯工作之餘，增修含注戒本並疏。

道信卒，年七十二，後杜正倫爲製碑文。《傳燈録》三、《續傳》二六。

大食與唐朝正式通使，《舊書》一九八《大食傳》："永徽二年，始遣使朝貢，其王姓大食氏，名噉密莫未膩，自云有國已三十四年，歷三主矣。"《新書》二二一《大食傳》同，又見《舊書》四《本紀》及《唐會要》一〇〇。《通典》一九三："大食國者大唐永徽中遣使朝貢，其國在波斯之西。"Marshall Broomhall 著《中國與阿剌伯人關係之研究》："書中所謂三主，當爲謨罕默德及二教主額卜白克爾與墨爾，而使者乃銜歐士茫教主之命。"（朱傑勤譯《中西文化交通史譯粹》頁 84，又詳 Issac Mason《回回教入中國考》）也是伊斯蘭教傳入中國之始。詳陳援庵先生《回回教傳入中國史略》。白壽彝《中國穆斯林的歷史傳統》："651 年 8 月 25 日即赫蚩拉 31 年 1 月 2 日哈里發的第一個使節在長安會見了唐高宗。從此伊斯蘭在中國逐漸流傳并發展起來。"（一九六一年《北京師範大學學報》）

案舊説如《明史》三三二《西域傳》、傅維麟《明書》一六七、朱一新《無邪堂答問》二、何喬遠《閩書》、夏燮《中西紀事》二、藍煦《天方正學》以及日本川柳狂堂《中國回教傳衍史》等作回教傳入我國遠在隋代或唐武德年間。據馬堅《古蘭經簡介》（頁3）"《古蘭經》是在二十三年之間（609—632）陸續零星啓示的"，則唐代貞觀初期伊斯蘭教實無從傳入，至早也應在貞觀後期與永徽年間，舊說之誤自不待言。陳漢章《中國回教史》據顧炎武《日知錄》二九、杭世駿《通古堂文集》二五謂："今考隋唐書並未見有中國回教行迹，于是中國人有合回回於回紇者，有以回回教爲回紇之摩尼教者。"認爲其始見於唐（一九二六年十二月《史學與地學》第一期）。陳登原據蘇萊曼《東遊記》記廣州事認爲"回教在華，從八五一年至一〇〇四年之間當已相當盛行"。"然回教來華，當在七六二年至八五一年之間"。（《國史舊聞》第二分冊，頁82）案伊斯蘭教最初傳入我國的年代，今雖不能確定，但從廣州、泉州伊斯蘭教先輩的墓葬遺跡與文獻記載相印證，當在唐初由海道傳入，至于正式記載，當以本年通使爲據。

正月，西突厥阿史阿賀魯擁衆西走，擊破乙毗射匱可汗，建牙于雙河、千泉，號沙鉢羅可汗，西域諸國多附之。《通鑑》一九九、《冊府》九三七。十二月，西突厥處月部首領朱邪孤注殺唐使者，附于沙鉢羅可汗。《通鑑》一九九、《舊書》一〇九《契苾何力傳》。

九月三日廢玉華宮爲佛寺。《通鑑》一九九《唐紀》："永徽二年九月癸巳廢玉華宮爲佛寺。"據《二十史朔閏表》，永徽二年九月辛卯朔，則癸巳應爲初三。《冊府》五一作永徽二年八月廢玉華殿爲佛寺，然《唐會要》及《舊書》均謂九月，似《冊府》誤，今從《通鑑》。

大乘燈疑于是年從玄奘受具足戒。《大唐西域求法高僧傳》上："大乘燈者，愛州人也，梵名摩訶夜那鉢地已波……後隨唐使郯緒相逐入京，於慈恩寺三藏法師處受具戒，居京數載，頗覽經書，而思禮聖蹤，情契西極，遂持佛像，攜經論，既越南溟到師子國。過南印度，復屆東天，與淨相隨詣中印度，先到那爛陀，次向金剛座，旋過薛舍離，後到俱尸國，禪師在俱尸城般涅槃寺而歸寂滅。"《大乘燈傳》未載受具年月，無旁文可資引證，姑編列于是年。

五三歲　公元六五二年
唐高宗永徽三年（壬子）

譜主事略

玄奘五十三歲，住慈恩寺譯經。

正月十六日譯無著《大乘阿毗達磨集論》七卷，三月二十八日畢，大乘光筆受。據《開元錄》。《內典錄》六、《大周刊定眾經目錄》六，作顯慶年譯，誤。案此論異名《對法論》，爲無著總結大乘阿毗曇學的著作，故玄奘特爲標舉，其梵語原本近已發現，P. Prad han 于 1950 年刊行。

三月《續傳》《開元錄》均作二月，茲據《慈恩傳》七。玄奘奏請造塔以安置經、像及舍利，兼防火災，經唐高宗許可，就在慈恩寺西院營建。玄奘原擬建石塔高三十丈，後以大功難成，改用磚造，塔基面各一百四十尺，高一百八十尺，層層中心皆藏舍利或一千、二千，凡一萬餘粒。上層以石爲室，南面刊褚遂良所書《三藏聖教序》《述聖記》兩碑。《續傳》四："永徽二年，請造梵本經台，蒙敕賜物，尋得成就。"《行狀》《開元錄》同。案《唐會要》四十八："慈恩寺內浮圖，永徽三年沙門玄奘所立。"《長安志》八"次南進昌坊半以東大慈恩寺，寺西院浮圖六級，高三百尺，永徽三年沙門玄奘所立。初唯五層，高一百九十尺，塼表土心，仿西域窣堵波制度，以置西域經像，後浮圖心内卉木鑽出，漸以頹毀。長安中，更拆改造，依東夏剎表舊式，特崇於前"云云，均是作永徽三年造與《慈恩傳》合，今從《慈恩傳》。

興建時，玄奘親負簣畚，擔運磚石，基塔之日，自述《願文》。《慈恩傳》七："初基塔之日，三藏自述誠願，略曰……時三藏親負簣畚，擔運磚石，首尾二周，功業斯畢。"

案玄奘建塔形制倣印度亘婆窣堵波式詳《西域記》九，故《慈恩傳》七云："倣西域制度，不循此舊式也。"但至嗣聖年間（684—704）舊塔崩圮，武則天與王公施錢重建，高十層，名大雁塔，後屢經兵燹，止餘七層，陳思《寶刻叢編》七樊察序文："永徽三年，沙門玄奘自西域歸，始于寺西建雁塔。其後頹圮，至長安中乃復更造。"塔"氣象雄偉，甲于海内"。《古歡堂雜著》五："《西京記》曰，唐慈恩寺西院浮圖，高三百尺，永徽五年沙門玄奘造，國人謂之雁塔。塔在朱雀街第十五坊。"唐代自神龍（705—707）以來，形成一種社會風氣，凡進士及第必登雁塔題名，對於封建知識分子頗具影響。《寶刻叢編》七慈恩雁塔唐賢題名十卷："自神龍以來，進士登科皆錫燕江上，題名塔下，由是遂爲故事。"王定保《唐摭言》卷一述進士下篇引李肇《國史補》（案《國史補》原書失載）："……既捷，列名于慈恩寺塔，謂之題名。"又："神龍以來，杏園宴後皆于慈恩寺塔下題名，同年中推善書者記之。……"又："白樂天一舉及第，詩曰：'慈恩塔下題名處，十七人中最少年。'樂天時年二十七。"唐人書法，後世重視，雁塔題名，宋人摹刻上石，拓本流傳，成爲珍貴的文物。大雁塔自五代安重霸重修後，歷代均加整繕，今猶保持唐代原來的結構。《玄奘法師紀念集》武伯綸《慈恩寺和大雁塔》："塔現高 64 米，爲方形七層樓閣式，與一般塔不同。各層壁面做木質建築，均有磚砌枋柱座斗。自下向上依次略小，下兩層作九間，三四層作七間，上三層五間，呈方錐形，第一層周長一百米，內有木質樓梯，可以盤旋而上，各層均有磚券拱門，可以自內向外眺望。這些都可使人仿佛唐岑參'下窺至高鳥'，章八元'四十門開面面風'的詩句，塔還保持着唐代原來的結構。塔底層青石門框門楣上，線刻佛、菩薩像端嚴優美，西門楣佛殿雕刻，細部畢具，都是唐代原物，可能是塔初修或武則天重修時的作品，是爲現存唐代線刻的最上乘。"一九六一年，國務院明令公布大雁塔爲國家重點保護的文物單位。

四月四日譯《佛臨涅槃記法住經》一卷，大乘光筆受。《開元錄》八："《佛臨涅槃記法住經》一卷，見《翻經圖》，永徽三年四月四日於大慈恩寺翻經院譯，大乘光筆受。"

有關人物與大事

于闐實叉難陀生。實叉難陀善解大小乘，旁通異學，武則天以晉譯《華嚴經》處會未備，發使于于闐國訪求。于闐國王遣實叉難陀齎梵本至洛陽，證聖元年（695）在大遍空寺翻譯《華嚴經》，菩提流志、義凈同宣梵本，復禮、法藏等筆受，至四年後譯成八十卷，是謂《八十華嚴》又稱《唐譯華嚴》，漢譯《華嚴經》至此始告一段落。他自久視元年（700）至長安四年（704）與法藏等譯出《大乘入楞伽經》，計前後共翻經十九部，景雲元年（710）卒，年五十九。生平詳見《華嚴經傳記》一、《開元錄》九、《宋僧傳》二等。

中天竺印度阿地瞿多（無極高），正月自西印度齎梵本至長安。據《宋僧傳》二。譯《陀羅尼集經》十二卷，時那提於慈恩寺譯經，地婆訶羅於弘福寺譯經，一時宣譯皆極其選，法門榮之。《統紀》三九。沙門玄楷等固請翻其梵本，自永徽三年至四年間於慧日寺從《金剛大道場經》中撮要而譯，集成一部名《陀羅尼集經》十二卷，又見《開元錄》八。

法顯卒，年七十七。《續傳》二十。

正月，梁建方等大破處月，擒朱邪孤注。《通鑑》一九九、《通典》一九九。

列吐火羅國爲月氏府，以其葉護阿史那烏濕婆爲都督。《册府》九六六。

五四歲　公元六五三年
唐高宗永徽四年（癸丑）

譜主事略

　　玄奘五十四歲，正月初一日譯眾賢《阿毗達磨順正理論》八十卷，五年七月十日畢，元瑜筆受。《開元錄》八，《順正理論》一名《俱舍雹論》，又作《隨實論》，其內容為一辨本事品、二辨差別品、三辨緣起品、四辨業品、五辨隨眠品、六辨賢聖品、七辨智品、八辨定品，係根據有部執實之說，批駁《俱舍論》的論著。元瑜筆受其文，因而作《注疏》二十四卷、《述文記》二卷。

　　五月，法長自印度來唐，抵長安謁玄奘，攜來中印度摩訶菩提寺智光、慧天的問候書信，並寄白氎一雙，案白氎又作白疊，即白棉布。《史記·貨殖列傳》正義："白疊，木棉所織，非中國所有也。"《梁書》五四《諸夷·高昌》："多草木，草實如繭，繭中絲如細纑，名為白疊子，國人多取織以為布。布甚軟白，交市用焉。"《法顯傳》敘竭叉國云"諸白疊種種珍寶"，又《梁書·諸夷·渴盤陁》："風俗與于闐相類。衣古貝布。"可知高昌的種植白疊織布係從葱嶺以西傳來，在我國未種植棉花前，是頗為珍貴的。表示慕忱。法長來唐，《慈恩傳》失載其年代，僅云"夏五月乙卯"，《梁譜》繫于四年，《劉譜》《曾譜》同作三年。案陳援庵先生《書内學院校慈恩傳後》云，夏五月乙卯，承上文當爲永徽三年。然永徽三年五月丁巳朔，無乙卯，非同卷第十三頁之三年有誤，即此五月乙卯有誤。考《慈恩傳》載三年春玄奘始于慈恩寺西院營造雁塔事，云"首尾三周（年），功業始畢"，其後即述夏五月法長將書并賚讚誦及白氎兩端事，雖未明記其年代（《慈恩傳》無永徽四年的記載），是必在造塔之後，即第二年事。又《續傳》《行狀》並敍塔成後又追入内於修文殿翻《發智》等論，亦可旁證法長來唐當在建塔之後。《劉譜》《曾譜》繫於三年，蓋未審其先後，以爲夏五月即是永徽三年，遂致誤。《梁譜》作四年，固是，但《梁譜》又謂是年"寄書問訊師之"，則非。蓋報書明在五年二月，法長辭還之時也。

《慈恩傳》七："夏五月乙卯，中印度國摩訶菩提寺大德智光、慧天等致書于法師。光于大小乘及彼外書、四韋陀、五明論等莫不洞達，即戒賢法師門人之上首，五印度學者咸共宗焉。慧天於小乘十八部該綜明練，匠誘之德，亦所推重，法師遊西域日常共切磋。彼雖半教有功，然未措心於《方等》，爲其執守偏見，法師恒詆訶。曲女城法集之時，又深折挫，彼亦媿伏。自别之後，欽佇不忘，乃使同寺沙門法長將書，并賚讚頌及氎兩端，揄揚之心甚厚。其書曰：'微妙吉祥世尊金剛座所摩訶菩提寺諸多聞衆所共圍遶上座慧天，致書摩訶支那國于無量經律論妙盡精微木叉阿遮利耶（指玄奘），敬問無量少病少惱。我慧天苾芻（慧天自稱）今造《佛大神變讚頌》及諸經論比量智等。今附苾芻法長將往。此無量多聞老大德阿遮利耶智光，亦同前致問，鄔波索迦日授稽首和南。今共寄白氎一雙，示不空心，路遠莫怪其少，願領。彼須經論，録名附來，當爲抄送木叉阿遮利耶，願知。'其爲遠賢所慕如此。"

有關人物與大事

　　日本學問僧道昭入唐，至長安就玄奘學法相宗經論並習禪學，學成歸國後開創日本法相宗。據日本《續紀》和《釋書》九、《本朝高僧傳》一、《三國佛法傳通緣起》卷中《法相宗》及《宋史》四九一《日本傳》等，道昭于孝德天皇白雉四年五月（日本紀元1313，公元653年）隨遣唐使吉士長丹至長安，受學于玄奘之門，玄奘命共房舍，與窺基同稟法相教義，加意教誨，後並令至相州隆化寺慧滿禪師（禪宗二祖慧可弟子）處學習禪法，慧滿委曲開示，付以《楞伽經》。道昭習禪後又至長安從玄奘學，約在齊明七年（日本紀年1321，公元661年）歸國，玄奘以《佛舍利經論》及法相宗的章疏付之。道昭攜歸大批經論，置于平城右京禪院，又建禪院于元興寺東南隅，盛弘法相宗，日本始聞唯識之旨，稱法相宗的第一傳，成爲日本南部六宗之一。道昭歸國後並周游各地，除弘法外並鑿井架橋，致力于社會事業，文武四年（日本紀元1360，公元700年）卒，年七十二，遺命荼毗（火葬）于栗原，爲日本火葬之始。同時由于道昭從慧滿習禪，歸國後建禪院傳法，又爲日本禪宗的始創者。道昭卒後，唐朝神秀再傳弟子道璿（普寂門徒）去日本，爲日本禪宗第二代傳人，從此禪宗的北宗在日本作爲一個宗派而存在。

　　新羅國僧順璟來從玄奘問學。《宋僧傳》四："釋順璟者，浪郡人也。……其重譯學聲教，蓋出天然。況乎因明之學，奘師精研付受，華僧尚未多達。璟之克通，非其宿殖之力，自何而至於是歟。"

　　智通于是年譯《清浄觀世音普賢陀羅尼經》一卷、

《千囀陀羅尼觀世音呪經》一卷、《觀自在菩薩隨心呪經》一卷。見《武周刊定衆經目録》一、《開元録》八、《續譯經圖記》，其生平詳《宋僧傳》三。

　　日本遣吉士長丹、吉士駒率學問僧道嚴、道通、道光、定慧、惠施、覺勝、辨正、惠昭、僧忍、智聰、道昭、安達、道觀等十四人，與其他人等共一百二十一人，由北路入唐；又派高田根麿、掃守小麿等一百二十人入唐，在經薩摩國時船破遇難，是爲第二次遣唐使。詳《中日交通史》第六章《遣唐使》。

　　西突厥乙毗咄陸可汗死，子真珠葉護立，擊破沙鉢羅可汗。《通鑑》一九九。

五五歲　公元六五四年
唐高宗永徽五年（甲寅）

譜主事略

　　玄奘五十五歲，在慈恩寺譯經。

　　二月，法長返國向玄奘辭行，玄奘復書並信物回報智光、慧天，又附前因渡河失落經本名單，請設法抄得附來。《慈恩傳》七。

　　閏五月十八日譯《大阿羅漢提蜜多羅所説法住記》一卷，大乘光筆受。《開元録》八。

　　六月五日譯《稱讚大乘功德經》一卷，大乘光筆受。《開元録》："初出，與《決定業障經》同本。"此經闡釋大乘的名義，宣揚大乘的所謂"功德"，不可起二乘之作意，明謗小乘之罪。由此可見佛教徒大小乘的宗派之見的壁壘森嚴和大乘排斥小乘的情況。

　　九月十日譯《拔濟苦難陀羅尼經》一卷，大乘光筆受。《開元録》八。

　　九月二十七日譯《八名普密陀羅尼經》一卷，大乘雲筆受。《開元録》八。此係秘密經咒，宋法賢譯《秘密八名陀羅尼經》即其同本異譯。

九月二十八日譯《顯無邊佛土功德經》一卷，大乘雲筆受。《開元録》卷八。

九月二十九日譯《勝幢臂印陀羅尼經》一卷，大乘雲筆受。《開元録》卷八。此係秘密經咒，據佛教徒的傳説佛依大梵王及觀音之請而説此咒，持者不更受惡趣之生。《開元録》："初出，與《妙臂印幢陀羅尼》同本。"

十月十日譯《持世陀羅尼經》一卷，神察筆受。《開元録》八。此經據佛教徒的傳説，釋迦牟尼在建磔迦林應妙月長者之請，爲説所謂除貧、愈病、滅罪安危之法。《雨寶陀羅尼經》《大乘聖吉祥持世陀羅尼經》均其同本異譯。

有關人物與大事

南山律宗名僧道岸生。俗姓唐，世居潁川，《宋僧傳》十四："岸請帝墨敕執行南山律宗，伊宗盛於江淮間者，岸之力也。"

阿地瞿多于本年四月譯竟《陀羅尼集經》十二卷。據《宋僧傳》二及《開元録》八、《武周刊定衆經目録》。

移置安西都護府于龜兹，以郭孝恪爲都護，兼統于闐、疏勒、碎葉四鎮。《册府》九六四。

日本遣使高向玄理，副使河邊麻吕、藥師惠日等率領僧俗入唐留學，是爲第三次遣唐使。《書紀》白雉五年。前遣唐使吉士長丹、學問僧知辨等同百濟、新羅使返國。《釋氏六帖》。

五六歲　公元六五五年
唐高宗永徽六年（乙卯）

譜主事略

　　玄奘五十六歲，在慈恩寺譯經。

　　夏五月，因玄奘在貞觀二十三年譯印度邏輯學的專著《因明入正理論》和《因明正理門論》後，門下弟子競造文疏，各申己見，呂才爲著《因明注解立破義圖》三卷（已佚），對玄奘門徒神泰、靖邁、明覺的著作，提出四十餘條不同意見，展開了學術争論。七月一日（己巳），慧立致書于志寧提出反駁。十月一日（丁酉），太常博士柳宣作《歸敬書偈》《廣弘明集》二十二。"以檄譯經僧衆"。四日（庚子），明濬又著《答柳博士書》。"七日（癸卯），柳宣又激呂奉御（才）因奏其事"，高宗敕令"遣羣公學士等往慈恩寺請三藏（玄奘）與呂公對定"。這次學術辯論，據佛教徒的記載以"呂公詞屈，謝而退焉"告終。詳《慈恩傳》八，參見《廣弘明集》二十二《宋僧傳》十七《惠立傳》。

案此次學術辯論，歷時半載，既"媒衒公卿之前"，又"囂喧閻巷之側"，實際上是永徽年間以唯物論思想家呂才爲代表的和以唯心主義佛教徒爲代表的上自公卿，下至閻巷的大辯論。據彦悰《集沙門不應拜俗等事》五呂才《議僧道不應拜俗狀》與《舊書》七九、《新書》三二本傳，呂才是從傳統的儒家政治、經濟、倫理觀點出發以維護王權而抑制教權，與傅奕（傅奕並綜合道家學說）、顏師古、孔穎達等的觀點相同。惜呂才原著早佚，僅存其《自序》于《慈恩傳》中，其有關因明學著作的内容已無從考見，今天只能從其《自序》與《慈恩傳》及慧沼《因明義斷》、日本善珠《因明論疏明燈鈔》的轉述中窺見一二。

有關人物與大事

罽賓國沙門佛陀多羅在白馬寺譯《圓覺經》。《統記》三十九。

唐高宗以舊宅爲唐太宗追福，建立昊天觀，命道士尹文操爲觀主，并作《嘆道文》。《長安志》七、《唐文萃》七十一《尹尊師碑》。

敕令道士僧等犯罪難知者，可同俗法推勘。《慈恩傳》九。

附：據《續傳》四、《開元録》九、《續譯經圖記》中印度布如烏伐邪唐言福生，訛略而云那提。於是年攜大小乘經律論五百餘夾，合一千五百餘部抵達長安，爲玄奘所壓抑，傳譯之願未遂。《續傳》四："……以永徽六年創達京師。有敕令于慈恩寺安置，所司供給。時玄奘法師當途翻譯，聲華騰蔚，無由克彰，掩抑蕭條，般若是難，既不蒙引，返充給使。顯慶元年敕往昆崙諸國採取異藥，……以昔被敕往，理須返命，慈恩梵本，擬重尋研。龍朔三年還返舊寺，所齎諸經，並屬奘將北出，意欲翻度，莫有依憑。惟譯《八曼荼羅》等三經，……博訪大夏行人云，那提三藏乃龍樹之門人也，所解無相與奘碩反。西僧云，大師隱後，斯人第一，深解實相，善達方便，小乘五部，毗尼外道，四韋陀論，莫不洞達源底，通明言義，詞出珠聯，理暢霞舉，所著《大乘集義論》可有四十餘卷，將事譯之，被遣遂闕。……那提挾道遠至，投俾北冥，既無所待，乃三被毒，再充南疫，崎嶇數萬，頻歷瘴氣，委命遭命，斯人斯在，嗚呼惜哉"！但當代學者對于《那提傳》多表示懷疑，熊十力先生審覈傳文指出五條虛構之處，認爲："僧徒居士之浸漬于舊經中者，已淪肌浹髓，驟聞新學，勢不相融，不相融則集矢于奘師。""那提一案，不止是空有之爭，確是廣泛的新舊之爭。唐時舊派借那提作題目以誣毀奘師。"詳《唐世佛學舊派反對玄奘之暗潮》，載《中國哲學史論文初集》頁97—103。張建木《讀〈續高僧傳·那提傳〉質疑》列舉六點，懷疑《那提傳》是否真是道宣所作？那提所譯經的序文是否道宣所作？抑或出于他人的依托？玄奘阻礙那提的譯經有無其事？那提在佛教史中的地位如何？是否就可以信賴今本《續高僧傳·那提傳》中的敍述？詳《現代佛學》一九六四年第三期。

案玄奘返國後聲名傾動朝野，又得唐王朝的積極支持，其傳入印度那爛陀寺護法、戒賢一系的瑜伽行宗佛學，視舊譯經論多有舛誤，勢必引起依憑舊譯經論佛教徒的反對。新舊兩派之外加上大乘的"空""有"兩宗的相互排斥；同時由于寺院經濟的發展，隋代以來已形成傳法定祖，門戶、宗派之爭益烈，這從玄奘的不許講舊譯經典，《續傳·法沖傳》："三藏玄奘不許講舊所翻譯。沖曰：'君依舊經出家，若不許宏舊經者，君可還俗，更依新翻經出家，方許君此意。'奘聞遂止。"從道宣對玄奘翻譯贊美之間的微詞，均可隱約窺見當時的門戶之見。《那提傳》疑問甚多，如傳爲"龍樹之門人"，顯是荒誕。誠如熊、張兩先生所提出的，可能是佛教徒宗派鬥爭中的誣謗之作，但是否僞作，目前尚無確證。那提確有其人，惟傳文多誇大之辭而已。在問題未澄清前，姑附録於本年，以俟考定。

五七歲　公元六五六年
唐高宗顯慶元年（丙辰）

譜主事略

玄奘五十七歲，在慈恩寺譯經。

正月六日，唐高宗立代王弘爲皇太子。據《通鑑》二〇〇，顯慶元年春正月辛未以皇太子忠爲梁王、梁州刺史，立皇后子代王弘爲皇太子。《慈恩傳》八：“顯慶元年春正月景（丙）寅，皇太子忠自以非嫡，不敢久處元良。……封忠爲梁王，賜物一萬段、甲第一區，即以其月冊代王弘爲皇太子。”據《二十史朔閏表》，顯慶元年正月丙寅朔，辛未爲六日。

二十三日（戊子），唐高宗就慈恩寺爲皇太子設五千僧齋，敕遣朝臣行香。黃門侍郎薛元超、蒲州汾陽人，以文學著名，永徽、顯慶中授黃門侍郎，檢校太子左庶子，弘道元年（683）冬卒，年六十二，有文集四十卷，詳《舊書》七三附《薛收傳》，新書》九八附《薛收傳》。中書侍郎李義府，瀛州饒陽人，永徽中拜侍郎同中書門下三品，監修國史，賜爵廣平縣男，顯慶元年以本官兼太子右庶子，進爵爲侯，乾封元年（666）卒，年五十三，詳《舊書》八二《新書》二二三本傳。來謁，因問弘法與譯經事。

玄奘鑒於上年譯因明論的是非紛爭，更加意識到要

"弘揚佛法"，必須得到帝王和朝廷的支持，故乘薛元超、李義府的謁問，請他們轉奏高宗援以往成例，由朝廷簡派大員監閱、襄理譯事。又請高宗撰寫慈恩寺碑文。《慈恩傳》八。

二十七日（壬辰），因薛元超、李義府的奏請，朝廷敕令左僕射于志寧、中書令來濟、詳《舊書》八十《新書》一○五本傳。禮部尚書許敬宗、黃門侍郎薛元超、中書侍郎李義府、杜正倫時爲看閱，潤色譯文。同時又准許御製慈恩寺碑文，玄奘率徒衆詣朝堂奉表陳謝。《慈恩傳》八。

二月，赴鶴林寺爲薛夫人隋代文學家薛道衡之女，唐高祖的婕妤。落髮受戒，同時宮女出家的有五十多人，隨即又爲德業寺尼僧數百人受菩薩戒。

二月二十九日（癸亥），陳援庵先生《書內學院校慈恩寺傳書後》云是年三月無癸亥，無甲子，癸亥爲二月二十九，甲子爲二月三十日，則三月爲二月之譌，案陳説是。朝廷將唐高宗所作《慈恩寺碑文》遣使頒寺。《慈恩傳》九。

三十日（甲子），玄奘率寺僧到朝廷進表陳謝。（同上）

三月一日，玄奘上表請高宗親書碑勒石，二日又上表請御書，獲許。又上表謝。表文詳載《慈恩傳》九，此從略。

十五日度僧七人，設二千僧齋，設九部樂於佛殿。《慈恩傳》九。

十六日玄奘上表陳謝。表文詳《慈恩傳》九。

三月二十八日譯大乘《十一面神咒心經》一卷，玄則筆受。《開元錄》八："《十一面神咒心經》一卷，見《內典錄》第二出，與周耶舍崛多等出者同本，顯慶元年三月二十八日於大慈恩寺翻經院譯，沙門玄則筆受。"《內典錄》六、《大周刊定眾經目錄》六謂"於北闕金標門譯"，案玄奘此時居慈恩寺，《內典錄》誤。

四月八日，《慈恩寺碑》文鐫訖，十四日舉行一次盛大的迎送會。

五月，玄奘舊疾復發，"幾將不濟"，高宗遣太醫院御醫蔣孝璋、針醫上官琮悉心治療，始癒。病癒後，高宗"遣使迎法師入，安置於凝陰殿院之西閣供養，仍彼翻譯，或經二旬、三旬方乃一出"。《慈恩傳》九、《長安志》六《宮室四·西內章》："紫雲閣之西，有凝陰殿。"

七月二十七日創譯《阿毗達磨大毗婆沙論》二百卷，至四年七月三日畢。《開元錄》八："《阿毗達磨大毗婆沙論》二百卷，見《內典錄》，五百大阿羅漢等造，顯慶元年七月二十七日於大慈恩寺翻經院譯，至四年七月三日畢。"《內典錄》六、《大周刊定眾經目錄》十云永徽年譯，誤。案此論嘉尚、大乘光筆受，神察、辯通執筆，栖玄、靖邁、慧立、玄則綴文，明珠、慧貴、法祥、慧景、神泰、普樂、善樂証義，義褒、玄應正字。案《毗婆沙論》義爲廣泛解説經論的作品。《藏經》中有五部：一、《阿毗達磨大毗婆沙論》，二、《鞞婆沙論》，三、《五事毗婆沙論》（已上小乘），四《十住毗婆沙論》（大乘），五、律部中有《善見律毗婆沙》。《大毗婆沙論》相傳佛教徒在迦膩色迦王時代于迦濕彌羅結集時所成立，世友等造（詳《西域記》三）。其内容則爲《發智論》的詳盡注疏，廣釋八蘊，梵本今尚未發現。本論前有符秦僧伽跋澄譯十四卷本，係選擇其中一小部分，據《祐録》十一，譯文次第錯亂，舛誤甚多；次有北涼道泰譯百卷本（今存八十二卷），約佔全論三分之一強。一切有部説七十五法，阿毗曇辨析名相條分縷析，凡治法相唯識學説，必先精通《毗婆沙論》。玄奘爲了將其所宗學派的學説來龍去脈理清，故將本論重譯完竣。

八月，敕造西明寺。《慈恩傳》十："寺以元年秋八月戊子十九日造。"《唐會要》四八："西明寺本隋越國公楊素宅，武德初，萬春公主居住，貞觀中賜濮王泰，泰死乃立寺。"《長安志》十《唐京城四》："延康坊西南隅西明寺，顯慶元年，高宗爲孝敬太子病愈所立。"

十一月一日，武則天施與玄奘衲袈裟，上啓致謝。《慈恩傳》九："冬十月，中宮在難，歸依三寶，請垂加祐。法師啓：'聖體必安和無苦，然所懷者是男，平安之後願聽出家。'當蒙敕許。其月一日皇后施法師衲袈裟一領，并雜物等數十件，法師啓謝曰……"案"中宮在難"，指中宗李顯在孕時，據《唐會要》一"帝號"上，中宗諱顯，顯慶元年十一月五日生，證以《慈恩傳》下文云"十二月五滿月"，而《開元録》作冬十一月中宮在難，是可知《慈恩傳》冬十月乃冬十一月之誤。

十二月五旦，武則天生男滿月，敕玄奘進宮爲佛光王（皇子）剃度。詳《慈恩傳》九，《佛祖統記》卷四十："元年十一月，武后生皇子神光滿室，賜名佛光王，踰月詔于奘法師寺出家落髮授歸戒。"

是年玄奘爲爭取佛教的社會地位與佛教徒的特權，在病中猶請求廢止"先道後佛"和"僧尼犯法依俗科罪"的詔令。但在唐初既定的宗教政策下,廢止"先道後佛"之請,一無結果,高宗僅允許"其同俗敕即遣停廢"而已。

有關人物與大事

窺基二十五歲,應詔參與玄奘譯場,助譯經論,嗣後並從事於法相唯識學的著述。《宋僧傳》四、《隆興佛教編年通論》十三。

敕那提三藏往崑崙諸國採取異藥。《續傳》四、《開元錄》九。

八月,程知節大破西突厥歌邏祿、突騎施等部,十二月程知節、蘇定方又破西突厥鼠尼施部。《通鑑》二百,參見《舊書》一九五《回紇傳》。

龜茲王布失畢至唐朝。《通鑑》二百。

五八歲　公元六五七年
唐高宗顯慶二年（丁巳）

譜主事略

玄奘五十八歲，正月二十六日譯迦多衍尼子《阿毗達磨發智論》二十卷，至五年五月七日畢，玄則等筆受。《開元錄》八："《阿毗達磨發智論》二十卷，見《內典錄》，迦多衍尼子造，第二出與《八犍度論》同本。顯慶二年正月二十六日，於西京大內順賢閣譯，至五年五月七日於玉華寺畢，沙門玄則等筆受。"《內典錄》七、《大周刊定眾經目錄》十云永徽年譯，誤。第二譯，前有符秦僧迦提婆、竺佛念共譯《阿毗曇八犍度論》三十卷。佛教薩婆多部的根本論典有七，即所謂"一身六足"，而以《發智論》最爲該博，謂之"身論"，其他《集異門足論》《法蘊足論》《施設足論》《識身足論》《品類足論》《界身足論》六論則謂之"足論"。本論作者有佛說與迦多衍尼子二說，似以迦多衍尼子作爲當。其時代有從佛滅後五百年到三百年等異說，通常作佛滅後四百年（公元一世紀左右）。本論以八大類別（符秦譯本作"犍度"，玄奘譯作"蘊"），分四十四章（品）對心理現象作繁複而細致的概念分析，以論證佛教理論。

閏正月十三日，唐高宗至洛陽，敕玄奘陪從，隨帶翻經僧五人，弟子各一人，住翠微宮繼續譯經。《慈恩傳》九：“二年春二月，駕幸洛陽宮，法師亦陪從……安置積翠宮。”案《通鑑》：“閏正月壬寅上行幸洛陽宮，二月辛酉，車駕至洛陽宮。”《二十史朔閏表》顯慶二年閏正月庚寅朔，壬寅爲十三日，《唐會要》二十七云顯慶二年閏正月十四日幸洛，今從《通鑑》。五月九日，又陪從唐高宗避暑于明德宮，住飛華殿翻譯。《慈恩傳》九：“夏四月，車駕避暑於明德宮，法師又亦陪從，安置飛華殿。”案《通鑑》作夏五月丙申上幸明德宮避暑。《二十史朔閏表》顯慶二年五月戊子朔，丙申爲九日，《慈恩傳》云夏四月，疑誤。又敕玄奘還積翠宮翻譯，命“其所欲翻經論無者先翻，有者在後”。玄奘根據實際情況進表説明重譯原因。同時乘回洛陽之便，就近回鄉與姊張氏相晤，案玄奘兄姊四人，其長兄名字不著，二兄爲長捷法師，則姊爲行三，玄奘行四。并改葬父母遺柩。《慈恩傳》九：“法師少離京洛，因兹扈從，暫得還鄉，遊覽舊塵，問訪親故，淪喪將盡。唯有姊一人，適瀛州張氏，遣迎相見悲喜，問姊父母墳隴所在，躬自掃謁，爲歲久荒頹，乃更詳勝地，欲具棺槨而改葬。雖有此心，未敢專志，乃進表請……法師既蒙敕許，遂改葬焉。其營送威儀並公家資給，時洛下道俗赴者萬餘人。”

　　玄奘志在傳譯弘法，而帝王則意不在此，籠絡之下，視作文學侍從之臣，出入宮掖，陪從京洛，塵俗牽累，妨礙譯事。玄奘乃于九月二十日又上表請在少室山北麓的少林寺靜修禪觀，並專譯功。但在次日即爲唐高宗所斷然拒絶，玄奘從此“不敢更言”。詳見《慈恩傳》九上表文。

十一月，玄奘因“在積翠宮翻譯，無時暫輟，積氣成疾”，唐高宗“即遣供奉内醫呂弘哲宣敕慰問”。《慈恩傳》九，玄奘進表謝云：“……仰惟帝勤，親勞薄狩。期於閱武，情在訓戎。……申烔戒于十旬，浹辰而返。”按《舊唐·本紀》四高宗顯慶二年冬十月戊戌親講武於許鄭之郊曲，《通鑑》顯慶二年戊戌，上行幸許州，乙巳畋于滍水之南，壬子至氾水曲，十三月乙卯朔車駕還洛陽宮。據《二十史朔閏表》顯慶二年十月丙辰朔，無戊戌，無乙巳，無壬子。考《新唐書·本紀》三高宗顯慶二年十一月戊戌，如許州。甲辰遣使慮所過州縣囚，乙巳獵于滍南，壬子講武于新鄭。《會要》二六：“顯慶二年十一月二十一日講武于滍水之南。”據《二十史朔閏表》顯慶二年十一月乙酉朔，乙巳爲二十一日，《新書》與《會要》合，故知《舊書》及《通鑑》作冬十月均誤。《慈恩傳》玄奘上表列在十一月五日表後，十二月十三日表前，足徵史實。“遣使迎法師入，四事供養，留連累日，敕送法師還積翠宮仍舊宣譯焉”。《慈恩傳》九。

十二月三日，以洛陽宮爲東都，玄奘修表進賀。詳見《玄奘表啓》《通鑑》，顯慶二年十二月丁卯以洛陽宮爲東都。據《二十史朔閏表》，顯慶二年十二月乙卯朔，丁卯爲十三日。

十二月二十九日，譯陳那《觀所緣緣論》一卷，大乘光筆受。《開元録》八：“《觀所緣緣論》一卷，見《内典録》，陳那菩薩造，第二出，與《無想思塵論》同本，顯慶二年十二月二十九於東都大内麗日殿譯，沙門大乘光筆受。”

有關人物與大事

敕建西明寺，凡大殿十三所，樓台廊廡四千區。《統紀》三九。

道宣在西明寺撰《續高僧傳》，起梁天監，訖唐貞觀年間。《統紀》三九、《宋僧傳》十四。

王玄策等第三次出使印度，經尼婆羅國。《諸經集要》一引王玄策《西國行傳》："唐顯慶二年敕使王玄策等往西國送佛袈裟，於尼婆羅國西南，至頗羅度來村，東坎下有一水池，若將家火照之，其水上即有火燄於水中出，欲滅以水沃之，其燄轉熾。"並見《珠林》十六。《冊府元龜》四十六載高宗欲放還那羅邇娑婆寐，王玄策勸阻之（事實上三月乃遣印度方士歸國）。

康國僧僧伽跋摩隨王玄策赴印度。案《大唐西域求法高僧傳》上 "以顯慶年內奉敕與使相隨，禮觀西國"，當爲隨王玄策出使同去。足立喜六《〈大唐西域求法高僧傳〉譯註》誤以爲當王玄策第二次出使時。

禪宗牛頭派系創始者法融卒于建初寺，年六十四，劉禹錫爲作《塔記》。《續傳》二十，詳年譜附錄五。

閏正月，命蘇定方爲伊麗道行軍總管率師及回紇軍等擊敗西突厥沙鉢羅可汗軍于曳咥河（額爾齊斯河），十二月大破西突厥軍，沙鉢羅可汗奔石國，被擒。置崑陵都護府，管理碎葉川（楚河）以東五咄陸部落，隸于安西都護府，轄今巴爾喀什湖至新疆准噶爾盆地及伊犁河流域一帶；置濛池都護府，管理碎葉川以西五弩失部落，轄今中亞細亞楚河以西地帶，隸于安西都護府。西突厥遂亡。《通鑑》二○○，《新、舊書·蘇定方傳》《舊書》四《高宗紀》作次年（顯慶三年）。

二月，詔自今僧尼不得受父母及尊者禮拜，所司有法制禁斷。《唐會要》四十七，《廣弘明集》二十二，《通鑑》二○○、《唐紀》十六。詔文見《唐大詔令集》一一三顯慶二年二月《僧尼不得受父母拜詔》，參見《全唐文》十二、《通典》六八、《會要》四十。

詔令廣徵諸方道術之士合煉黃白，道士葉法善謂"金丹難就"，乃一切罷之。《舊書》一九一《葉法善傳》。

遣使分往康國與吐火羅等國，訪問風俗、物產及古今廢置，畫圖以進，令史官撰《西域圖志》六十卷。《唐會要》三十六。

五九歲　公元六五八年
唐高宗顯慶三年（戊午）

譜主事略

　　玄奘五十九歲，二月四日(丁巳)隨高宗返長安。《通鑑》顯慶三年二月丁巳，上發東都，甲戌至京師。《開元錄》八："顯慶三年二月，隨駕還京。"而《慈恩傳》十云："顯慶三年正月，駕自東都還西京，法師亦隨還。"是知《慈恩傳》誤。按顯慶三年二月甲寅朔，則丁巳爲四日，甲戌爲二十一日。

　　夏六月十二日，西明寺營建完竣。《稽古錄》三："戊午顯慶三年六月十二日帝創西明寺成。"《慈恩傳》十："夏六月寺營造功畢。"《唐兩京城坊考》四，西明寺在長安延康坊，原爲濮王故宅，顯慶元年秋八月戊子始建（據《慈恩傳》十、《宋僧傳·道宣傳》《珠林·傳記篇》及《統記》三十九，似應建于顯慶二年），至本年夏六月十二日營造完畢。寺擬式中印度祇洹精舍（見《續弘法大師年譜》三引《東要記》），周圍數里（境域三百五十步），左右通衢，規模宏大爲京師諸寺之首，遺址在今西安市西南郊。武則天時日本道慈入唐以寺圖樣攜歸，按其原式在奈良建造安平寺。《慈恩傳》十："其寺面三百五十步，周圍數里，左右通衢，腹背廛落。青槐列其外，淥水亘其間，疊疊耽耽，邑都仁祠此爲最也。而廊殿樓台，飛驚接漢，金鋪藻棟，眩目暉霞。凡有十院，屋四千餘間，莊嚴之盛，雖梁之同泰，魏之永寧所不能及也。"六月十二日詔以道宣爲上座，神泰爲寺主，懷素爲維都。其後慧琳、道世、不空、圓照、道邃亦住本寺，至武宗時毀滅佛教，寺遂毀圮。高宗爲優禮玄奘，于七月敕徙居西明寺。十四日迎玄奘入居新寺，典禮之盛與遷居慈恩寺時相彷彿。又令以沙彌海會等十人充弟子，詳《慈恩傳》十、《稽古略》三、《開元錄》八。但後又居慈恩寺。

十月八日至十三日譯塞建地羅悟入。《入阿毗達磨論》二卷，釋詮、嘉尚筆受。據《開元錄》八。《內典錄》七、《大周刊定衆經目錄》十謂唐顯慶年玄奘於內宮中譯，誤。本論係根據小乘有部宗義，一色、二受、三想、四行、五識、六虛空、七擇滅、八非擇滅，爲依七十七法來解釋體相的俱舍學說入門階梯的著作。

是歲，玄奘曾參與史官編撰《西域圖志》之役。案各家《傳》《狀》《碑銘》與載記雜錄等均未載此事。《珠林》三云"依奘法師《西國傳》"，又九引《西國志》，又三九"敕令文學士等總集詳撰勒成六十卷號爲《西國志》，《圖志》四十卷，合成一百卷"。《新書·藝文志》著錄《西域圖志》六十卷，顯慶三年上。《玉海》六十六同。《珠林》作乾封元年夏末方訖，似誤。馮承鈞譯烈維《王玄策使印度記》按云："《法苑珠林》所引《西域傳》與今本《西域記》不同，具見今本《西域記》非原本，曾經後人刪改也。"（《西域南海史地考證譯叢》七編）馮說並未提出任何證據，似難成立。岑仲勉謂《西域記》之成書"其時下距高宗龍朔元年，計差十六年，從何引及玄策將歸之事？即許後人再有增訂，然不能據此爲今本《西域記》非原本之證也"。又云："求諸古今書說，奘師固別無《西域傳》之著，而纂集《法苑珠林》之道世，實與奘師同時，乃引之至再至三，頗難索解，考《新唐書·藝文志》著錄《西域圖志》六十卷，高宗詔史官譔次，許敬宗領之，顯慶三年上，又《法苑珠林》著錄《西域志》六十卷，高宗麟德三年奉敕令百官撰，兩志卷數恰同，當是一種，意者奘師曾預其役，故道世取冠題稱耶?"（原刊《聖心》第一期，收入《中外史地考證》上冊，頁 297—298）案岑說是。惟麟德三年玄奘已卒，但兩書卷數同，《玉海》著錄其書也在顯慶三年，疑《珠林》誤記。玄奘為當時西域、印度問題的專家，朝廷多咨詢之，許敬宗又係奉詔參與玄奘譯場筆潤之人，其領撰《西域圖志》必咨詢親履其地的玄奘。故玄奘參預修撰《西域圖志》是可能的，茲系于是年。

有關人物與大事

　　四月，詔僧神泰、慧立、義褒《續傳》十五在十一月。與道士黃賾、李榮、黃壽、方惠長等二十七人據《統記》《通載》。入宮辯論佛、道二教。《續傳》十八："釋義褒，姓薛，常州晉陵人。……慈恩申請搜揚髦彥，京邑承風，以事聞奏，下敕徵延，便符昔願，即而入朝。時翻經三藏玄奘法師，盛處權衡，當陽弘演，承思遠問，用寫繁蕪，亦既至止，共詳幽致，乃詰大乘經論，無所不通。……顯慶三年冬，雩祈雪候，內設福場，敕召入宮，令與東明觀道士論義。……又令褒暨義便立大智度義，李徒雖難，隨言即遣。"參見《集古今佛道論衡》丁《今上詔佛道二宗入內詳述名理事第一》《統記》三九、《隆興佛教編年通論》十三、《通載》十四作二年誤。

　　褚遂良卒，年六十二。

　　杜正倫卒。

　　道因卒于長安慧日寺，年七十二。《金石萃編》五四、李儼《道因法師碑》。

　　王玄策撰《中天竺國圖》，有《行紀》十卷、《圖》

三卷。《歷代名畫記》三。

日本智通、智達等附新羅船，取道越州來唐，到長安就玄奘受學，歸國後弘傳，是爲法相宗第二傳。參見《續紀》與《三國佛法傳通緣起》中《法相宗》及《日本國志》四。吳郡僧三論宗福亮到日本。

五月，徙安西都護府于龜玆以節制西域，以舊安西都護爲西州都督鎮高昌故地。《通鑑》二百、《唐會要》七三、《安西都護府》條。

六〇歲　公元六五九年
唐高宗顯慶四年（己未）

譜主事略

玄奘六十歲，四月十九日在西明寺譯《不空羂索神呪心經》一卷，大乘光筆受。《開元録》八，第二譯，與隋闍那崛多譯《不空羂索神呪經》同本。

七月二十七日譯大目犍連《阿毗達磨法蘊足論》十二卷，九月十四日畢，大乘光筆受，據《開元録》八。《內典録》七《大周刊定衆經目録》十云唐顯慶年玄奘于宮中譯，誤。靖邁序。《法蘊足論》爲小乘有部根本論藏六足論之一，原本八十四頌，共二十一品，分別闡明有宗的宗教理論和所謂修踐證果的次第。

七月三日玄奘譯《大毗婆沙論》畢，弟子法寶有疑情，以非想見惑請益之。玄奘別以十六字入于論中以遮難辭。寶白玄奘："此二句四句爲梵本有無?"玄奘答："吾以義意酌情作耳。"寶問："師豈宜以凡語加聖言量乎?"玄奘答："斯言不行，我知之矣。"《宋僧傳》四。案從這一段譯畢《大毗婆沙論》後僅有的師生議論的記載中，可推知玄奘雖以直譯爲主，但非恪守一格，視譯文的需要，有時也採用意譯。

玄奘認爲前代所譯大乘佛教中觀宗（空宗）的根本經典《大般若經》零星不全，且多漏誤，這時從衆又"更請委翻"，乃決心重譯，藉以從瑜伽學説上通于般若。但此經卷帙浩繁，住在京師每苦事務紛繁，不能專心譯經。《舊書·本傳》："後以京城人衆，競來禮謁，……乃移于宜君山故玉華宮。"《慈恩傳》十："然般若部大，京師多務，又人命無常，恐難得了。"案玄奘自上年春返長安後，據《傳》所載朝廷百官，諸州道俗前來禮謁問"道"的，絡繹不絶。玄奘又爲了營建塔寺廣造經像，施給貧窮，以及接待外國婆羅門客等，應接不暇，影響譯事，從《經録》看來，這兩年譯經最少，即資證明。加上近幾年來疾病侵尋，體力衰邁，深恐人壽倏忽，譯事無成，又鑒于前二次請求入山翻譯，遭到拒絶，因而再次上表，請求距離京師較近而僻静的玉華寺，玉華宮據《元和郡縣志》四在坊州宜君縣北四里（今陝西省延安專區宜君縣西南四十里地方）。貞觀二十一年七月建，第二年二月完竣（見《唐大詔令集》一百八《營繕》貞觀二十一年七月《建玉華宮于宜君縣鳳凰谷詔》和二十二年二月《玉華宮成曲赦宜君縣制》）永徽二年九月三日詔廢玉華宮爲寺，苑内及諸曹司原是百姓田宅一律交還本主。參見《唐書·地理志》《唐會要》四八。致力譯經，表文措詞堅决，才獲得唐高宗許可。

十月，玄奘率翻譯諸僧與門弟子等至坊州玉華寺，居肅成院，將從事《大般若經》的翻譯。《慈恩傳》十："即以四年冬十月，法師從京發向玉華宮並翻經大德及門徒同去，到彼安置肅誠院焉。"這時慧德爲玉華寺寺主，寂照爲都維那，玄奘門徒窺基、普光、玄則等隨從至寺裏譯。寺内有肅成殿、雲光殿、明月殿、嘉壽殿、慶福殿、八桂亭諸名勝。案《元和郡縣志》云："（玉華）寺内有肅成殿，永徽中奉敕令玄奘法師于此院譯經，每言此寺即閻浮之兜率天也。"據《慈恩傳》永徽中玄奘未曾至玉華寺譯經，當爲顯慶之誤。

閏十月，編譯法相宗的代表著作——糅合護法等十大論師集注世親《唯識三十論》本，而成《成唯識論》十卷，大乘基筆受，沈玄明爲作序。《開元錄》八："《成唯識論》十卷，見《内典錄》，護法菩薩造，顯慶四年閏十月，於玉華寺雲光殿譯，沙門大乘基筆受。"計于是年閏十月二十七日譯成第一卷，十一月四日譯成第二卷，十一日譯成第三卷，十八日譯成第四卷，二十五日譯成第五卷，十二月二日譯成第六卷，十二日譯成第七卷，十六日譯成第八卷，二十三日譯成第九卷，三十日譯成第十卷。

世親晚年所撰《唯識三十論》後，瑜伽行宗的論師相繼作注釋，計有二十八家之多。其中著名的約有十家：一、親勝首先對《唯識三十論》作注解，索隱了世親作論的本意。二、火辯繼而對《論》作了簡要的注釋。三、難陀的注釋依唯識二分説、種子新薰説等來闡述，蔚爲注釋家中的重要一派。四、德慧注解。五、安慧以唯識自證分的學説作注解，發展了世親的論説。六、淨月的注釋提出第八識的現行與種子互有"俱有依"的觀點。七、護法及其弟子。八、勝友。九、勝子。十、智月等注解在陳那唯識三分説的基礎上，主張唯識四分説和種子體有新薰合成説，使世親的《唯識論》學説推向新的境地。十家集注，梵本共四千五百頌，玄奘都已搜羅齊備。尤其護法的注釋原本珍藏玄鑒處，玄奘獨獲其本以歸。在翻譯開始時採取分別譯出的辦法，而窺基主張把它們糅合編譯成爲一本，玄奘接受窺基的建議，把編譯工作交給他單獨擔任。《成唯識論掌中樞要》云："初功之際，十譯別翻，眆、尚、光、基，四人同受，潤飾、執筆、檢文、纂義，既爲令範，務各有司。數朝之後，基求退迹。大師固問，基慇請曰：'自夕夢金容，晨趨白馬，英髦間出，靈智肩隨，聞五分以心祈，攬八蘊而遐望，雖得法門之糟粕，然失玄源之醇粹。今東出策賁，並目擊玄宗，幸復獨秀萬方，穎超千古，不立功於參糅，可謂失時者也。況羣聖製作，各馳譽於五天，雖文具傳於貝葉，而義不備於一本，情見各異，稟者無依。況時漸人澆，命促惠舛，討支離而頗究，攬初旨而難宣，請錯綜羣言，以爲一本，楷定真謬，權衡盛則。'久而遂許，故得此論行焉。大師理遣三賢，獨授庸拙。"又《成唯識論述記》謂："斯本彙聚，今總詳譯，糅爲一部，商榷華梵，徵詮輕重，陶甄諸義之差，有葉一師之制。"又云："制此釋者，雖十論師于護法聲德獨振，故此論題，特以標旨。此師所說最有研尋，于諸義中，多爲指南。邪走失趣，正理得方，迥拔眾師，穎超羣聖賢者，其唯一人乎。"由於玄奘在印度留學的傳承，故此《論》以護法的學説爲主，並折衷眾説，又根據自己的參學對於各家學説作了抉擇，分境、行、果三部分，詳闡其宇宙論、人生觀的唯心主義觀點。故此《論》號稱糅譯，實際上可視爲代表玄奘哲學思想的著作，成爲法相宗開宗立派的要典。窺基在編譯過程中，曾根據玄奘的講述和各家的異説，著成《成唯識論述記》六十卷。

有關人物與大事

玄惲撰《諸經集要》二十卷。《貞元録》十二。

法藏十七歲，辭親求法，入太白山閱《方等》諸典。崔知遠《唐大薦福寺故寺主翻經大師法藏和尚傳》。

智儼在雲華寺"講《華嚴》，名遍寰内，緇素道俗，咸加歸禮"。《華嚴五祖略記》。

詔僧道至合璧宮議論，法師會隱立五蘊義，神泰立九斷知義，道士李榮立"道生萬物"義，爲法師慧立所挫敗。《集古今佛道論衡》丁、《統記》三九、《通載》十四記。

道冑卒，年八十五。

日本遣坂合部石布等入唐，一船遇風暴，僅五人飄泊生還；一船使者以日本援百濟，被拘留長安十月，是爲第四次遣唐使。《中日交通史》第六章《遣唐使》。

高昌沙門玄覺于玉華宮助玄奘譯經。《宋僧傳》二。

九月，詔以石、米、史、大安、小安、曹、拔汗那、怛恒、疏勒、朱駒半等國置州、縣、府百二十七。《通鑑》二百《唐紀》。

六一歲　公元六六〇年
唐高宗顯慶五年（庚申）

譜主事略

玄奘六十一歲，在玉華寺譯經。

正月一日起首譯《大般若經》，《武周刊定衆經目錄》作顯慶四年。大乘欽嘉尚等筆受。《開元錄》八："《大般若波羅蜜多經》六百卷，見《翻經圖》，佛於四處十六會說，顯慶五年正月一日於玉華宮寺玉華殿譯，至龍朔三年十二月二十日畢，沙門大乘、大乘欽、嘉尚筆受。"《慈恩傳》十："五年春正月一日，起首翻《大般若經》。"《大般若經》是由般若部類重要經典匯編而成的佛教大叢書，主旨在于闡明宇宙萬事萬物都出于因緣和合，而自性本空的"諸法皆空"的教義。其爲大乘佛教中觀宗的根本性經典，卷帙浩繁，共四處十六會，在玄奘之前歷代已有多種部分的譯本，詳《開元錄》十九"重單合譯"。玄奘譯本共六百卷，其中九會是單本，七會是重譯。玄奘極重視此經的全譯，但他篤守瑜伽行宗的宗義，據《解深密經·無自性相品》三時判教的原則，可想見他企圖以瑜伽學說上通於般若來調和空、有兩宗的對立。梵本共有二十萬頌，學徒每請刪節譯之，而玄奘堅持一如梵本，不刪一字。此經共有四本，玄奘在印度已得其三，"翻譯之日，文有疑錯，即校三本以定之，懇懇省覆，方乃著文，審慎之心，自古無比。"同時又深感自己年邁體衰，每懼不終，遂勉勵同人，努力加勤，勿辭勞苦。《慈恩傳》十，參見《續傳》《行狀》。

　　同時于九月一日譯筏蘇蜜多羅（世友）《阿毗達磨品類足論》十八卷，至十月二十三日畢，大乘光等筆受。《開元錄》八。小乘有部六足論之一，爲《大毗婆沙論》編纂以前整理佛說諸論中較有名的一部。凡二譯，前有劉宋求那跋陀羅、菩提耶舍共譯《衆事分阿毗曇論》十二卷。

　　十一月二十六日譯舍利子《阿毗達磨集異門足論》二十卷，至龍朔三年十二月二十九日畢，弘彥、釋詮等筆受。據《開元錄》八在玉華寺明月殿譯。《集異門足論》小乘有部六足論之一，據說釋迦牟尼逝世後諸門徒因諍論教主說法而造此論，共十二品，初緣起品，次爲一法品至十法品共十品，最後爲讚勸品。一法品至十法品增一四法門，凡百九十八條，類從彙集。

有關人物與大事

　　道宣撰《佛化東漸圖讚》一卷（今佚）。

　　九月二十七日中印度菩提寺主戒龍爲漢使王玄策等設大會。十月一日王玄策辭別菩提寺衆僧返國。《珠林》五十二："《西域志》云：王玄策至，大唐顯慶五年九月二十七日，菩提寺寺主戒龍，爲漢使王玄策等設大會，使人已下各贈華氎十段，並食器。次申呈使獻物龍珠等，具録大真珠八箱，象牙佛塔一，舍利寶塔一，佛印四。至於十月一日，寺主及餘衆僧使人，西行四五里，與使泣涕而別曰：'會難別易，物理之然，況龍年老，此寺即諸佛成道處，爲奏上於此存情，預修當來大覺之所。'言意勤勤，不能已已。"

再詔沙門靜泰、道士李榮于洛宮議論。李榮以詞屈，命還梓州。《集古今佛道論衡》丁。

高宗及武后巡幸并州到童子寺、開化寺瞻禮兩大佛像，施捨珍寶財物衣服。《珠林》二十二。

六二歲　公元六六一年
唐高宗龍朔元年（辛酉）

譜主事略

　　玄奘六十二歲，在玉華寺主要譯《大般若經》，同時於五月一日譯彌勒《辯中邊論頌》一卷，大乘基筆受。《開元錄》八。此論據說係彌勒主講，無著記錄而成頌，爲法相宗所根據的"一本十支論"中的"離僻處中支"，西藏佛教稱爲慈氏（彌勒）五論之一。本論共一百十三頌，計分辯相、辯障、辯真實、辯修對治、辯修分位、辯得果、辯無上乘七品。據窺基《述記》的判釋，初三品辯境，次二品辯行，後二品辯果，以中道義貫徹于全論各品。所謂"'辯'者顯了分別異名，'中'者正善離邊之目，'邊'者邪惡有失之號，即是明顯邪正論也"。它從瑜伽行宗的教義出發，以"中"與"邊"來論證所分明的"正""邪"義理，以"辯"與"論"來顯示它所決擇的教義，故名《辯中邊論》。

　　五月十日至三十日譯世親《辯中邊論》三卷，大乘基筆受。據《開元錄》八，譯于玉華寺嘉壽殿。第二譯，與真諦譯《中邊分別論》同本。案相傳無著記錄《辯中邊論頌》傳授其弟世親，命作釋論，即成本論。

　　六月一日譯世親《唯識論》一卷，大乘基筆受。《開元錄》八，第三譯，與後魏菩提流支《楞伽經唯識論》一名《破色心論》、梁真諦譯《大乘唯識論》同本，惟小有異同。據窺基《述記》玄奘校諸梵本，覩先再譯，知其莫閑奧理，義多缺謬，不悟聲明，詞甚繁鄙，非只一條，難具陳述，所以自古通學，閱而靡究云云，故爲之重譯。案本論旨在闡述唯識教義，斥破外道小乘的非難，故名《唯識論》。

七月九日譯小乘《緣起經》一卷，神昉筆受。《開元錄》八：“《緣起經》一卷，見《翻經圖》，出《增一阿含》第四十六卷異譯，龍朔元年七月九日，於玉華寺八桂亭譯，沙門神昉筆受。”此爲東晉僧伽提婆譯《增一阿含經》五十一卷本中第四十六卷的異譯。

有關人物與大事

新羅僧元曉與義湘入唐，元曉中途獨返，後從玄奘受業，歸國後首傳法相宗于朝鮮；義湘從登州轉至長安，從終南山止相寺智儼學法，歸國爲海東華嚴初祖。參見《三國遺事》三、四、《東域錄》《宋僧傳》四《高麗史》十一。又義寂亦同時俱來就學于玄奘之門。案義寂年代事蹟不詳，一說與元曉同時出遊，爲玄奘門人。玄奘歸國後，門下如林，義寂爲其弟子是可能的。據《義天教藏總錄》《東域傳燈目錄》，義寂著述頗多，著有《無量壽經疏》《大乘義林章》等二十餘種。

西域何國沙門僧伽入唐，始至西涼府，次歷江淮，隸名于山陽龍興寺。《宋僧傳》十八。

王名遠進《西域圖記》。《唐會要》七十三、《通鑑》二〇〇。

彦悰撰《大唐京寺録傳》十卷，述佛教靈迹。《內典録》五。

道宣撰《集古今佛道論衡》。案共四卷，前三卷編于本年，後一卷麟德元年在西明寺撰，見《開元録》九。

春，王玄策自印度獲佛頂舍利返抵長安。《珠林》二九、《統記》三九。

義褒卒，年五十一。周永年《吳都法乘》。

長安西華觀道士朝散大夫郭行真造金銅佛像五軀，十一面觀音佛二軀及諸大乘經，遂改宗佛教。《集古今佛道論衡》丁。

六月癸未，以吐火羅、嚈噠、罽賓、波斯、阿達羅支國、解蘇國、骨咄施國、帆延國、石汗那國、護時犍國、怛没國、烏拉喝國、多勒建國、俱蜜國、護蜜多國、久越得犍國十六國爲都督府八，州七十六，縣一百一十，軍府一百二十六，並隸安西都督府。《通鑑》二〇〇。

波斯薩珊王朝末王耶斯提澤德三世之子卑路斯來唐求救，唐朝以鞭長莫及不許，封卑路斯爲左威衛將軍。《册府》九六六。

六三歲　公元六六二年
唐高宗龍朔二年（壬戌）

譜主事略

　　玄奘六十三歲，在玉華寺繼續翻譯《大般若經》，同時於七月十四日譯世友《異部宗輪論》一卷，大乘基筆受。據《開元錄》八，譯于玉華寺慶福殿。第三譯，與失譯《十八部論》，真諦譯《部異執論》同本。本論爲薩婆多部所傳，係研究佛教部派分裂和各部派教義的原始文獻。小乘二十部派各異，故名"異部"，各個部派的教義"互有取捨，輪轉不定"，故名"宗輪"（窺基《異部宗輪述記序》）。玄奘在翻譯本論時，曾據各本，詳加對勘校定，窺基稟承師説著《述記》，疏解甚詳，並訂正了真諦譯本的舛誤。

有關人物與大事

　　四月十五日，"命有司議沙門拜君親"，《全唐文》十四。佛教徒羣起反對，道宣、威秀、會隱、彥悰等二百餘人至蓬萊宮相繼上表力争。王權與教權，儒教理論觀點與佛教理論的衝突，一時形成全國議論的中心。詳《廣弘明集》二五、《全唐文》九〇五、九〇六、九〇八《集沙門不應拜俗等事》、《舊書》四、《開元録》八、《宋僧傳》十七《威秀傳》、《統記》《通載》《佛法金湯篇》等。

西蜀沙門會寧自南海附舶至訶陵國，遇沙門智賢齎《湼槃》後分自師子國來，即與對譯成文二卷。《統記》三九。詔慈恩寺僧靈辨入宮講《净名經》。《集古今佛道論衡》丁。

附：法藏二十歲，"屬奘師譯經，始預其間。後因筆受、證義、潤文見識不同而出譯場"（？）《宋僧傳》五。案此爲崔致遠《唐大薦福寺故寺主翻經大師法藏和尚傳》所未載。據崔傳與閻朝隱撰碑，法藏生于公元 643 年，玄奘卒時年甫二十二歲，如其參與玄奘譯場至早當在二十歲左右，惟據崔傳法藏"年甫十七於太白山（終南山）祈求數年"，終南山雖在長安附近，但時從智儼聽受《華嚴經》，尚未出家，似不可能參與玄奘譯場證義、潤文，故附記于是年以俟考定。

正月，立波斯都督卑路斯爲波斯王。《通鑑》二〇〇、《册府》九六四。

六四歲　公元六六三年
唐高宗龍朔二年（癸亥）

譜主事略

　　玄奘六十四歲，在玉華寺續譯《大般若經》，並于六月四日譯筏蘇蜜多羅《阿毗達磨界身足論》三卷，大乘基筆受。據《開元錄》八譯于玉華寺八桂亭。本論爲一切有部根本典籍六足論之一，窺基後序云：“此論原其大本頌有六千，後以文繁，或致刪略，爲九百頌或五百頌者，今此所譯有八百三十頌，文遺廣略，義離增減。”則玄奘所譯當爲節本。

　　十月廿三日《慈恩傳》作廿三日，《開元錄》作二十日，《內典錄》《續傳》作十月末。據《□□寺沙門玄奘上表記·請製大般若經序表》“至今龍朔三年十月廿三日絕筆，合成六百卷”，似以《慈恩傳》日期爲準。六百卷《大般若經》譯成。十一月二十二日並命窺基上表請高宗爲經作序，至十二月七日，通事舍人馮義宣敕許之。《慈恩傳》十。由于玄奘疾病纏綿，常願生彌勒，後至玉華，有隙次，無不發願生覩史多天見彌勒佛。自《大般若經》翻了，惟自策勵行道禮懺。《續傳》。

十二月三日至八日譯法救論師解釋世友《五事論》的《五事毗婆沙論》二卷，釋詮筆受。《開元錄》八：“《五事毗婆沙論》二卷，見《翻經圖》，法救造，龍朔三年十二月三日於玉華寺玉華殿譯，至八日畢，沙門釋詮等筆受。”

十二月二十九譯《寂照神變三摩地經》一卷，大乘光筆受。據《開元錄》八譯于玉華寺玉華殿。佛教傳說釋迦牟尼在靈山大會上應賢護之問而說此經，期于一切諸法皆得圓滿。

有關人物與大事

四月十四日，道士姚義玄、惠長等五人與西明寺僧靈辨、子立等四人爭論佛道教義。《集古今佛道論衡》丁。

中印度沙門那提（福生）在慈恩寺譯《莊嚴王經》等三部，後以真臘國請往，下敕聽去。《統記》四十。命于敬愛道場寫一切經典。《唐重修眾經目錄》。

六五歲　公元六六四年
唐高宗麟德元年（甲子）

譜主事略

玄奘六十五歲，正月一日譯《呪五首經》一卷，大乘光筆受。據《開元録》八，譯于玉華寺玉華殿。

玄奘因多年勞累，力疾翻譯，至《大般若經》譯訖，自覺體力衰竭，死期已近。正月三日玉華寺譯經諸僧殷勤啓請翻譯《大寶積經》。《大寶積經》爲大乘佛教的主要經典。《大寶積經論》一：“大乘法寶中，一切諸法差別，義攝取故；所有大乘法寶中諸差別相者，彼盡攝取義，故名曰寶積。”全經有四十九會、七十七品，唐以前歷代曾譯出其中一會或數會分別單行，至菩提流志新譯三十六會三十九卷，又甄取以前所譯各本共二十三會八十一卷，彙合成四十九會，一百二十卷，成爲全本。玄奘見衆情專一，遂勉强翻譯數行，《行狀》作四行。躊躇一會，便收起梵本，向衆僧道：“此經部軸與《大般若》同，玄奘自量氣力不復辦此，死期已至，勢非賒遠。”《慈恩传》十。從此絶筆翻譯，並對徒衆預囑後事。

正月三日，玄奘往芝蘭等谷禮辭俱胝佛像，遂絶翻譯。《慈恩傳》十、《續傳》四、《行狀》略同。

初九日因脚跌傷脛，病勢沉重，至十七日遂命弟子嘉尚具録所翻經論合七十五部總一千三百三十五卷，又別撰《西域記》一部十二卷。案玄奘所譯經論，《慈恩傳》十作“合七十四部，一千三百三十五卷”。《續傳》四作“總有七十三部，一千三百三十卷”。《行狀》作“總翻七十五部，合一千三百三十一卷”。《塔銘》作“合七十四部，總一千三百三十八卷”。《内典録》作六十七部，一千三百四十四卷。惟《開元録》與《圖記》同作七十五部一千三百三十五卷，今以《開元録》譯目對校並合，故《開元録》所載是。尚有五百八十二部未見翻者。《行狀》。又録造俱胝畫像彌勒像各一千幀，又造素像十俱胝，又寫《能斷般若》《藥師六門陀羅尼》等經各一千部。

二月五日夜半與世長辭。《慈恩傳》《行狀》《續傳》同。《慈恩傳》十：“法師病時，檢校翻經使人許玄備以其年二月三日奏云：‘法師因損足得病。’至其月七日，敕中御府宜遣醫人將藥往看。所司即差供奉醫人張德志、程桃捧將藥急赴。比至，法師已終，醫藥不及。”

玄奘逝世消息傳到長安，文武百官以及僧俗人等莫不悲悼，高宗爲之罷朝數日，二十六日敕玄奘葬事所須並令官給。三月六日又敕翻經事且停，已翻成者，準舊例官爲鈔寫，自餘未翻者，總付慈恩寺守掌勿令損失。三月十五日又敕“玄奘法師葬日，宜聽京城僧尼造幢蓋送至墓所”。玄奘遺柩還京“安置慈恩寺翻經堂内，京城道俗奔赴哭泣者日數百千"。四月十四日，遵照玄奘遺囑，葬于滻水之濱白鹿原，《元和郡縣志》一萬年縣："白鹿原，在縣東二十里，亦謂之霸上。"《長安志》十一萬年縣："白鹿原在縣東南二十里，自藍田縣界至滻水川盡，東西一十五里，南接終南，北至霸川盡，南北一十里，亦謂之霸上。"五百里內執拂的不計其數。《慈恩傳》十："而京邑及諸州五百里內送者百萬餘人，……是日緇素宿于墓所者三萬餘人。"案送殯者人數衆多當係事實，《慈恩傳》所載似誇大其辭，未可盡信。總章二年（669）有敕徙葬玄奘于樊川北原，營建塔宇。《慈恩傳》十《塔銘》："今塔在長安城南三十里，初高宗塔于白鹿原，後徙于此。"《元和郡縣志》一"萬年縣"下："樊川，一名後寬川，在縣南三十五里。本杜陵之樊鄉，漢高祖賜樊噲食邑於此。"

神龍元年（705）敕在兩京各建一佛光寺，追諡玄奘爲大遍覺法師。《開元録》八："其佛光王即中宗孝和皇帝初生之瑞號也，創登皇極敕爲法師於兩京各置一佛光寺，并度人居之，其東都佛光寺，即法師之故宅也。復內出畫影，裝之寶輦，送慈恩寺翻譯堂中，追諡法師稱大遍覺。"

有關人物與大事

道宣在西明寺撰次《大唐内典録》十卷，編集《廣弘明集》《集古今佛道論衡》，六月在清官精舍編輯《集神州三寶感應通録》一卷。一名《東夏三寶感應録》。以上據《開元録》八，原書記、跋。

玄則撰《禪林妙記後集》二十卷。《廣弘明集》二十。

會寧泛海至訶陵洲。《求法高僧傳》上："會寧律師，益州成都人也。……溥善經論，尤精律典，思存演法，結念西方，爰以麟德年中杖錫南海，泛舶至訶陵洲。"《宋僧傳》三略同。案麟德年號僅二年（664—665）。《傳》云"麟德年中"，未能確定其在元年抑二年，兹約繫于是年。

道世表奏道士郭行真、李榮、田仁會等私竊佛經文句修改道書，請加查勘。遂付官拷打乃承認，因流配遠州。《珠林》五十五、《通載》十二。

附録[*]

附一：玄奘在國内的師承

玄奘在國内的師承，可考見的有景、嚴、空、慧景、道基、寶暹、道震、慧休、道深、道岳、法常、僧辯、玄會等十三人。其中有確切年代可考的，玄奘誕生之年爲：

玄會十九歲。據《續傳》十五，貞觀十四年五月二十七日卒，春秋五十有九推定。

僧辯三十三歲。《續傳》十五作貞觀十六年卒，年七十五，《六學僧傳》二三作貞觀十三年卒，兹據《釋氏疑年録》三推定。

道岳三十三歲。據《續傳》十三，貞觀十年春二月卒，年六十九推定。

法常三十四歲。據《續傳》十五，貞觀十九年六月二十六日卒，春秋七十九推定。

慧休五十三歲。據《續傳》十五，貞觀十九年卒，年九十八，推定。

＊ 以下六個“附録”，原放在“一歲，公元六〇〇年”后，本次出版，移到書後。——編者注

附二：玄奘在國內外受學經論及師資表

時間	地點	師資	所學經論
（一）國內：			
大業六年至八年（610—612）	東都净土寺	隨仲兄長捷受學	《法華經》《維摩經》等
大業八年以後（612—）	東都净土寺	景法師、嚴法師，並在東都各寺參聽	《涅槃經》《攝大乘論》等
武德元年（618）一月餘	入川途中在漢川	空法師、景法師	
武德二年至五年（619—622）三四年間	成都	道基、寶暹、道振	《毗曇》《攝論》《迦延》
武德七年（624）八個月	相州	慧休	《雜心》《攝論》
武德八年（625）十個月	趙州	深法師	《成實論》
武德九年（626）	长安大覺寺	道岳	《俱舍論》
武德九年至貞觀元年（626—627）	長安	玄會、法常、僧辨	《涅槃經》《攝大乘論》《俱舍論》

時間	地點	師資	所學經論

（二）国外：

時間	地點	師資	所學經論
貞觀二年（628）一月餘	縛喝國	與般若羯羅（慧性）共同研究	《毗婆沙論》
貞觀二年冬至三年春（628—629）	迦濕彌國闍陀羅寺	僧稱	《俱舍》《順正理論》《因明》《聲明》《婆沙》等論
貞觀三年（629）一月	磔迦國大菴羅林	老婆羅門	《經百論》《廣百論》
貞觀三年（629）四個月	至那僕底國突舍薩那寺	毗膩多鉢臘婆	《對法論》《顯宗論》《理門論》
貞觀四年（630）四個月	闍爛達羅國那伽羅駄那寺	旃達羅伐摩	《衆事分毗婆沙》
貞觀四年至五年（630—631）一冬半春	窣禄勒那國	闍耶匊多	《經部毗婆沙》
貞觀五年（631）半春一夏	秣底補羅國	密多斯那	《怛埵三弟鑠論》《隨發智論》

時間	地點	師資	所學經論
貞觀五年（631）三個月	羯若鞠闍國曲女城達羅毗訶羅寺	毗離耶犀那	佛使《毗婆沙》 日冑《毗婆沙》
貞觀五年至十年（631—636）先後五年	摩揭陀國那爛陀寺	戒賢	《瑜伽論》《順正理》《顯揚》《因明》《聲明》《對法》《集量》《中》《百》等論
貞觀十年至十一年（636—637）一個年頭	伊爛拏鉢伐多國	怛他揭多毱多羼底僧訶	《毗婆沙》 薩婆多部《順正理》
貞觀十一年（637）一月餘	南憍薩羅國	某婆羅門	《集量論》
貞觀十一年（637）數月	馱那羯磔迦國	蘇利耶蘇部底	大眾部《根本阿毗達磨》等論
貞觀十一年（637）	達羅毗茶國	菩提迷祇濕伐羅等	《瑜伽論》（徵詢性質）
貞觀十二年至十三年（638—639）首尾兩個年頭	鉢伐多國	從二三大德	正量部《根本阿毗達磨論》《攝正法論》《教實論》
貞觀十三年（639）二個月	那爛陀寺西底羅擇迦寺	般若跋陀羅	咨疑《因明》 《聲明》 《婆沙》等論

時間	地點	師資	所學經論
貞觀十三年至十四年（639—640）首尾二年	那爛陀寺附近杖林山	勝軍居士	《唯識抉擇論》《意義理論》《不住涅槃》《十二因緣論》《成無畏論》《莊嚴經論》，詢問《瑜珈》《因明》等論

附三：玄奘開創法相宗在國內外的先行者

（一）國內：

在中國最早傳譯印度大乘佛教有宗教理的佛馱跋陀羅《祐録》作佛大跋陀，譯義覺賢，迦維羅衛（今尼泊爾境內）人，少以禪、律馳名，義熙四年（408）到達長安。案覺賢至長安之年，《祐録》與《高僧傳》失載，後出之書《通載》七作義熙二年（406），後人一般通作 406 年來華，湯用彤先生《魏晉南北朝佛教史》則作義熙六年（410）。兹據法藏《華嚴經傳記》與《統記》三六義熙四年到長安的記載。生平詳見《高僧傳》二，《祐録》二，《統記》二六、三六，《通載》七，《華嚴感應緣起傳》《華嚴經持驗記》《塔銘》等。卒後一百七十一年。案覺賢卒年各本著録不一，《高僧傳》："以元嘉六年（429）卒春秋七十有一矣。"《祐録》同，似較可信。南唐彭濱的《塔銘》作元嘉十七年乙亥卒，年七十三，而元嘉十七年干支爲庚辰，顯誤。《華嚴感應緣起傳》與《華嚴經持記》均作永嘉六年卒（永係元之譌），兹從《高僧傳》《祐録》推定。

首先傳譯法相宗經典的《華嚴》學者求那跋陀羅譯義功德賢，中印度人，元嘉十二年（435）從海道抵廣州，宋文帝敕至建業（今江蘇南京市）講述《華嚴經》，並先後譯出大小乘經典五十二部，一百三十四卷，現存二十六部一百卷，其中《楞伽經》

和《相續脫解經》(《解深密經》的後二品)爲法相宗所依據的經典，生平詳見《高僧傳》三、《祐録》十四、《華嚴經傳記》二、《名僧傳抄》、《宋書·天竺傳》等。卒後一百三十二年。據《高僧傳》及《祐録》宋泰始四年（468）卒年七十五推定。

傳譯世親《十地經論》開創地論學派的菩提流支、義譯道希（《十地經論序》作覺希、《二十唯識述記》作覺愛），北魏宣武帝永平元年（508）至洛陽譯經，先後二十餘年譯出三十九部一百二十七卷（案《洛陽伽藍記》作二十三部，似未睹《經録》就所見知而言。《開元録》六作三十部一百一卷，似闕，此據李廓《經録》與《内典録》及《圖記》），其中《十地經論》十二卷（同時翻譯的有勒那摩提和佛陀扇多，見嚴可均輯《全魏文》二四《十地經論序》）、《深密解脫經》五卷、《入楞伽經》十卷以及《無量壽經論》《金般若波羅密經論》均爲法相宗所依據的典籍，生平詳見《續傳》一、《洛陽伽藍記》四。勒那跋提譯義寶意，中印度人，508年至洛陽，與菩提流支合譯《十地經論》，又譯出《寶積論》等二十四卷，爲一華嚴學者。生平詳見《續傳》一、《華嚴經傳記》二。傳譯的九十二年。案這二人的生卒年代無從考見，而《十地經論》的傳譯，南北地論學派的形成，對於玄奘西行求"法"以及法相宗的開創關係頗大，兹以他們傳譯開始的一年爲據。佛陀扇多譯義覺定，北印度人，從北魏孝明帝正光六年（525）到東魏孝静帝元象二年（539）譯出《攝大乘論》等十部十一卷，並與菩提流支、勒那跋提合譯《十地經論》。因三人的見解不同，"敕三處各翻"；三人各有傳授，形成日後地論學派的南北系統分歧，玄奘西行原因之一即不滿於南北地論師的異説，生平詳見《續傳》一。傳譯《攝大乘論》後的六十九年。佛陀扇多生平難以詳考，兹據《開元録》"普泰元年（531）于洛陽出"推定。**般若流支**譯羲智希，印度波羅奈今印度北方邦貝拿勒斯人，於東魏元年（538）至武定元年（543）譯出《正法念處》等經論十八部、九十二卷，生平不詳，由於當時《經錄》傳寫的率略，以致所譯多與菩提流支相混雜，已無從考定。傳譯《大乘唯識論》《順中論》後的六十二年。據他開始譯經的一年。**毗目智仙**生平不詳，于東魏孝靜帝興和三年（541）至鄴城譯經。傳譯《寶髻四法經論》《轉法經論》《業成就論》（《大乘唯識論》）後的十九年。

北魏佛教地論學派的南道初祖、四分律宗的創始人**慧光**俗姓楊，定州長盧（今河北滄縣）人，初從佛陀禪師（佛陀扇多）出家，參與翻譯《十地經論》，著《十地論疏》（《探玄記》一統律師自解梵本，使兩三藏對于魏王宣武帝和會而合成一本十二卷）以發揮其義理，又注釋《華嚴》《涅槃》《地持》《勝鬘》等經，並撰《四分律疏》，佛教徒尊他爲四分律宗的初祖。後奉詔入鄴任國統，在大覺寺廣爲宣揚，弟子甚衆，影響到南北朝末期及隋唐佛教教理的開展。卒後六十五年。案慧光的卒年，傳無明文，茲據日本常盤大定《支那的佛教研究》六"靈裕法師"（頁192），靈裕至鄴下爲道憑弟子恰慧光卒後七日，《續傳》作年二十，在東魏天平四年（632），而貞觀六年（632）靈裕弟子海雲的師灰身塔銘碑文作"師時年十八，出家求學"，則在天平二年（535）爲慧光入寂之年的考定。

地論學派南道學者**僧範**俗姓李，平鄉（今河北平鄉縣）人，初學《涅槃》，又研討《法華》《華嚴》，後爲慧光門下的十哲之一，于《華嚴》《十地》《地持》《維摩》《勝鬘》等經各著有疏記，"屬詞繁壯，不偶世情，亦是一家之作，故可觀採"（《續傳》八）。**卒後四十五年**。據《續傳》八天保六年（555）卒，年八十推定。**道憑**俗姓韓，平恩（今山東丘縣）人，初誦《維摩》，後學《涅槃》《成實》，最後從慧光學《地論》，爲其門下十哲之一，時稱"憑師法相上公，文句一代希寶"。**卒後四十一年**。據《續傳》八，天保十年（559）卒，年七十二推定。**法上**俗姓劉，朝歌（今河南淇縣）人，初學《法華》，專意《涅槃》，後從慧光學，成爲南道地論學派的上首，魏、齊兩代，歷爲統師，高句麗國佛教徒也聞風來學，著有《增一法教》四十卷、《佛性論》二卷、《大乘義章》六卷《衆經録》一卷。**卒後二十年**。據《續傳》八，周大象二年（580）卒年八十推定。**曇衍**俗姓夏侯，南黨州人，慧光門下十哲之一。**卒後十七年**。據《續傳》八，陳至德元年（583）卒，年七十七推定。

在中國翻譯史上與羅什、玄奘並稱三大翻譯家一說加上不空合稱"四大翻譯家"。的攝論學派的創始者波羅末（Paramartha）譯義真諦，一作拘那羅陀，譯義親依，西印度優禪尼國人，據馮承鈞《歷代求法翻經録》七，謂即《西域記》之鄔闍衍那（Ujjayani），今之 Ujjain。梁武帝大同十二年（546）抵廣州，因侯景之亂，流寓江、浙、贛各地，在極其艱苦的條件下致力翻譯與傳授，當時佛教徒門户宗派壁壘森嚴，認爲他"嶺表所譯諸部，多明無塵識，言乖治術，有蔽國風，不隸諸華，可流荒服"（《本傳》），阻止其入京，後卒于廣州。真諦所譯經論及其"義學"由於没有得到當時封建統治階級的支持，門徒散處江南，未能弘傳，直到曇遷、靖嵩南下，糅合北方地論學派之説，亟爲宣揚，真諦攝論學派始在隋唐間盛極一時。真諦"精解此土音義，凡所翻譯，不須度語"（慧愷《俱舍論序》），二十年中共譯述經論義疏八十部二百十七卷，其中述者二十八部六十五卷，現存三十一部、九十二卷（據蘇公望《真諦三藏譯述考》）。真諦所譯經論多以有關於大乘瑜珈行宗爲主，而《攝大乘論》的翻譯，主張無塵唯識義，兼立九識義，唱對治阿梨耶識，證入阿摩羅無垢識而開創攝論學派，對于隋唐佛教教理的發展有較大的影響。玄奘的學說雖依據《成唯識論》而二人的學說有所不同（達爾那他《印度佛教史》認爲真諦學派出于十大論師屬于瞿波論師系統），但玄奘早年的師承多爲攝論學派大師，故對于他的啓迪與影響頗大。真諦生平詳見《續傳》一、《圖記》四、《俱舍論序》、《內典録》五、《開元録》七、《房録》十、《統記》三七，近代蘇公望《真諦三藏年譜》與日本宇井伯壽《印度哲學史》及《攝論宗研究》于其生平考述均甚翔實。**卒後三十一年。**據《續傳》一，陳太建元年（569）卒，年七十一推定。**其門徒慧愷**《續傳》一，作智愷，俗姓曹，助真諦譯出《攝大乘論》《俱舍論》等，自講《俱舍論》未完而卒，爲真諦弟子中的上首。**卒後三十二年。**據《續傳》一，光大二年（568）卒，年五十一推定。**警韶**俗姓顏，會稽上虞（今浙江上虞）人，梁、陳時名僧，四十歲時在豫章（今江西南昌市）從真諦學，助譯《新金光》《唯識論》《涅槃經》《中百句長解脱》等，後爲《成實論》的學者。**卒後十七年。**據《續傳》七推定。

　　集地論學派之大成，企圖調和佛教各學派爭論的慧遠俗姓李，燉煌（今甘肅燉煌）人，早年從法上受學七載，深究大小乘經論，晚歲就曇遷研討《攝論》，著有《大乘義章》《涅槃經義記》《十地經論義記》《起信論疏》等五十多卷。其《大乘義章》是一部綜合佛教神學理論的研究作品，它將佛教的“義學”分爲教法聚、義法聚、染聚、净聚、雜聚五類，二百四十九科，分類敍述毗曇、成實，歸結到地論、涅槃，企圖溝通佛教各學派的紛爭，予以總結。這對玄奘力求貫通瑜伽、中觀，對佛教神學理論作統一的解釋，不無一定的影響。**卒後八年。**據《續傳》八，開皇十二年（592）卒，年七十推定。

對地論、涅槃、律部、般若作綜合研究的**靈裕**俗姓趙，定州鉅鹿曲陽（今河北晉縣西）人，初從慧光弟子道憑聽受《地論》，又從慧光弟子曇隱專學《四分律》，後又研翫毗曇、成實、雜心，貫通大乘空、又及小乘成實，成爲隋代著名的佛教理論家，著有《十地》《華嚴》《地持》《涅槃》《般若》《大集》《四分》《勝鬘》《觀無量壽》等經注疏以及《大乘義章》《孝經義記》等。"自東夏法流，化儀異等，至于立教施行，取信于千載者，裕其一人矣。"（《續傳》九）弟子著名的有慧休、彭淵等，而慧休則傳授《攝論》于玄奘。**八十三歲。**據《續傳》九，大業元年（605）卒，年八十八推定。

南道地論學派靈幹俗姓李，金城狄道（甘肅狄道縣）人，慧光門下曇衍的弟子，初研討《華嚴》，後專心《毗曇》。**六十六歲。**據《續傳》十二，大業八年（612）卒，年七十八推定。

北道地論學派的弘通志者念俗姓陳，冀州信都（今河北冀縣）人，初專翫中觀的《大智度論》，後從北道地論學派創始人道寵學習《十地論》，著有《雜心論疏》及《廣鈔》等，門徒著名于隋代的頗多，其中深法師即爲玄奘問業之師。**六十六歲。**據《續傳》十一，大業四年（608）卒，年七十四推定。

隋初傳播攝論學派的佛教理論家靖嵩俗姓張，涿郡固安（今北京市）人，早年從法上的弟子融智學習《十地》《涅槃》，後從真諦門徒法泰研討《攝論》，"數年之中精融二部，自佛性、中邊、無相、唯識、執異等論四十餘部皆總其綱要，部會區分"（《續傳》十）。他北上傳揚《攝論》，對《地論》學派影響很大。著有《攝論疏》六卷,《雜心疏》五卷,以及《九識》《三藏》《三聚戒》《二生死》等義章。他的弟子寶暹和再傳弟子僧辯,即爲玄奘受業之師。**六十四歲。**據《續傳》十,大業十年(614)卒,年七十八推定。

北道地攝論學派的創始者曇遷俗姓王,博陵饒陽(今河北深縣)人,初從慧光門下十哲之一的曇遵學習,進一步對于《華嚴》《十地》《起信》《唯識》等經論作了探討,後因對于《唯識》的義旨有所疑滯,至桂林得到真諦的《攝大乘論》本就北上在彭城一帶弘傳。開皇七年到長安講揚《攝論》,并監掌闍那崛多和達摩笈多的譯場,著有《攝論疏》十卷和《楞伽》《起信》《唯識》等疏,《九識》《四明》等義章及《華嚴明難品懸解》等,今皆不傳,爲隋代著名的佛教神學家。《續傳》謂他"傳燈不絕,于今多矣",對于唐代法相宗的理論建設有一定的貢獻。他的弟子法常就是玄奘的問業之師。**五十九歲。**據《續傳》十八,大業三年(607)卒,年六十六推定。

南道地論學派的理論家彭淵《陝西通志》作彭淵(彭係彭之訛),俗姓趙,京兆武功(今陝西興平縣)人,靈裕弟子,對于《十地》《地持》《華嚴》都有所研究。**五十七歲。**據《續傳》十一,大業七年(611)卒,年六十八推定。

攝論學派理論家法侃俗姓鄭,滎陽(今河南滎陽市)人,從真諦門徒曹毗學習《攝論》,"披析幽旨,涣然標詣,解義釋名,見稱清徹。"(《續傳》十一)**五十歲。**據《續傳》十一,武德六年(623)卒,年七十三推定。**玄琬**俗姓楊,弘農華陰(今陝西渭南縣)人,曇遷弟子,專研《攝論》。**三十九歲。**《續傳》二三作貞觀十年(636)卒,年七十五,《通載》作九年,茲從《釋氏疑年録》三之説。**靜琳**俗姓張,祖籍南陽,後居京兆(今陝西西安市)華原,曇遷的著名門徒。三十六歲。據《續傳》二十，貞觀十四年（640）卒，年七十六推定。**道積**河東安邑（今山西運城縣東）人，從智凝學《攝大乘論》，"于十義薰習，六分轉依，無塵惟識，一期明悟"。是一個博通《涅槃》《地論》《攝論》的學者。三十三歲。據《續傳》二十九，貞觀十年（636）卒，年六十九推定。**道傑**俗姓楊，安邑鳴條（今山西聞喜縣）人，初學《成實》，後從林法師學《攝論》，志念、法梭學《婆沙》《十地》等論，爲隋代學貫大小乘的佛教徒之一。二十八歲。據《續傳》十三，貞觀元年（627）卒，年五十五推定。**法護**俗姓趙，濟陰（今山東曹州縣西北）人，靖嵩門徒，又從志念聽《毗曇》、法彥學《成實》，同時鑽研律部，著有《攝論指歸》等二十餘篇。二十五歲。據《續傳》十三，貞觀十七年（643）卒，年六十八。

影響玄奘至印度尋求瑜伽學説究竟的波羅頗伽羅密多羅譯義明知識，一作波頗（譯義光智），中印度人，曾在那爛陀寺從戒賢聽講《十七地論》，到達長安後敕在興善寺譯經，據云玄奘曾往參謁，受到他的啓示而決心西遊（呂秋逸先生之説）。波頗先後譯出《寶星陀羅尼經》《般若燈論釋》《大乘莊嚴經論》三部三十五卷，因未獲當時統治階級的積極支持，以致"本志頹然，雅懷莫訴"。貞觀七年（636）卒，年七十九。三十六歲。《六學僧傳》二，作貞觀六年卒，茲從《釋氏疑年録》三之説。

（二）國外：

玄奘師承的因明學，印度傑出的邏輯學家陳那卒後約五十年。陳那譯義爲"域龍"（《秋篠記》），《西域記》作童授，《慈恩傳》作授，其生卒年代已無從考定，一般認爲約在公元 480—550

年之間。陳那出生于南印度案達羅國婆羅門家庭，早年在犢子部出家，後從世親受學，深諳大小乘經論，研究新因明學，宣揚阿賴耶緣起論。他在邏輯學上創造性的貢獻是改古因明五支作法爲三支作法（三段推論式），將印度邏輯學從論法發展到量論，從而發展了大乘佛教瑜伽學派的認識論。由於他立論精確，自成體系，印度威利薩那博士《印度邏輯史》譽爲"中古邏輯之父"。玄奘的因明學即繼承陳那系統，並傳譯其論著。陳那的因明學與佛學理論著作號稱陳那八論：一《集量論》（《寄歸傳》四，後有藏文譯本流傳）、二《因明正理門論》（英譯作《邏輯入門》）、三《因明決擇論》（英譯作《九個理由的邏輯》）、四《觀所緣緣論》（以上三論，玄奘譯爲漢語，在我國流傳）、五《觀總相論》、六《取事施設論》、七《似因明論》、八《因明論》（以上失傳）。此外尚有《集量論解釋》《三世研究》等。生平參見《西域記》十及近人 H. N. Rundle《陳那的片斷》（*Fragments from Dinnāga*, 1926）。

附四：玄奘西行求法的先驅者

法顯俗姓龔，平陽武陽（今山西襄垣縣）人，爲了尋求戒律，於公元 399 年（晉隆安三年，後秦姚興弘始元年）與慧景、道整、慧應、慧嵬等從長安出發，在外十四年歷經中亞、印度、斯里蘭卡古代的三十四國，公元 412 年（義熙八年）由海道抵達青州長廣郡（山東膠州灣東北）。〔案法顯歸國之年，衆説紛紜，《祐録》二與《房録》七所云，似均有誤。近梁啓超《中國印度古代之交通》與《歷代求法翻經録》作義熙十二年（416）；Beal 和 Legge 及 Beazley 的研究均作義熙十年（414）；岑仲勉《佛游天竺記考釋》與張星烺《中西交通史料匯編》作義熙九年（413）；足立喜六《法顯傳考證》作義熙八年，此外也有作義熙六年（410）、七年或北魏神瑞二年（415）的。但據"法顯發長安，六年到中天，停六年，還三年達青州"的記載，似以義熙八年抵青州，於次年達京都，前後共十五年之說，較爲確當。〕後在道場寺與覺賢譯出《大般泥洹經》等七部二十六卷，現存五部十一卷，對於律部和《阿含》的介紹，曾起過一些作用，又著有《佛國記》（一名《法顯傳》，又稱《歷遊天竺記》）一卷，記錄了古代中亞、巴基斯坦、印度、南海的史地、宗教習俗，與《西域記》先後媲美，極有史料價值，爲世界史學家所重視。1836 年有 Abel-Rémusat 法譯本行世，1869 年 Beal 重譯爲英文，1877 年 Giles 又作重刊，1886 年 Legge 又另作注釋重刊，1923 年 Giles 又有新刊本行世。日本堀謙德、松本文三郎、小野玄妙、羽溪了諦、足立喜六等均有撰述，尤以足立喜六的《法顯傳考證》最爲翔實（有何健民、張小柳合譯本，商務印書館出版），岑仲勉《佛遊天竺記考釋》對於外國學者的研究頗有訂補，但也有過于自信之處。又章炳麟先生《太炎文錄》三有《法顯發現西半球說》，一無佐證，姑備一說。法顯生平詳見《高僧傳》三，《祐錄》二、三、八，《開元錄》二，《貞元錄》三。**卒後約一百八十年。**案法顯卒年，無可考見，《高僧傳》三作"後至荆州，卒于辛寺（一作新寺）春秋八十六"（《祐錄》作八十二）。《釋氏疑年錄》一謂"似皆不可信"，作"宋景平元年以前卒"。《歷代求法翻經錄》據《高僧傳・佛馱跋陀羅傳》"以景平元年七月屆于揚州，先沙門法顯于師子國得彌沙塞律梵本，未及譯出而遷化"句，認爲其卒年"應在 423 年七月前"。岑仲勉先生《法顯西行年譜訂補》（《聖心雜志》）與湯用彤先生《漢魏南北朝佛教史》第二分，十二章："可知法顯卒于景平元年之前。"茲據賀昌羣先生《古代西域交通與法顯印度巡禮》"佛馱計于景平元年十一月翻譯爲《五分律》三十四卷，明年譯完。由此可知法顯之死，當在義熙十四年正月與景平元年十一月之間，其間實五年十個月，若取其平均之數，假定法顯之死在永初元年（420）"的折中之說。

智嚴西涼州人，"志欲博事名師，廣求經誥"，與僧紹、寶雲、慧簡、僧景等四人至張掖遇法顯等一行人，後和衆人分手獨行至罽賓學禪法。與佛馱跋陀羅返，元嘉四年（427）和寶雲譯出《普曜》《廣博嚴凈》《四天王》等經論。晚年爲了尋求禪法再度泛海重到印度，歸途至罽賓卒，生平詳見《高僧傳》三、《祐錄》十五。卒後約一百七十年。案智嚴卒年已無從考見，《釋氏疑年録》一，"元嘉四年後卒，年七十八"。惟據其本傳于元嘉四年譯出《普曜》等經後，又共弟子智羽、智遠泛海重到天竺歸至罽賓無疾而化，時年七十八。計算他的往返行程則至少需在元嘉六年（630）以後。

寶雲河北人，一作涼州人，公元399年與智嚴、法顯同行，至弗樓沙而返。他在國外廣學梵書，鑽研音韻詁訓，後在道場寺（一説六合山寺）譯出《新無量壽經》（第七譯），元嘉中譯《佛本行讚》，"雲手執梵本，口自宣譯，華戎兼通，音訓允正，江左譯經，一時推爲第一"。《高僧傳》與《開元錄》均謂"其遊履外國，別有記傳"。但《隋書·經籍志》並未著錄，或久已佚失。生平詳見《高僧傳》三、《祐錄》二、《名僧傳抄》二六、《釋迦方志》下。卒後一百五十一年。

智猛雍州京兆新豐（今陝西臨潼東北）人，公元404年（後秦弘始六年）招集十五人同行西遊，中途九人退回，在外十九年，公元424年（元嘉元年）歸國，僅與曇纂二人生還，著有《遊行外國傳》（《隋書·經籍志》《舊書·經籍志》）今佚，譯有《泥垣經》今存，生平詳見《高僧傳》三、《祐錄》十五、《釋迦方志》下。卒後一百四十三年。據《高僧傳》《祐錄》，元嘉末（453）卒于成都。

附五：玄奘同時中國佛教各教派的主要人物

　　唐代佛教律宗的啓迪者洪遵俗姓時，相州（河南安陽市）人，從慧光門徒道雲、道暉受《四分律》，開皇七年詔入長安，十一年敕與西域僧徒同翻梵文經典，後爲講律衆主。由於他專講《四分律》，以致關內素所崇奉的《僧祇律》絶響，到再傳弟子智首，遂成爲唐代律宗的創始者，著有《大純鈔》五卷。**七十一歲**。據《續傳》二一，大業四年（608）卒，年七十九推定。

　　涅槃學派學者童真俗姓李，寄寓蒲坂（今山西運城縣南蒲州鎮）人，曇延弟子，開皇時參與譯場，詔爲涅槃論主。**五十八歲**。據《續傳》十二，大業九年（613）卒，年七十一推定。

　　成實學派學者智脱俗姓蔡，江都郡（今江蘇省揚州市）人，早年師事南朝《成實論》大師穎法師，後至金陵"研機幽旨，精統詞理，馳譽兩都"，著有《成實論疏》《二乘名教》《淨名疏》等，又刪正梁代琰法師的《成實玄義》，其弟子慧詮、道灌等均知名于世。**六十歲**。據《續傳》九，大業三年（607）卒，年六十七推定。**敬脱**汲郡（今河南汲縣）人，隋代《成實論》學者。**五十六歲**。據《續傳》九，大業三年（607）卒，年六十三推定。

　　三論學派的實際創始人吉藏俗姓安，上代爲安息（伊朗）人。吉藏早年師事興皇寺法朗，精通印度大乘佛教中觀宗龍樹、提婆之學，繼承鳩摩羅什、僧肇所傳的三論學派，並對南北朝以來佛教各教派的理論，一一研究批判，成爲隋代新三論學派的大師。晚年神學思想傾向于天台宗，如所著《仁王般若經疏》即依據智顗學説而作五重玄義。生平著作極夥，據《諸宗章疏録》所列目録有四十餘部，據《藏經書院續藏目錄》現存二十一部九十六卷，宣揚"諸法性空"的理論，建立真俗二諦，以說明所謂宇宙萬有的實相，而導歸于無所得，發展了佛教主觀唯心論的神學理論。其弟子高麗名僧慧灌于公元 625 年至日本元興寺弘揚三論，創立三論宗，日本佛教的分宗從此始。吉藏生平詳見《續傳》十一、《統記》六、十以及日本《三論祖師傳集》（《大日本佛教全書》111 冊）等。**五十二歲。**據《續傳》十一，武德六年（623）卒，年七十五推定。

隋代著名佛教翻譯家彥琮俗姓李，趙郡柏（今河南西平縣）人，擅長梵文，隋開皇初，北齊沙門寶暹等齎送西域所得梵文新經至長安，敕令翻譯，前後共譯出二十三部一百多卷，著有《內典文會集》《衆經目錄》《西域傳》《僧官論》《慈悲論》等（均佚），現存《辯正論》（見《續傳》二）、《通極論》（見《廣弘明集》四）、《福田論》（見《廣弘明集》二五）、《合部金光明經序》（見《頻伽藏》黃九）。他爲了維護佛教徒的既得利益與道教徒展開激烈的鬥爭，並又總括翻譯的經驗，提出"八備"的翻譯基本規律（見《辯正論》和《續傳》二所引）。**四十四歲。**據《續傳》二，大業六年（610）卒，年五十四推定。

華嚴宗的早期創始人杜（法）順一稱法順，俗姓杜，雍州萬年縣杜陵（今陝西西安市）人，初出家師事因聖寺僧珍，後往終南山宣揚《華嚴》，著有《法界觀門》一卷《妄盡還源觀》一卷，門弟子以智儼爲最著。智儼傳賢首，他依據《華嚴經》融貫佛教各教派的理論自成一家之言，在武則天的支持下成爲一代顯學，因而華嚴宗推杜順爲第一祖。生平詳見《續傳》二五，《華嚴經傳記》三、四，《法界宗五祖略記》《杜順和尚行記碑》（《金石萃編》一一四），《宋僧傳》五，《統記》二九等。**四十五歲。**案《隆興通論》作貞觀十五年卒，今據《續傳》二五，貞觀十四年（640）卒，年八十五推定。

繼承天台宗智顗"法統"的灌頂灌頂，臨海章安（浙江臨海）人，智顗的傳法上首弟子。他在聽受之次，對于師說，編輯成一宗的典籍，繼承天台宗的"法統"，顯揚其教義，時稱"跨朗（道朗）、籠基（慧基）、超雲（法雲）、邁印（僧印）"，著有《大般涅槃經玄義》二卷、《經疏》三十三卷以及《天台八教大意》《觀心論疏》《國清百錄》《天台智者大師別傳》等。生平詳見《續傳》十九、《天台九祖傳》《統記》七等。四十歲。據《續傳》十九，貞觀六年（632）卒，年七十二推定。

唐代净土宗的創始人道綽道綽，并州晉陽（今山西太原市）人，一作汶水人，以常住西河汶水寺，又稱西河禪師。他初習涅槃經論，後在石壁玄中寺讀到曇鸞碑，就捨棄涅槃學派而轉入净土法門，依據曇鸞的《往生論》，以稱名念佛的方法深入山西民間，講《觀無量壽經》竭力提倡口念佛號，往生所謂"净土"，宣揚"若一念阿彌陀佛，即能除卻八十億劫生死之罪"（《安樂集》上）。著有《安樂集》。到他弟子善導成立净土宗，以簡便的"成佛"方法，兜售廉價進入"天堂"的"入門券"，普及民間各階層，從此阿彌陀净土遂成為民間最流行的宗教信仰。至于彌勒净土有彌勒下生的信仰，常被農民用來作為組織反抗的號召，為唐朝統治者所嚴禁，而阿彌陀净土遂成為"正宗"。道綽生平詳見《續傳》二十，彭際清《净土聖賢錄》二、戒珠《净土往生傳》、迦才《净土論》等。三十九歲。案道綽的生卒年歲約有數說，茲從《釋氏疑年錄》三貞觀十九年（645）卒，年八十四之說。

律宗（《四分律》）創始人智首俗姓皇浦，漳濱人，道雲的再傳弟子（道洪門人），早年曾師事僧稠的弟子智旻，又從洪遵學習律部。他廣從名師，攷定經律，凡詞旨與律有關的，都加以疏條，會通其得失，著《五部區分鈔》二十一卷，又以道雲所著的《律疏》

爲基礎，概括異説作《四分律疏》，在長安弘律三十餘年，門下極盛，唐代佛教徒治律學的無不受其影響，道宣集其大成。三十四歲。據《續傳》二十二，貞觀九年（635）卒，年六十九推定。

　　唐代佛教律學相部宗的創始人法礪俗姓李，趙州人，洪遵再傳弟子（洪淵門人），專治律學，旁訊經論，窮究"十誦"，前後講律四十餘遍，著有《含懺議》《輕重敍》等，又與慧休合著《四分律疏》十卷《磨羯疏》三卷，爲當時所推崇。因他常住相州講律自成一家之言，與道宣南山宗對峙，經門下道成傳懷素（東塔宗）、滿意（西塔宗），又分裂爲兩個派系，故推爲唐代律學相部宗的創始人。三十二歲。據《續傳》二二，貞觀九年（635）卒，年六十七推定。

　　唐初積極維護佛教利益與道教徒以及傅奕等展開鬥爭的法琳法琳，俗姓陳，潁川（今河南許昌市）人。他爲了維護佛教的利益屢與封建統治者諍論，著有《破邪論》《辯正論》并詩文等合三十餘卷，後在道教徒的排擠下，詔移于益州僧寺，中途暴卒。二十九歲。《續傳》二四，作貞觀末卒，年七十，《開元録》同，兹據《法琳別傳》推定。

　　禪宗第四祖道信道信，俗姓司馬，世居河南，後徙蘄州廣濟（今湖北蘄春縣），傳承禪宗第三祖僧璨的衣鉢，傳達摩所謂的"傳心法印"，住大林、雙峯等寺四十餘年，南北佛教徒聞風而往的有五百多人，曾四次拒絶唐太宗的徵召，爲達摩以來禪宗由秘密到公開，由小到大的轉折點。道信學説以一行三昧爲中心，除嫡傳弘忍外，又傳"四祖旁出"的金陵法融（牛頭禪），與弘忍的"東山法門"相對峙，故達摩的禪學至道信始分裂爲二。生平詳見《續傳》二六《楞伽師資記》《傳燈録》三等。二十一歲。據《續傳》，永徽二年

（651）卒，年七十二推定。

《攝論》學者，玄奘的翻譯助手道因_{道因，俗姓侯，濮}陽（今河南濮陽）人，靖嵩門徒，精研《攝論》，著有《攝論》《維摩》等章疏，後在慈恩寺協助玄奘譯經，校定梵本，兼充證義。翻譯時每遇難文疑義，玄奘與他同加參酌，故《傳》云："新翻弗墜，因有力焉。"十五歲。據李儼《道因法師碑》（《金石萃編》五四）與《宋僧傳》二，顯慶二年（657）卒，年七十二推定。

禪宗傍系，牛頭禪派開創者法融_{法融，俗姓韋，潤州延}陵（今江蘇丹陽縣）人，初入茅山師事三論學派的大明法師、遼法師、旻法師、敏法師等修習止觀，後至金陵（南京市）的牛頭（首）山幽棲寺坐禪，道信授以僧璨的頓教法門（據李華《潤州鶴林寺徑山大師碑銘》與《傳燈錄·本傳》），就在牛頭山弘教，領徒三百多人，法門頗盛，著有《心銘》等（見《全唐文》九〇八，佛窟遺則曾編其文集三卷，今不全，延壽《宗鏡錄》曾簡介其《絕觀論》）。法融生平詳見《續傳》二一，劉禹錫《牛頭山第一祖融大師新塔記》（《全唐文》六〇六）、《弘贊法華傳》三、《傳燈錄》四等。參見近代學者宇井伯壽《禪宗史》、山崎定英《牛頭法融及其傳統》、鈴木大拙《禪宗思想研究》、佐佐木《支那禪的發達》等的研究成果。同時，法融這一教派，中唐時日本入唐留學僧侶傳教，得法于儵然，傳入日本融合圓、密、禪、戒四教，開創了日本的天台宗。七歲。據《續傳》，顯慶二年（657）卒，年六十四推定。

南山律宗的創始者、中國佛教史學者、玄奘的譯經助手道宣_{俗姓錢，吳興人（一作潤州丹陽人）。}早從智首聽受《四分律》，又從慧頵（《宋僧傳》作智頵）受業，並到處參學，成爲"外博九流，內精三學""存護法戒，著述無數"（《開元錄》八）的佛教徒學者。他畢生依據智首規模鑽研律學並撰述佛教歷史，著作宏富，共有三十五部，一百八十八卷，其中《行事鈔》《戒本疏》《羯磨疏》《比丘尼鈔》《拾毗尼義疏》合稱南山五大部。由於道宣生長在中國佛教發展到各宗鼎盛、義學紛繁的時代，生平力學博綜大小乘，以大乘的圓義來會通《四分律》，給它作了總結工作；同時，因他參與玄奘譯場也受到唯識學說的影響，倡立心識爲戒體之本，主張圓融三學，以大乘三聚戒爲律學的歸宿，並判其爲法、報、化三身之因。其後鑒真隨道岸（道宣再傳弟子）受戒，從融濟（道宣門人）學《南山律鈔》，又就義威（律學相部宗西塔系滿意弟子）受法礪《四分律疏》，綜合了唐代律學二個派系的教法，於公元753年（唐天寶十二年，日本天平寶勝五年）攜帶大批經論赴日，開創了日本的律宗（據日本淡海真人元開《唐大和上東征傳》《宋僧傳》十四、《鑒真傳》）。在道宣的集律學之大成與唐中宗墨敕推行南山律的提倡下，此後中國佛教的律學家絕大多數以道宣所著爲準繩，如爲其《行事鈔》作解記的唐宋兩代就有二十家之多（《續藏經》一輯，第七〇卷，一冊載有《行事鈔》諸家解記的標目）。由於道宣常住終南山，因之佛教徒推爲南山律的始祖。道宣對於佛教的歷史文獻的整理也具有功績，計編著有《續高僧傳》《釋迦方志》《集神州三寶感應錄》《集古今佛道論衡》《大唐内典錄》《廣弘明集》等，爲研究中國佛教史的重要史料。生平詳見《宋僧傳》十四，《開元錄》八，《隆興佛教編年通編》十三，《釋門正統》八，《統記》二九、三九、四二、四六，《通載》十五等。五歲。據《宋僧傳》十四、乾封二年（667）卒，年七十二推定。

附六：玄奘翻譯的先輩與前代著名僧侶

早期重要的佛典翻譯家，啓後世禪學之源的安清安清，字世高，安息人，據說是安息國王太子，出家後精阿毗曇，兼通禪學。**到洛陽譯經後的四百五十二年。**安清年歲無考，茲據其于東漢桓帝建和二年（148）到洛陽譯經之年推定（又有作建和元年或三年的）。案安清自建和二年至洛陽後，于元嘉元年（151）譯出《明度五十校計經》二卷、《七處三觀經》二卷，至靈帝建寧四年（171），譯出《大乘方等要慧》《大安般守意》《陰持入》《禪行法想》等經九十五部一百十五卷（今存五十四部五十九卷），《傳》稱"義理明晰，文字允正，辯而不華，質而不野"，"唯高所出爲羣經之首"。但他爲迎合時尚往往用中國固有的概念、道家的術語傳譯或注釋經文，故側重意譯。安清所譯大小乘經，小乘多爲四阿含中一部分的異譯，尤"特專阿毗曇學，所出經禪數最悉"（道安《安般經注序》），大都爲小乘一切有部禪觀修行方面的經典，啓後世禪學之源，後謝敷、道安等爲之作序，故安清爲在中國翻譯佛經最早，又確有史實可證，在當時發生了影響，對後世佛教的發展也起了一定的作用。生平詳見《高僧傳》一，《祐録》二、六、十三，《房録》二、四等。

首先傳譯大乘中觀學派經典的支婁迦讖簡稱支讖，月支人。**到洛陽後的四百三十三年。**支讖生卒無考。茲據其于桓帝末（167）來遊洛陽之年推定（一說在桓帝建和元年，一說在桓靈間）。案支讖于光和、中平之間（178—189）共譯出《般若道行品》（與竺朔佛同譯，爲中國《般若經》第一譯）、《般舟三昧》《首楞嚴》等經二十三部六十七卷（今存十一部二十七卷），啓後世般若之學。《傳》云："凡此諸經，皆審得本旨，了不加飾"，側重于直譯。支讖生平詳見《高僧傳》一，《祐禄》二、七、十三，《房録》二、四，《開元録》一等。到他的再傳弟子支謙（一名越，字恭明，月支人）自吳孫權黃武二年（223）至孫亮建興二年（253）三十年間譯出《大明度經》《維摩經》等大小乘經典八十八部一百十八卷（今存五十一部六十九卷），並開始注釋經典的工作，到南北朝佛教與我國三玄相結合，曾給予一定的影響。

三國時著名翻譯家康僧會康僧會，康居人，吴赤烏十年（247）至建業，《廣弘明集》引《吴書》作四年，在孫權的扶植下爲他建寺造塔，爲佛教傳播江南的開始，曾譯出《六度集經》等七部二十卷（今存二部十卷），並注《安般守意》《法鏡》《道封》三經，又作經序，主張養生成神，引伸安清的禪學以附會道教的修煉，生平詳見《高僧傳》一，《祐録》二、六、十三，《房録》五，《續佛道論衡》，《開元録》二等。卒後三百二十年。據《高僧傳》《祐録》，晉太康元年（280）卒。

西晉著名的翻譯家竺法護竺法護，梵名曇摩羅刹，月支人，世居燉煌，遊歷西域諸國，通曉各國文字，晉泰始二年（266，一作太康七年）攜梵本至長安，到大興元年（318）四十五年間，得信士聶承遠、聶道真父子之助，譯出《正法華》《光讃般若婆羅密》《菩薩十住行道》《方等般泥洹》《菩薩十地》等經一百七十五部三百五十四卷（今存九十一部二百零八卷），凡佛教的般若、法華、華嚴、涅般、寶積、大集諸部的經典都作了些傳譯。他"終身譯寫，勞不告倦"（《祐録》），爲鳩摩羅什以前翻譯數量和質量兼勝的翻譯家。生平詳見《高僧傳》一，《祐録》二、七、八，《開元録》二等。卒後二百八十三年。案竺法護的年壽，《僧傳》和《祐録》作"晉惠西奔，關中擾亂，百姓流移，護與門徒避地東下至澠池遘疾而卒，春秋七十有八"。惟《開元録》二謂"護於懷愍之世仍又出經"，則《僧傳》《祐録》的記載，似均有問題。兹從《釋氏疑年録》一晉建興末（316）卒之説。

晉代佛教之主要傳播者佛圖澄佛圖澄，俗姓帛，西域人（《漢魏兩晉南北朝佛教史》第二分、第八章作"似爲龜兹人"），永嘉四年（310）至洛陽，後以方術使石勒、石虎信服，在當時戰亂動盪的社會和二石的利用與倡導之下，建寺893所，四方僧人聞風來學，門徒多至萬人，使佛教的傳播於華北一帶樹立了廣泛的基礎。佛圖澄生平詳見《高僧傳》九、《晉書·藝術傳》《魏書·釋老志》《太平御覽》（下簡稱《御覽》）六八五、《釋氏通鑑》《稽古略》等。**卒後二百五十二年。**案《釋氏通鑑》和《稽古略》作卒年一百七十歲，似不足信，兹據《高僧傳》及《珠林》九七所引。

佛教神學與玄學合流的支道林俗姓關，名遁，陳留（今河南開封市）人。魏晉玄學思潮影響所及，般若學隨之而興，有些佛教神學理論家多借老莊學說來闡發佛教的某些教義，與之附會合流，故兩晉義學高僧往往又是清談人物，支道林即其中重要的一個。唯心主義和神學二者互爲因果，相互憑籍。支道林以善談玄理，傾動一時，惟著作多已佚失，如其《即色遊玄論》的主旨即説明般若性空之理，現象本身也是虛假的，別無空無的本體，爲當時般若六家七宗"即色義"的代表者。**卒後二百三十四年。**案支道林的年壽，《世説新語·言語篇》注引《高逸沙門傳》年六十三終于洛陽，又《傷逝篇》注引《支循傳》作太和元年（366）。兹據《高僧傳》四"以太和元年閏四月四日終于所住，春秋五十有三"推定。

東晉佛教領袖道安俗姓衛，常山扶柳（今河北冀縣西南）人。案道安在中國佛教史上的地位，前人已有定論，兹不繁引。《漢魏兩晉南北朝佛教史》第八、九章論述尤爲翔實，道安的著述詳見《祐錄》九及《隋衆經目錄》《開元錄》等，今大都散失。他在佛教發展上的"功績"約言之：一、教理方面，總結漢魏以來般若與禪法的義學，以禪觀解釋般若，以般若推演禪觀，融合唯心主義的玄學觀點闡述性空本無，創立"本無"爲宗旨的學派；二、文獻整理方面，首創經錄，編制目錄，同時校閱編註羣經，"尋文比句""析疑""甄解"，會通全文，並與趙整組織譯場，提出"五失本""三不易"的主張，親爲校定，序其緣起；三、教規與傳教方面，尋求戒律，確立教規，分遣弟子布教四方。在當時的歷史條件下，由於他的積極弘教，使外來的佛教在中國奠定了基礎。生平詳見《高僧傳》五，並見一、二、六，《祐録》十五以及《名僧傳抄》《晉書·藝術傳》《魏書·釋老志》等。**卒後二百十五年。**案宋、元、明本和海山仙館本《高僧傳》均無道安卒年，惟高麗本及《御覽》六五五、《珠林》二四引《僧傳》作"……是歲太元十年（385）也，年七十二"。而《太平廣記》八九引《僧傳》則作太元元年（376）。《隆興通編》《通載》均作太元十四年（389），《釋氏疑年録》一據《僧傳》則定爲公元314年生，卒年七十二。《漢魏兩晉南北佛教史·道安年歷》據其《四佛含暮抄序》及《毗婆沙序》謂卒年七十四。《飲冰室專集·佛教教理在中國之發展》誤據佛圖澄永嘉四年入洛陽，道安謁之，其説顯誤。湯先生雖據其經序，然係約略之辭，無其他佐證。是故從陳先生之説。

印度佛教中觀學派的傳播者，與玄奘、真諦號稱中國翻譯史上的三大翻譯家鳩摩羅什麗本《祐録》傳云童壽，係出印度婆羅門種姓（《大乘義章》引《符書》），父爲龜茲王妹婿，遂爲龜茲人。他在早年便學通大小乘經、律、論，成爲西域著名的佛教學者。前秦建元二十年（384）滅龜茲，羅什四十一歲隨呂光軍歸至涼州。次年，呂光自龜茲還歸，據涼州立後涼國，羅什留涼州十七年，學會漢族語言文字，至後秦弘始三年（401）姚興滅呂隆迎之入關，待以國師之禮，就在西閣逍遙園講學、譯經，門下多至三千餘人，影響並培養了一代的佛教神學理論家。羅什主持譯場，在"五失本""三不易"的基礎上創立意譯派。他手執梵本，口宣漢言，通過義證（經過名僧多人的詳細討論）才寫成初稿，譯本用字極審慎，胡本有誤，用梵本校正；漢言有礙，用話訓定字，全書譯成，尚需經過總勘，才作爲定本。計共譯出經典七十四部，三百八十四卷（此據《開元録》，《祐録》著録三十二部，三百餘卷，《僧傳》同，《房録》作四七部、四二五卷，《名僧傳抄》作三十八部、二百九十四卷），今存五十二部，三百〇二卷。案佛教傳入中國，嚴格地説到羅什始有良好的譯本和系統的教義，對後世佛教教理的發展影響極大。從傳譯印度的大乘佛學來説，可謂前有羅什，後有玄奘：前者主要傳入龍樹中觀學派的經論，後者致力介紹無著瑜珈學派的經論。據説羅什爲龍樹的四傳弟子（龍樹的弟子有提婆、龍智二人，龍智傳於清辨，清辨傳之智光，智光傳之師之光；提婆傳于羅喉羅，羅喉羅傳之莎車王子須梨耶蘇摩，須利耶蘇摩傳之羅什，見日本凝然《八宗綱要》），傳譯《中、百、十二門論》，啓迪南北朝隋的三論學派；再譯《法華經》（竺法護先譯有《正法華》），肇始天台宗的端倪；譯出《成實論》，後來蔚爲成實學派，盛于江南與河北的毗曇相對峙，從中國佛教史的影響來論，却超過了玄奘。羅什生平詳見《高僧傳》二，《法華玄義釋籤》十，《祐録》二、十四，《晉書》五九、百十四等。卒後一百八十七年。案羅什年壽《高僧傳》作弘始十一年（409）卒，《開元録》作隆安四年（400），兹據《廣弘明集》二三，僧肇《什法師誄》推定，卒于弘始十五年（413）年七十。《漢魏兩晉南北朝佛教史》第十章作“約生于晉康帝之世（343 或344）”，《釋氏疑年録》一作公元 344 年，均近似。《飲冰室專集·佛教教理在中國之發展》則謂“其年壽無考，但非高壽者”，僅據《傳》中“吕光見什年齒尚少，乃戲妻以王女”一語，作“壽約六十”，根據似嫌不足。

東晉著名佛教哲學理論家僧肇俗姓張，京兆人，少好老莊，後師事羅什，爲其門下四哲之一，共同校訂經文，稱爲解空第一。僧肇著作可考見的有《般若無知論》《物不遷論》《不真空論》《涅槃無名論》《註維摩經》等十二種，後世收録他的著作彙稱《肇論》，並見于嚴可均所輯的《全晉文》中，惠達著有《肇論疏》（一名《肇論吳中集解》）三卷（收入《續藏經》第一輯、二編、第二三套）。僧肇融合老莊玄學於佛教的宗教哲學理論，並批判地接受般若的本無、即色、心無三派之説，以發揮其"即體即用""動靜不居""圓寂體一""不盡有爲""不住無爲"等相對主義的理論，又長於禪理，對于後世也頗具影響。生平詳見《高僧傳》六和《隆興通論》《六學僧傳》《通載》等。卒後一百八十六年。案僧肇卒年，《隆興通論》和《通載》作三十二。茲據唐元康《肇論疏》引東晉義熙十年（414）卒，年三十一推定。

東晉佛教的著名學者、江南佛教的主要傳播者慧遠

慧遠雁門樓煩（今山西代縣）人，道安弟子，博極羣書，深通老莊，著作大都失傳，後人蒐集爲《廬山集》十卷，五十餘篇，現存論文五篇、書序五篇、書翰十四篇及詩、銘、贊記等。其《大智度論抄》繼承道安的本無義，認爲本體空無即現象也是虛幻的；《法性論》闡明所謂涅槃常住義的神不滅論；《三報論》闡述佛教因果報應的宿命論觀點；《沙門不敬王者論》則爲教權張目。其宗教哲學思想主要以佛爲表，玄、儒爲裏，而追求佛教所謂的"極樂世界"。卜居廬山三十餘年，形成江南的佛教中心，爲封建統治階級的"物望所歸"。至結白蓮社之説，雖爲後來訛傳，不合史實，但他創造一種結社念佛集體修持的方法似或有之，故後世佛教徒加以附會遂推慧遠爲中國凈土宗的初祖（見《統記》二六、《凈土立教志》）。卒後一百八十四年。案慧遠卒年，約有三説：王禕《經行廬山記》作義熙十二年（416）卒，年八十二；《高僧傳》六、《祐禄》十五、《世説新語·文學篇》註引張野《遠法師碑銘》作八十三；《廣弘明集》謝靈運《遠法師誄》作義熙十三年卒，年八十四，而《釋氏通鑑》作義熙十一年卒，年八十四。茲據《高僧傳》折中之説，定爲八十三。

《大涅槃經》的創譯者曇無讖

曇無讖譯義法豐，中印度人（《魏書》九九及《釋老志》作罽賓沙門），義熙八年（412）來到姑臧（《漢魏兩晉南北朝佛教史》第十二章，考定在北涼玄始十年似

不確，詳張德鈞《讀湯用彤先生〈漢魏兩晉南北朝佛教史〉記》）先後譯出經、律、論十九部一百三十一卷（今存十二部一百十八卷），其中《大般涅槃經》（案《大般涅槃經》中的初十卷五品和智猛所譯的《大般泥洹經》、法顯所譯的六卷《泥洹經》相當。《大般涅槃經》《祐錄》八作三十六卷，當指今《藏經》中所謂南本；《內典錄》四、《開元錄》四作四十卷，當指今《藏經》中所謂北本）全經的譯出，説明"人人皆可成佛"的宗教理論，後來盛行于江南，衍爲涅槃學派；又譯出《菩薩地持經》，即彌勒《十七地經·菩薩地》的異譯，亦即玄奘《瑜珈師地論》五識分中第一本地分的單行異譯，凡此對於後代佛教神學理論的發展，起了一定的作用。其生平詳見《高僧傳》二、三，《祐錄》二、八、九，《華嚴經疏》一，《魏書》九九，《大般涅槃經序》等。卒後一百六十七年。案《高僧傳》載曇元識爲蒙遜所剌殺，年四十九，考其事在北魏延和三年、宋元嘉十年（433），兹據以推定。

傳譯大乘戒律的求那跋摩　求那跋摩，漢譯功德鎧，罽賓人，時號三藏法師，元嘉間在建業祇洹寺譯出《菩薩戒地經》（即《地持經》的異譯）江南始傳大乘戒法，又于元嘉十一年（434）在南林寺立戒壇爲僧尼受戒，爲我國戒壇之始。他先後共譯出《四分羯磨》《優婆塞五戒略論》《優婆塞二十四戒》等十一部十八卷（一作二十六卷）。卒後一百六十九年。據《高僧傳》三，元嘉八年（431）卒，年六十五推定。

首先提出"頓悟成佛"神學理論的竺道生　竺道生，俗姓魏，鉅鹿（今河北寧晉縣）人，寄寓彭城（今江蘇徐州市），初從學于盧山慧遠，後受學于關中羅什，爲集晉、宋時期般若、毗曇、涅槃之大成，並以般若與涅槃相通的神學理論家。其著作今可考見的有《維摩經疏義》《妙法蓮花經疏》《佛無淨土論》《頓悟成佛義》《二諦論》等二十一種，大都已亡佚。他的解二諦空、有義，一本於般若、中觀，但却不局于羅什、僧肇之所傳，以"離有無""去生滅""萬物既異，一如是同"的"法性說"詮釋"佛性""佛身"等宗教問題，主張"善不受報""頓悟成佛""佛無淨土"，並倡導"闡提含生之類，皆有佛性""一闡提人能成佛"的理論，當時爲守滯文句之徒所擯，從而引起佛教神學的所謂頓悟、漸悟的內部紛爭，也啓導唐代禪宗頓悟成佛的理論；同時從慧光以後形成佛教神學中的涅槃學派，因而推他爲"涅槃之聖"。**卒後一百六十六年**。案道生的年壽不詳，《釋氏通鑑》作卒年八十，亦無確證。茲據《祐祿·慈法師諫》《高僧傳》七，元嘉十一年（434）卒推定。

佛教歷史文獻的整理和律學的考索者、佛教藝術的設計家僧祐僧祐，俗姓俞，祖籍彭城下邳（今江蘇邳縣），世居建業，生平除精研《十誦律》和佛教建築、雕塑藝術的設計外，孜孜於佛教歷史文獻的搜集、整理、著錄，計有《十誦義記》《法集雜記諫銘》《薩婆多部相承傳》《花苑集》《世界記》（以上均佚），《弘明集》《釋迦譜》《出三藏記集》（以上今存）。**卒後八十二年**。據《高僧傳》十一，梁天監十七年（518）卒，年七十四推定。

中國禪宗的創始者菩提達磨達磨，事迹不可詳考。楊衒之《洛陽伽藍記》一作"波斯國胡人也"，《續傳》十六作"南天竺人也"，《傳法正宗記》謂刹帝利種。案達摩來我國，自《傳燈錄》盛行後，一般作梁普通八年（527）或作普通元年（520），據《傳法正宗記》，泛海至廣州，與《洛陽伽藍記》《續傳》所載多不合，近代學者論著頗多辯正，以《漢魏兩晉南北朝佛教史》第十九章所述"其來中國，初達宋境南越，未幾又北度至魏"的考核較爲簡當。達磨後止於嵩山少林寺，"凝住壁觀"，自稱"南天竺一乘宗"，提出了一種新的禪定方法。他以四卷《楞伽經》作爲教本，門弟子有曇琳、尼總持、道育、慧可等。慧可傳其衣鉢。達磨的學説見于曇琳的《入道四行》（日本《續藏經》）提出所謂"理入"和"行入"的"大乘禪觀"，拈出"無相"與"心性"之説，以證所謂真俗不二的中道，追求虚無渺茫超現實的"真如"世界。禪宗是在專修禪法的基礎上發展起來的一個宗派，它初期比較隱晦，直至唐初弘忍以後成爲佛教中的一個强大教派，影響於中國社會也較大，日本則在鎌倉幕府時代（1192—1380）興起，並廣泛地深入民間。達磨生平詳見《洛陽伽藍記》《續傳》十六、《傳法正宗記》五、《傳燈録》三、宗密《禪源諸詮集都序》、净覺《楞伽師資記》《寶林傳》、陳寬《再建圓覺大師塔銘》（《八瓊室金石補正》七五)《嘉泰録》等。關於禪宗史的考索近代學者論著頗多，似以吕秋逸先生《禪學考原》（華西協和大學《中國文化研究所集刊》第三卷）、蒙文通《中國禪學考》（《内學》第一輯）以及日本關口真大《達磨大師之研究》、塚本善隆《達摩之研究》、鈴木大拙《禪宗思想史研究》、宇井伯壽《第一禪宗史》、常盤大定《支那佛教之研究》等較爲翔實。**卒後六十四年。**案達摩的生平與年壽，異説紛紜，晚出的禪宗歷史記載，披上宗教神話的迷霧，均失實，當以《洛陽伽藍記》和《續傳》所載較爲近似。兹據《釋氏疑年録》"梁大同二年（536）丙辰卒"推定。

净土宗的先導者曇鸞 曇鸞，雁門（今山西代縣）人，初研討龍樹一系的四論學説，後在菩提流支的啓示下，專修净土的念佛法門，著有《往生論注》《略論安樂净土義》《讚阿彌陀佛偈》等，晚年移住汾州石壁玄中寺，倡"稱名念佛"簡便易行的宗教修持方法，後來得到道綽、善導的發揚，發展成爲一個獨立的教派。日本親鸞依據曇鸞的教義建立净土宗，迄今未衰。《支那佛教的研究》於曇鸞對日本佛教的影響有較詳的評述。**卒後五十八年。**據《續傳》六、東魏興和四年（542）卒，年六十七推定。

天台宗第二祖慧思慧思，俗姓李，豫州武津（今河南上蔡縣）人，師事北齊慧文“從受正法”，鑽研《法華》，主張“定慧雙修”。天台宗的主要思想導源于所謂“一心雙觀”，而歸結到實相，則形成於慧思。慧思後入南岳佈道，到他弟子智顗才實際創立天台宗，故追認他爲第二祖。案天台宗的定祖傳法之説，湛然《止觀輔行》普門子序和梁肅的《修禪寺碑》以慧文爲第一祖，慧思爲慧文的傳法弟子，但據《統記》六推慧文爲“北齊二祖尊者”，所述頗有可疑，《續傳》無慧文傳，僅附記十七《慧思傳》，稍後見於湛然《止觀輔行傳弘決》及《止觀輔行搜要記》，至於《天台宗九祖傳》雖列慧文於第七，而其生平已無從詳考。慧思著有《大乘止觀法門》《法華經安樂行義》《諸法無諍三昧法門》等，生平詳見《續傳》十七，《統記》六,《傳燈録》二、十七,《天台宗九祖傳》等。卒後二十三年。據《統記·南岳發願自叙》和《續傳》太建九年（577）入寂，春秋六十有四推定。

宣揚三論學派的法朗法朗，俗姓周，徐州沛郡（今安徽蕭縣）人，初學禪定和《成論》《毗曇》，後受學於攝山僧詮，研覈《智論》《中、百、十二門論》并《華嚴》《大品》等經，宣揚中觀學派的義學，言論多前人之所未發。據吉藏的《涅槃遊意》及《大品經義疏》一，攝山之講四論，從法朗始，門徒分佈南北，著名的有吉藏、慧哲、智矩、明法師等，而以吉藏集其大成。卒後十九年。據《續傳》七，太建十三年（581）卒，年七十五推定。

涅槃學派的著名學者曇延曇延，俗姓王，蒲州桑泉（今山西臨晉縣）人，著有《涅槃經義疏》《寶性論》《勝鬘經疏》《仁王經疏》等，今皆不傳。周武帝時曾授他爲“國統”，隋初勸文帝復興佛法，先後參與那連提黎耶舍和闍那崛多的譯場。《續傳》説他和慧遠對於涅槃的研究是“遠乃文句愜當，世實罕加，而標舉宏綱，通鏡長鶩則延過之矣"。曇延門下頗盛，著名的有慧海、慧真、慧誕、法常、道洪等人，多精於《涅槃》之學，而玄奘就是法常的弟子。**卒後十二年。**據《續傳》八，開皇八年（588）卒，年七十三推定。

隋代翻譯家那連提黎耶舍那連提黎耶舍，漢譯等稱，北印度烏場國（即《西域記》三的烏仗那）人，齊天保七年（556）到達鄴都，安置在天平寺譯經，隋開皇二年住大興寺譯經，綜計他的一生遊涉四十餘年，經歷五十餘國，跋涉十五萬里，所譯經論凡十五部七十四卷。**卒後十一年。**據《續傳》二、開皇九年（589）卒推定。

禪宗第二祖慧可慧可，《續傳》作僧可，俗姓姬，河南虎牢人（敦煌本《荷澤神會語錄》作武河周氏），從達磨就學六年，傳其所謂"心法"。僧粲又繼承他的衣鉢。慧可生平詳見《續傳》十六、《傳法正宗記》六、《釋氏六帖》十一、《傳燈錄》三、《統記》三十、《釋門正統》二十、《通載》十、《五燈會元》一、《稽古略》二等。**卒後八年。**案慧可卒年《續傳》十六失載，《傳燈錄》作開皇十三年（592），《統記》《六學僧傳》作開皇十二年，茲從《釋氏疑年錄》三推定。

三階教創始者信行信行，俗姓王，魏州衛國（今河南濬縣）人，著有《三階佛法》《對相起行法》《明大乘無盡藏法》等三十五部四十四卷（今佚），開創三階教（普法宗）。他把佛教分作時、處、機（人）三階，主張普歸一切佛，普修一切法，勵行修定，並建立"無盡藏"作爲其經濟基礎，以"宗教行動而兼社會活動"（《支那佛教的研究》三，頁42），曾盛行一時，教籍傳入高麗、日本，但爲統治階級所取締而漸歸消滅。玄奘曾在相州慈潤寺見到信行的弟子靈琛，而玄奘的門人神昉則"確與三階教有關"（《往日雜稿》頁37）。《支那佛教的研究》與《三階教的研究》對於他的生平與思想學説以及其教的流傳等有所考訂。**卒後六年**。據《碑》拓本。

　　天台宗的實際創立者智顗智顗，俗姓陳，字德安，穎川人，曾受學于慧曠律師，後師事慧思受法華行法，"東西垂範，化通萬里"（《續傳・本傳》），在建康瓦官寺開講《法華經》八年，晚年在天台山傳法，先後受到陳後主、隋煬帝的積極支持，稱爲"智者"。智顗著有《法華玄義》《法華文句》《摩訶止觀》，世稱天台三大部，此外並著有經疏多種。他依據《法華經》和《大智度論》以各種觀法爲中心來判釋佛教的宗教哲學，主要傳承南朝盛行的三論學派，並繼承涅槃學派，但又有區別，並糅合北朝的義學禪法，提出所謂"止觀法門""諸法實相""圓融三諦""一念三千""一心三觀""六即"等超現實的神學理論與宗教修踐的方法；同時他以"五時八教"，給佛教不同的流派作一合理安排，製造出具有中國特點的新的佛教理論體系。他所創立的天台宗有創始人、教理、教規、教法和徒衆並擁有土地，成爲中國佛教史上最早建立的宗派，而自己儼然成爲一代教主。在隋煬帝的維護下，天台教義廣泛流傳，形成隋唐間勢力最大的佛教宗派，影響深遠，並傳播于海外。公元 804 年（唐貞元二十年）日本比叡山開山大師最澄入唐留學，歸國後開創了天台宗。智顗生平詳見《續傳》十六《國清百録》《智者大師別傳》、柳願言《國清寺禪師碑》《弘贊法華傳》《傳燈録》二七、《天台宗九祖傳》《統紀》六、《釋門正統》等。**卒後三年**。據《釋氏疑年録》三，開皇十七年（597）卒，年六十七推定。

楊廷福主要著作目録

[1] 玄奘,《新觀察》, 1955 年 5、6 期

[2] 明末三大思想家, 上海四聯書店, 1955 年

[3] 林則徐,《新觀察》, 1956 年 18—20 期

[4] 譚嗣同年譜, 人民出版社, 1957 年

[5] 譚嗣同著作書啟年月考,《復旦學報》, 1965 年

[6] 《唐律》對亞洲古代各國封建法典的影響,《社會科學戰綫》創刊號, 1978 年

[7] 玄奘首途西行年月考釋,《上海師範大學學報》, 1978 年第 1 期

[8] 玄奘年壽考論,《大公報》在港復刊三十週年紀念文集, 1978 年

[9] 《唐律》歷史淵源略論稿,《中華文史論叢》第八輯, 1978 年

[10] 《唐律疏議》製作年代考,《文史》復刊號, 1978 年

[11] 《唐律》的社會經濟基础及其階級本質,《中國史研究》創刊號, 1979 年 1 期

[12] 陶潛《形影神》詩爲范縝《神滅論》先導説,《學術月刊》, 1979 年第 2 期

[13] 要建立審判人員責任制,《人民日報》, 1979 年 2 月 17 日

[14] 唐宋詩的管見,《學術月刊》, 1979 年 8 期

[15] 略論玄奘在中國翻譯史上的貢獻,《中華文史論叢》, 1980 年第 1 期

[16] 楊文會與中國近代佛學,《學林漫録》初集, 1980 年

[17] 説丑,《中國古典文學研究論叢》第一輯, 1980 年

[18] 中國佛教律宗源流,《揚州師範學報》, 1980 年 1、2 期, 收入《鑒真研究論文集》

[19] 中國譜牒學源流,《學習與探索》, 1980 年第 2 期

[20] 《紅樓夢》中的占卜星相,《紅樓夢研究學刊》, 1980 年第 3 期

[21] 左懋第不辱使命,《人物》,1980 年 4 期

[22] 論中國古代法制建設,《學習與探索》,1981 年

[23] 玄奘在國内外的傳承,《中國哲學》第六輯,1981 年

[24] 《唐律》對五代、宋、元、明、清法律的影響,上海教育學院學術論文選,1981 年

[25] 唐僧取經,中華書局,1981 年

[26] 略談古籍影印的一個問題——欣讀影印《脂硯齋重評石頭記》已卯本,《文匯報》,1981 年 6 月 8 日

[27] 論中國古代法制建設,《香港文匯報》,1981 年 6 月 25 日

[28] 《唐律》的特色,《歷史教學問題》,1982 年 2 期

[29] 唐代處理公事的“程限”,《新民晚報》,1982 年 1 月 14 日

[30] 意大利攬勝,《世界經濟導報》,1982 年 1 月 18 日

[31] 玄奘“乘危遠邁”的佛學原因,《學術月刊》,1982 年 1 期

[32] 玄奘繫年考略,《宗教問題探索》,1983 年

[33] 宋朝民事訴訟述略,《宋史論集》,中州書畫社,1983 年

[34] 《唐律初探》,天津人民出版社,1982 年

[35] 《晋律》略論,《江海學刊》,1984 年 2 期

[36] 《唐律》關於社會預防犯罪和社會治安的規定,《社會科學戰線》,1985 年 2 期

[37] 杜甫交遊考略,《中國古典文學叢考》,復旦大學出版社,1985 年

[38] 王夫之,中華書局,1985 年

[39] 玄奘論集,齊魯書社,1986 年

[40] 玄奘年譜,中華書局,1988 年

[41] 清人室名別稱字號索引,上海古籍出版社,1988 年

[42] 清人室名別稱字號索引(增訂本),上海古籍出版社,2001 年

[43] 明人室名別稱字號索引,上海古籍出版社,2002 年

後記：唯有追思和感恩

先父見背二十餘年了，他慈祥和藹的面容，常常在睡夢中浮現。每次夢中魂會，倍感親切。

楊家世代務農經商，據說先祖輩中曾出了一名武進士，却少有讀書種子。父親十七歲時懷抱抗日救亡、立志就學的遠大抱負，抛棄了舒適安逸的家，穿過烽火連天的戰場，長途跋涉來到當時的陪都——重慶，並考入復旦大學。

先父九死一生，歷盡艱苦遠走重慶就學，是造就他後來在唐律、玄奘研究方面取得獨樹一幟學術成果的基石；是演繹色彩斑斕、跌宕起伏人生道路的肇始。從此，楊家少了一位商人，中國多了一名學者。

今天追思父親那段驚險曲折的人生經歷，對他當年果敢剛毅的決定，惟有欽佩，對他鍥而不捨的學術追求和刻苦勤奮的精神，惟有敬仰；回憶兒時得以熏陶於父親營造的馨香書生氣、書卷氣和書香氣的家庭環境，惟有感恩。

在溧陽路瑞康里約 5 平方米左右的後廂房內，1984年前曾安置着一張板床。從兒時有記憶開始，就看見父親每天晚上總是背靠着白色墙壁，經常達旦通宵地坐在床上伏案讀書、著述，日復一日，年復一年。這張板床既是父親的臥床，也是他的書案。他背脊上的汗漬，層層相疊粘在墙上，漸漸形成一塊大油漬。雖然那塊醒目的油漬在父親故世後粉飾墙面時被涂抹掉，但是卻永遠印在我的記憶中。

常人在世，碌碌終日，而一旦瞑目，可傳於後世者極渺，就像投石入水，皺起陣陣漣漪，等到波靜浪過，水復平靜如鏡，了無痕跡。即使偉人豪傑，考其可傳之言、可傳之事，亦不過其所言所爲之萬一。父親在世60年，著述頗豐，而最能體現父親品格風範的，莫過於此二事。父親留給子女的這兩份珍貴遺產，惟有追思和感恩。

楊象甫

二○○四年